KB267556

이 찬란한
기쁨을
만천하에

이 찬란한 기쁨을 만천하에

초판 1쇄 발행 2018년 1월 11일

지 은 이 정해숙
발 행 인 권선복
편   집 천훈민
디 자 인 최새롬
전 자 책 천훈민
발 행 처 도서출판 행복에너지
출판등록 제315-2011-000035호
주   소 (157-010) 서울특별시 강서구 화곡로 232
전   화 0505-613-6133
팩   스 0303-0799-1560
홈페이지 www.happybook.or.kr
이 메 일 ksbdata@daum.net

값 20,000원
ISBN 979-11-5602-566-5 03220

창 가 학 회 의   공 덕 담

이 찬란한 기쁨을 만천하에

정해숙 지음

도서
출판 **행복에너지**

71년의 인생을
돌아보며

주마등처럼 스쳐 지나가는 어린 시절을 떠올리며 이 글을 쓰는 정해숙은 연필을 들었습니다. 제가 태어난 곳은 경기도 파주시 월롱면 능산리 1구 아가메의 양지바른 곳에 자리 잡은 양지 마을입니다. 지금으로부터 만 71년 전이지요.

우리 마을은 아주 아늑하고 평화로움이 깃든 마을인 것으로 기억됩니다. 마을 이름은 아가메이지만 앞말 양지말과 새말로 나뉜 아주 작은 마을인데 초가집들이 옹기종기 모여 있는 50여 채의 산골 마을이었습니다.

그 당시 우리 집은 아주 가난했답니다. 제 아버지 말씀이 일본 놈들이 음력설도 지내지 못하게 감시가 심했답니다. 음력설이 되면 일본 놈들의 눈을 피해 새벽에 몰래 조상님을 모시는 제사를 지내곤 했답니다. 그리고 제 아버지는 3일을 굶으신 상태에서 음력설 초하룻날 동네의 한 골목에서 정신을 잃고 쓰러지셨습니다. 아버지가 정신을 다시 차려 보니 어느 부잣집의 따뜻한 아랫목에 누워 있었더랍니다.

지금은 저 높은 하늘의 이름 없는 별이 되어 계실 저의 불쌍한 아버지! 아버지가 정신을 차려 보니 그 집은 좀 잘사는 집이었답니다. 주인네가 내놓은 먹음직스러운 하얀 떡국, 처음 보는 그것을 맛있게 한숨에 잡수셨답니다.

아버지의 말씀이 아버지의 작은아버님, 그러니까 저의 작은할아버님은 봉사였는데, 경기도 파주시에서는 좀 잘살았다고 합니다. 누차 말씀하시던 그 말씀이 생각납니다.

아버지께서 어렸을 때는 양식이 없어서 며칠을 굶는 일들이 허다했다고 합니다. 동네 사람들이 작은아버님께 말씀하시곤 하셨답니다.

"여보게 이 사람아, 종환이네 굴뚝에 연기가 나지 않은 지가 며칠 됐네."

저의 작은할머님께선 좀 구두쇠이셨나 봅니다. 봉사인 저의 작은할아버님은 깜짝 놀라셔서 노란 좁쌀을 한 가마니 사서 굶고 계신 제 불쌍한 아버지에게 보내 주셨답니다.

수년 전에 돌아가신 저의 고모님 말씀이 그 당시 짚신도 새것은 신어 보지도 못하고 제 아버지가 신던 것을 신으셔야 했다고 말입니다. 제가 어린 시절 놀러갔을 때, 고모님께서 어린 제게 말씀하셨던 일이 아련히 생각납니다.

제가 7살 때에 이웃집에 사는 어린 현영이를 하루 종일 업어 주던 것이 생각납니다. 우리 집이 너무나 가난해서 입 하나 덜자고 7살인 저를 이웃집에 보내서 하루 종일 젖먹이 현영이를 업고 다닌 게 생각납니다. 지금 생각해 보니 어린 현영이가 돌같이 무거웠습니다.

현재 광주광역시에 살고 있는 저의 친언니인 해순 언니가 저에게 말하기를, 지금은 고인이 되신 저의 올케가 호밀 죽이 먹기 싫어서 울타리 밑에다 호밀 죽을 몰래 묻었는데 호랑이같이 무서운 제 아버지에게 들켜서 야단을 들으셨다고 합니다.

이웃집에 살았던 유효순은 저와 다정하게 지냈답니다. 내 친구 효순네 집은 디귿 자 모양으로 지은 시골에서는 제법 큰 집이었고, 방이 여러 개 있었고 대문도 세 개나 있어서 제 생각으로는 아마 100평이 넘었을 것 같습니다.

효순이네 집은 항상 벙어리 아들인 민자 오빠를 머슴으로 두고 일을 시켰습니다. 나는 돌같이 무거운 젖먹이 현영이를 업고 다니다가 앞으로 엎어져서 앞이마에 혹이 커다랗게 난 적이 있습니다. 두 번 다시 생각하기 싫은 기억입니다.

지금은 흔해 빠진 하얀 쌀밥이 그 시절에는 왜 그토록 먹기 힘들었는지.

저는 친구 효순의 언니 춘자를 기억합니다. 부잣집 맏며느리처럼 아주 복스러운 얼굴에 두 눈은 쌍꺼풀이 있었고, 키는 표준이며 체중도 보기 좋을 정도였다고 생각됩니다. 어린 시절의 기억이 왜 이렇게나 생생할까요!

1

자원봉사의 기쁨

- 신앙에 대하여

충북 청주시 서원구 수곡1동 대림 1차 A 나동 403호에 살고 있는 저는 새벽 6시쯤 걷기 운동을 하려고 동네에 있는 '숙골'에 아무렇게 나 널브러져 있는 쓰레기들을 주우면서 매봉산 쪽으로 올라가다가, 배수로 위에 쌓여 있는 온갖 잡동사니들을 치우면서 배수가 잘되게 끔 합니다.

무작정 저 자신이 괴로워서 이슬비가 오는데 우산도 안 쓰고 걸으 면서 깊은 생각에 빠져 버렸습니다. 생로병사를 생각했고, 저의 과 거와 현재 그리고 앞으로 있을 희망을 생각하면서 걷는데, 비는 어 느 사이에 장대처럼 쏟아지기 시작했습니다.

매봉마을 옆에 아무렇게나 방치된 배수로가 막혀 있어서 배수가 안 될 것 같아 그 장대비를 맞으며 소나무, 풀, 낙엽 따위의 온갖 쓰 레기들을 장갑도 끼지 않고 두 손으로 열심히 치웠습니다.

TV에서는 충북 청주시에 홍수가 나고 전국적으로 물난리가 났다 고 매시간 뉴스에 나왔습니다. 저는 작은 힘이지만 조금이라도 세상에 일조해야겠다는 생각으로 무섭게 내리는 장대비를 온몸으로 맞아가면서 많은 오물을 치우고 있으려니, 누가 제 어깨를 툭 치며 지나가는 말을 던집니다.

"아줌마는 참 좋은 일을 하네요."

제가 가만히 생각해 보니 203동에 살고 있는 마음씨 좋은 아줌마라고 생각됩니다.

조금 이따가 머리가 하얗게 센 노부부가 사이좋게 걷기 운동을 하면서 저를 보시더니 '좋은 일을 하시네!'라고 서로들 귓속말로 말씀하시는 걸 들었습니다.

그러면서 문재인 대통령을 생각했습니다. 제가 이만한 작은 일에도 힘에 겨운데 '문재인 새 대통령은 대한민국의 건강과 행복을 위해 얼마나 고생을 하실까.'라고 생각하면서 무언의 감사함을 느꼈습니다.

몇 달 전, 대통령 선거 때 저는 밤 12시면 일어나서 본존님께 문재인 씨의 당선을 간절히 부탁하고 기원하곤 했습니다. 한번은 우체국 옆에서 잡상을 하시는 나이 드신 형님에게 은근히 문재인 씨를 칭찬했습니다.

그분은 "문재인이 대통령이 되면 우리나라는 망해!"라고 하셨습니다. 무엇 때문에 문재인 씨가 대통령이 되면 우리나라가 망하냐고 물어보니까 아무것도 모르는 그 나이 드신 형님은 문재인 씨가 대통

1
자원봉사의 기쁨

령이 되면 문재인 엄마 아버지가 현재 이북에 멀쩡히 살아 있기 때문에 우리나라 돈을 북한에 죄다 퍼주기 때문이라고 했습니다. 더 이상 말이 통하지 않는 형님과의 대화를 포기하는 저는 웃으며 돌아서서 집으로 왔었습니다.

피 말리는 10여 일이 어떻게 지나갔는지 모릅니다. 밤에는 문재인 씨가 낙선될까 봐 불안해서 잠도 못 자고 새벽 1시, 2시, 3시, 4시만 되면 시도 때도 없이 옷을 깨끗이 갈아입고 세수하고 본존님 앞에 단좌하면서 간절하게 문재인 씨가 대통령이 꼭 되게 도와 달라고 기원했습니다.

드디어 2017년 5월, 투표는 오전 6시부터 시작해서 오후 9시에 문재인 씨의 당선이 확실시된 그 순간, 짜릿한 환희의 그 순간을 지금도 저는 잊지 못하고 있습니다. 저의 온몸에 소름이 돋고 그 기쁨, 그 행복을 저는 영원히 잊지 못할 것입니다.

그래서 장대비를 맞으면서, 온갖 쓰레기들을 치우면서도 저는 너무나 행복했습니다. 동네 쓰레기와 각종 잡풀들을 뽑아버리며, 저는 그렇게 행복할 수가 없었습니다.

수곡약국을 지나며 쌓여 있는 쓰레기와 은행나무 밑에 무성하게 자라고 있는 잡풀을 정신없이 뽑는데 관광버스 한 대가 전속력으로 제 옆을, 그것도 한 뼘 사이로 지나갔습니다. 저는 본존님께 '아이고! 감사합니다. 죄 많고 한이 많은 저를 살려 주서서 정말로 감사합니다.' 하면서 마음속으로 제목을 올렸습니다. 온몸과 옷은 장맛비에 푹 젖었지만, 동네가 깨끗하니 저의 마음은 마냥 행복했습니다.

저는 정확한 날짜는 모르지만, 청주대학병원에 계신 의학 박사님이 처방해 준 수면제로 지낸 지가 제법 됐습니다. 집안 살림은 10여 년 전부터 작은아들 성훈이가 도맡아 하고 있습니다. 저는 2017년 7월 26일 새벽 4시가 넘은 시간에 이 글을 쓰고 있습니다.

새벽마다 매봉산에 올라가 배수구 위를 청소하며, 저는 모래알처럼 많은 날들을 천천히 쉬지 않고 청소해야 했다는 생각을 합니다. 집으로 돌아오는 길에 우체국 옆에 있는 빵집에 들러서 냉커피를 마시고, 작은아들에게 줄 빵을 사 가지고 집으로 돌아오곤 합니다.

오전 9시경에 오빠에게 전화를 했습니다. 김대중 대통령 시절에 서울 안기부 부이사관으로 계시던 오빠에게 전화하면서 저는 마구 울었습니다. 사랑하고 존경하는 오빠에게 너무나 오랜만에 전화하니, 오빠는 누구냐고 물었습니다. 저는 "제 이름은 정해숙입니다."라고 울면서 대답을 했습니다.

제가 가장 사랑하고 존경하는 오빠에게 몇 년 만에 전화를 하면서 수기를 쓰고 싶다고 말씀드리니, 오빠는 대뜸 "그래!"라고 하시며 수필처럼 써서 한번 책으로 내보라고 말씀하셨습니다. 글을 쓰는 원동력이 되는 저의 신앙에 대해 도움이 되고자 먼저 이렇게 간단한 설명을 올립니다. 제 신앙의 이름은 "창가학회"입니다. 이 신앙은 저의

1
자원봉사의 기쁨
신앙에 대하여

힘든 삶을 돌아보게 하고 오늘을 살아가는 힘이 됩니다.

법화경(法華經)을 근본으로 13세기 일본의 승려인 니치렌(日蓮)이 만든 만다라를 본존으로 섬기고 있습니다. 입신 후 어본존(만다라)을 받게 됩니다. 즉 창가학회 본부에서 니치렌 대성인이 도현한 일염부체 총어 삼대비법의 대어본존(만다라)을 목판본으로 찍어 회원에게 하부합니다.

일찍이 일련종에서 또한 만다라를 개인에게 수여하여 가정 불단에 안치하고 창제―근행과 제목(남묘호렌게교를 봉창하는 것. 신도들의 신심을 지속하게 하였다)을 행하여 개개의 회원이 회관(기성불교로 말하자면 절)에 가지 않고도 본존을 면하고 창제를 할 수 있는 것이 특징입니다.

집에서만 창제를 하는 것이 아니라, 신심의 기반인 신(信), 행(行), 학(學)으로 창제와 활동, 자신의 인간 혁명에 도전합니다. 해마다 좌담회와 회합을 준비하여, 회원과 회우의 대화의 장, 문화 활동, 레크리에이션, 신심을 하면서 체험한 체험담을 말하고, 매달 나오는 월간지인 '법련'(출판사 화광신문사)을 기반으로 니치렌 대성인의 어서와, 불법공부를 합니다. 부별 회합(창가학회의 부는 소년소녀부, 미래부(남, 여), 대학부, 남자부, 여자부, 부인부, 장년부로 나뉘어 있다)을 자주 실시하여 신심에 깊이를 더해 갑니다.

창가학회의 간부는 전국 간부가 아닌 이상 종교직이 아니며 개개인의 직업이 따로 있습니다. 종교직을 가지는 것은 회관을 관리하는 사무장과, 본부에서 일하는 본부 간부(전국 간부)와 본부 화광신문사, 여타 이사회 등이며 이들은 급여를 받으며 종교 활동을 하고 있습니다. 창가학회의 재정 관리는 매년 한 번 실시되는 광포부원제 가입 신청을 통해 액수에 관계없이 회원들과 간부들의 기부금으로 마련되고, 이에 화광신문사에서 출판되는 '화광신문'과 '법련', '그래픽 SGI' 등 여타 다른 종교서적을 통해 마련됩니다.

회원과 간부의 활동은 회합이 주가 되지만, 민중 불법이 중심이기 때문에 화광신문을 돌리고 가정 방문을 하여 개인 대화를 통해 개개인의 고충과 고민을 불법과 연관 지어 희망의 빛을 비추는 활동을 합니다.

간부, 회원이 분리되어 활동하는 것이 아니라, 창가학회 회원이라면 모두가 개인신심활동(부별 활동과, 근행창제―법화경 수량품과 방편품을 아침저녁으로 봉창하며, 남묘호렌게쿄라고 봉창하는 것)을 하고 있으며, 좌담회와 회합을 기반으로 신심을 지속하게 됩니다. 간부는 피라미드식 구조를 띠고 있으나 이것은 구조상의 편의를 위한 것이며 어느 누구라도 전국 간부와 대화를 할 수 있으며 명예회장인 이케다 다이사쿠에게 편지 또한 수발할 수 있다고 합니다.

창가학회의 경전은 법화경이며 남무묘법연화경(일본어: 南無妙法蓮華経 なむみょうほうれんげきょう 나무묘호렌게쿄)을 기도문으로 삼습니다. 이 기도문은 창가학회에서 사용하는 기도문으로 신도들이 매일 행하는

'근행', '창제' 때마다 많이 사용됩니다.

이 남묘호렌게쿄의 五 자는 니치렌 대성인이 말법에 들어와 민중을 구제할 방법을 찾다가 법화경 속에 비친 五 자를 구족하게 된 데서 나왔습니다. 일련종은 남묘호렌게쿄의 五 자가 근본이며 만다라의 중심에는 남무묘법연화경일련이라고도 쓰여 있을 만큼 종교의 핵심이 되는 것입니다.

그만큼 힘이 있는 것은 임진왜란 때 일련종에서 샛길로 빠져나간 타종의 경우로도 알 수 있습니다. 니치렌 대성인의 제자 중에는 여섯 명의 제자가 있었는데 이 제자 중 닛코상인을 제외한 다섯 명의 제자는 국주가 칼을 들고 협박하자 천태종의 승려라고 말하며 스승을 배반하여 이들이 남긴 가지종교는 수십 개에 달하지만 현존하는 것은 거의 없다고 합니다.

이들은 본존 옆에 여우상, 부처상 등을 놓고 창제(남묘호렌게쿄라고 부르는 것)를 하며 귀신을 쫓는 데 창제를 사용, 남무묘법연화경(이하 나무묘호렌케쿄)이라고 깃발에 써두고 전쟁에 임할 정도라고 전해지고 있습니다. 그러나 니치렌 대성인의 어서를 보면 올바르게 대성인의 어서를 배독하고 신심에 면려하는 사람만이 니치렌의 제자이며 동의라고 하고 있습니다.

2

가난했던
어린 시절
- 생명에 관한 고찰

이 일을 계기로 저는 2017년 7월 26일 새벽 4시를 기점으로, 정말 수필처럼 저의 과거를 생각하며 쓰게 되었습니다. 참으로 두 번 다시 생각하기 싫은 과거를 생각하면서 수필처럼 수기를 쓰니 감개무량합니다.

두 번 다시 생각하기도 싫은 고통스러운 과거이지만 글 속에서 다시 어린 시절로 돌아가고자 합니다. 먼저 말씀드린 어린 시절 친구 효순이는 노랑 저고리에 남색 치마를 입고 예쁜 꽃신을 신고 저와 함께 월롱초등학교에 입학했습니다. 엄마 얼굴도 모르는 채 자란 저는 밀가루 주머니에다 분홍 물감을 곱게 물들여서 피마골을 예쁘게 만들어 주신 올케의 정성에 감사함도 모른 채, 죽어도 신기 싫었던 까만 고무신을 신고 무작정 좋아서 신바람 나게 월롱초등학교 1학년으로 입학했습니다.

그 당시 제 언니는 월롱초등학교를 막 졸업했고, 천진난만하고 아무엇도 모르는 저는 맹탕 좋아서 어쩔 줄을 모르며 입학을 좋아했습니다. 한없이 착하기만 한 제 언니는 생소한 단어인 '변소'라는 걸 제게 알려 주셨습니다. 뒷간을 이르는 말이었습니다. 그러나 난생처음으로 들은 단어라 어리둥절하기도 했습니다.

그 당시 월롱초등학교가 왜 그렇게 웅장하고 멋지고 근사한지, 저는 무작정 학교가 좋았습니다. 1학년 때 내 앞에 유효순이 섰고 효순이 앞에는 조정자가 서고 저는 효순이 뒤에 섰습니다. 조정자는 옷을 단정하게 입었고 누런 고무신을 신은 것으로 생각이 납니다.

같은 동네에 살던 조정자에게는 민제라는 남동생이 하나 있었는데, 정자는 민제와 우리 집에 놀러와 울타리 밑에서 저와 소꿉놀이를 자주 했습니다. 봄에는 냉이와 꽃가지 나물을 캐서 깨진 사기 쪼가리에 나물을 담아 놓고는 냠냠하면서 재미있게 놀았던 그 시절이 지금 70이 넘은 저에게는 사무치게 그립습니다.

어느 날 조정자의 사랑스러운 동생 민제가 보이지 않았습니다. 일꾼들이 어린 정자의 동생에게 막걸리를 너무 많이 먹여서 어리고 귀엽게 생긴 정자의 동생은 술을 이기지 못하고 애석하게 세상을 떠나갔답니다.

불쌍하고 보고 싶고 정이 많으신 제 아버지는 너무나 악독하고 지독하기 짝이 없는 일본 놈들의 밑에서 먹지 못하고 굶주림에 시달리면서 사시다 뒷산으로 가는 길목에서 정신을 잃고 쓰러지셨습니다.

2

가난했던 어린 시절

생명에 관한 고찰

눈은 태산같이 쌓이고 눈보라 치는 날이었답니다.

마침 그때 그 길을 걸어가시던 능골에 사시는 고마우신 어느 아저씨의 도움으로 아버지는 그분에게 업혀 가셨다고 합니다. 꿈에라도 한 번 더 보고 싶은 내 아버지! 그리움에 사무쳐 가슴을 치며 불쌍한 아버지를 소리쳐 불러 봅니다만, 대답 없는 아버지입니다.

그렇게 고마우신 아저씨는 능골에 있는 자신의 집으로 가셔서는 따뜻한 아랫목에서 식사를 대접하며 아버지를 돌봐주시고, 기력이 회복되도록 도와주셨습니다. 만약 그분의 도움이 없었다면 아버지가 그 추운 겨울에 길에서 돌아가시게 되었을 것입니다. 지금 생각해도 아찔합니다.

그 당시에는 국력이 약하여서 악독한 일본 놈들이 아무 잘못도 없이 평화롭게 살아가는 대한민국 국민들을 무참히 짓밟고 우리말도 못 하게 했습니다. 저는 지금이라도 어떻게든 복수해야 한다는 생각도 합니다. 도저히 용서할 수가 없습니다. 생각만 해도 살이 벌벌 떨리고 온몸이 부들거립니다.

우리 오빠에게 반강제로 시집온 올케와 오빠께서 안방에서 조용히 이야기를 나누는 걸 들은 적이 있습니다.

당시 제 올케가 초등학교에 갔다가 운동장에서 놀면서 무심결에 한국말을 하다 들키면 말 한마디에 매가 한 대, 두 마디 하다가 들키면 두 대로 계산해서 금수만도 못한 일본 놈들은 한국의 어린 학생들을 사정없이 마구 때렸다고 합니다.

저는 초등학교 1학년 때 지금은 운명하신 담임 선생님 홍영애, 2학년 때 담임이셨던 임순호 선생님이 생각납니다.

지금은 개도 먹지 않는 돼지비계를 어린 제가 맛있게 먹고 얹혀서, 아픈 가슴을 꼭 누르며 누워서는 3일 동안 학교에 못 갔습니다. 멀리 있는 병원은 생각도 못 하고 약 사 먹을 돈이 없어서 아픔을 참으며 방바닥에 누워 있었던 일이 아련히 되살아납니다.

초저녁에 앞마을에 살고 계시는 복순이 아버지가 우리 집에 놀러 오셨다가 누워만 있는 저를 보시고 아버지께 왜 쟤가 누워만 있느냐고 물으시니, 아버지는 글쎄 돼지비계를 먹고 얹혀서 저렇게 꼼짝도 못 하고 누워만 있다고 대답하셨습니다.

그러자 복순이 아버지는 좋은 약이 있다고 하시면서 흙가루를 먹으면 낫는다고 하셨습니다. 밝은 아침에 흙가루를 먹고 냉수로 넘겼더니, 정말 통증이 씻은 듯이 가라앉아서 그날 당장 아침을 먹고 책보를 들고 나는 듯이 효순이랑 사이좋게 2km가 넘는 시골길을 걸어 학교에 갔습니다.

그런데 임순호 선생님은 보이지 않고 낯선 선생님이 우리들을 기다리고 계셨던 게 기억납니다. 얼마 후에 임순호 선생님을 우연히 만났는데 저를 보시고 반갑다며 이제는 괜찮으냐고 물으셨습니다. 저는 부끄러워 대답도 못 했답니다.

초등학교 운동장에서 일제고사를 보았는데, 제 앞에 앉아 있던 조정자에게 저는 살짝 귓속말로 모르는 시험 문제를 알려 달라고 했답니다. 조정자는 조건부로 답을 알려 주었습니다. 그렇게 서로 모르는 문제들의 답을 하나씩만 알려주면서 시험을 치른 기억이 납니다.

그 당시 제 이복 오빠인 해국 오빠가 저희 학교 교사로 있었는데, 오빠는 저녁때 일찍 퇴근하서서는 "해숙아! 네가 오늘 일제고사 시험 본 아이들 중에 1등이다."라고 하셨습니다. 그러나 저는 겉으로는 좋은 척했지만, 속으로는 양심의 가책을 느꼈습니다. 낮에 운동장에서 조정자와 비양심적으로 답을 주거니 받거니 한 것이 양심에 찔렸습니다.

그리고 며칠 있다가 운동장에 줄을 서 있는데 선생님께서 조정자를 부르시더니 무슨 말씀을 하셨는데 정자의 얼굴이 행복해 보였습니다. 교실에 들어와서 나는 정자에게 물어보았습니다. 조금 전에 선생님께서 무슨 말씀을 하셨는지를.

"내 성적이 너보다 앞이라고 하셨어!"

저는 말 없이 돌아서서 마음속으로 울면서 '다음에는 공부를 좀 더 열심히 해서 나도 보란 듯이 1등을 해야지!'라고 저 자신과 약속을 했답니다.

초등학교를 졸업할 때까지 새 공책 한번 못 샀습니다. 금촌 장날에 제 아버지께서 장에 가서서 대문짝만한 양면지를 사 오시면 저랑 해자 언니랑 둘이서 칼로 종이를 잘라서 공책을 만들어 쓰곤 했습니다.

제 아버지는 남의 집에 가서 머슴처럼, 아니 종처럼 얼마 되지 않는 돈을 받으시고 일을 해 주었습니다. 지금은 소리쳐 불러 보고 가슴을 치며 불러 보아도 대답이 없는 제 아버지! 그렇게 뼈 빠지게 하루 종일 일해 주시고 받는 품삯은 보리쌀 한 되 정도였던 것으로 기억됩니다.

햇볕이 쨍쨍하게 내리쬐는 뙤약볕 아래서 일하시고, 해가 지면 집으로 파김치가 되어 돌아오셨던 불쌍한 제 아버지! 다음 생에는 부디 부잣집에서 태어나시기를, 저는 본존님께 간절히 두 손 모아 빕니다.

제가 3학년이 되는 어느 봄날 담임이신 심재전 선생님이 교실에 들어오시더니 며칠 있다가 월롱산으로 봄 소풍을 간다고 말씀하셨습니다. 저는 너무 좋아서 밤에 잠이 잘 오지 않을 정도였습니다. 새벽에는 잠이 오지 않아 일어나 봉당으로 나가서는 비가 오나 하고 손바닥을 얼른 내밀어 보니, 비는 오지 않고 캄캄한 밤하늘에는 무수한 별들이 곧 땅으로 쏟아져 내릴 것만 같았습니다. 저는 너무나 좋았습니다.

그날 아침에는 처음으로 하얀 쌀밥을 보았습니다. 고맙고 인정이 넘치는 올케는 조그만 냄비에다가 하얀 쌀밥과 반찬을 싸 주셨습니다. 어린 나는 너무나 행복했습니다. 소풍 가는 데 입고 갈 치마는 낡아서 다 떨어졌는데 고마우신 올케가 누더기를 기워서 입고 가라고 주셨습니다. 저는 부끄러운지도 모르고 누덕누덕 기운 치마와 다 떨어진 까만 고무신을 신고 효순이랑 학교로 막 뛰어갔습니다.

그 시절에는 죽어도 신기 싫어했던 다 떨어진 까만 고무신이 지금 저는 그립기만 합니다. 왜일까요?

그렇게 효순이와 손잡고 걸어서 월롱산으로 친구들과 즐거운 봄 소풍을 갔습니다. 땀을 뻘뻘 흘리면서 간신히 월롱산 정상에 올라가 보니, 시원하게 불어오는 산바람이 제 이마를 간지럽히고 지나갔습니다. 사방 천지에 아름답게 피어 있는 이름 모를 들꽃들의 향기에 푹 젖어서 저는 효순이와 함께 맹탕 좋아만 했었더랍니다.

점심시간이 되어서 담임 선생님은 호루라기를 불면서 우리들을 다 모아 놓고 점심을 먹고 나서 다시 모이라고 말씀하셔서 저는 효순이랑 다정하게 손을 잡고 가서 앉기 좋은 곳에서 자리를 잡고 집에서 싸 온 하얀 쌀밥을 맛있게 먹었습니다.

효순이는 쑥개피떡을 싸왔는데 착하기만 한 효순이는 맛있게 생긴 쑥개피떡을 제게 주면서 먹으라고 했습니다. 아 지금 생각해도 너무나 맛있는 쑥개피떡! 떡 속에 팥으로 앙꼬를 만들어 넣은 그림같이 예쁘게 만든 쑥개피떡을 저는 아까워서 다 먹지 않고 남의 집 일을 하러 가신 아버지와 함께 먹고 싶었습니다.

너무나 오랜만에 먹어보는 하얀 쌀밥을 효순이랑 같이 풀 향기가 피어나는 풀밭에 앉아서 맛있게 먹고 나니 세상이 다 내 것처럼 생각되었고 제 마음에는 온통 무지개가 피어났습니다.

지금까지도 잊지 못하는 고마우신 심재린 선생님은 소풍날 조그만 카메라를 가져오셔서는 효순이랑 저를 향기 나는 풀밭에 앉혀 놓으시고는 사진을 찍어 주셨습니다. 꿈에도 잊지 못할 심재린 선생님! 부디 건강하시고 행복하게 사시고 자손만대까지 부자로 잘사시기를 기원합니다.

초등학교 시절에 아침밥은 항상 시커먼 꽁보리밥을 먹었습니다. 학교까지 걸어갔다가 점심도 굶은 저는 집에 돌아올 때면 언제나 배가 고프고 힘이 없어서 무거운 책보를 들고 올 기력조차 없었답니다.

한번은 배가 너무나 고프니 집에 돌아올 적에 걷지 못하겠어서 그냥 길바닥에 털썩 주저앉고 싶은 마음이 들곤 했습니다. 그 시절, 들판에는 오곡백과가 누렇게 익어가는 가을이었습니다. 강가에 있는 남의 밭에 심어 놓은 무가 배고픈 저에게는 환상적이고 먹음직스러운 음식으로 보였습니다.

제가 효순, 용자, 정자, 만래에게 남의 밭에 있는 먹음직스럽게 생긴 무를 주인 몰래 뽑아 먹자고 제안했더니 친구들은 그러자고 했습니다. 제일 먼저 제가 남의 밭으로 들어가서 제일 좋게 생기고 큰 무를 얼른 뽑아서 들고 나오니 다른 아이들도 덩달아 따라서 무를 뽑아 가지고 나와서는 풀잎에 대충 쓱 문질러서 맛있게 먹었습니다.

2
가난했던 어린 시절
생명에 관한 고찰

훔친 무를 게 눈 감추듯이 다 먹고 나니 허기지고 고팠던 배가 불러서 신나게 콧노래를 부르면서 집으로 돌아갔습니다.

꿈에라도 용서할 수 없는 일본. 일본이라는 나라는 지금도 서서히 물에 수장되어 가고 있다고 하니 가까운 미래에는 일본이 물속에 잠겨버렸으면 하고 바라곤 한답니다.

지금의 제 나이는 정확히는 모르지만, 남편과 부부싸움 끝에 뇌를 크게 다쳐 44년 이상 정신 분열증과 간질로 고생하고 있습니다. 지금도 밤에 잠을 자다가 깨서 혼자서 약을 먹고 고통에 몸부림을 치곤 합니다. 힘이 없어서 일어나지를 못하고 있으니 거실에서 잠을 자던 작은아들 성훈이가 놀라서 정신없는 내 옆에 와서 왜 악을 쓰냐고 묻곤 하며 걱정을 합니다.

저는 어제 청주의 복대 시장 앞에 있는 혜원 한의원 원장으로 계신 배성환 의학 박사 선생님께 침을 놔 달라고 말을 안 해서 또 악몽에 시달린다고 성훈이에게 말하곤 합니다. 다시 정신을 차려 보니 한없이 여린 성훈이가 가만히 저를 내려다보고 앉아 있습니다.

충북 보은군에 있는 화인초등학교에서 일직을 하고 집으로 오자마자 만 원짜리 지폐 한 뭉텅이를 제게 주는 성훈이. 저는 너무 기뻐서 돈을 세어 보려고 하니 성훈이는 빨리 한의원에 가서 침을 맞으라고 합니다. 성훈이와 함께 한의원에 가서 침대에 누워 침을 맞으며 행복한 눈물을 흘렸습니다. 너무나 행복한 마음에 엉엉 울었더니 속이 다 후련해지는 것 같았습니다. 저는 걱정하시는 의사 선생님께 다시는 울지 않겠다고 올 때마다 약속을 하곤 했지만 복받쳐 오는 감정의 눈물을 참기가 힘듭니다.

한없이 자애롭고 인정이 넘치는 말로 저를 따뜻하게 보살펴 주시는 배성환 의사 선생님께서는 한때는 대학교수로 계시다가 현재 혜원 한의원을 운영하시고 계십니다. 선생님은 항상 제 얘기를 들어주시고 염려해 주서서 항상 저는 감사함을 느끼고 있습니다.

침을 맞으며 침대에 누워서 선생님께 "제 자서전을 쓰고 있는데 제목을 '이 찬란한 기쁨을 만천하에'라고 지었다."고 했더니 빙그레 웃으시기만 합니다.

생각해보니 이 한의원에서 치료를 받은 지가 벌써 5년이나 됩니다. 이런 지독한 고통과 싸움을 하다 보면 자연스럽게 그리운 어린 시절 생각이 납니다.

초등학교 가을 운동회 날이 다가오면 제 아버지는 장에 가서서 맛있고 먹음직스러운 고구마를 사 오셨습니다. 그 고구마를 먹지 않고 있으면 운동회 날에 하얀 쌀밥과 찐 고구마를 아버지께서 저의 책보자기에 싸 가지고 오셨습니다. 꿀맛같이 맛있는 고구마와 오랜만에 구경하는 하얀 쌀밥을 정신없이 먹었던 기억이 새롭게 피어납니다.

초등학교를 졸업할 때까지 교과서를 새로 사 본 일이 없고 남이

쓰던 교과서를 빌려서 열심히 공부했습니다. 효순이를 비롯한 다른 친구들은 새 교과서를 사서 공부했고, 공책도 문방구에서 새것을 사서 쓰는 걸 보았지만 가난한 저는 그렇게 하지 못했습니다. 그런 한이 제게 남아있습니다.

가을 향기가 짙어지면 학교 운동회에서 저는 항상 백군 릴레이 반 대표로 뛰었습니다. 다른 반 대표 전연욱보다 항상 앞에서 뛰었습니다. 연욱이와 저는 항상 짝으로 같이 앉아서 공부했는데 저는 6학년 졸업할 때까지 우등상을 받았고 개근상도 여러 번 받았습니다.

초등학교 대표로 뽑혀서 금촌읍에 있는 초등학교에 가서 각 학교 대표들과 교실에 앉아 실력을 뽐내며 글짓기 대회를 하곤 했지만, 상은 받지 못하고 같이 간 전영순이 상을 받았습니다. 안타까운 기억입니다.

그 당시는 물 사정이 좋지 않아서 어쩌다 한번 머리를 감고 참빗으로 빗으면 보리쌀같이 굵은 머릿니가 우수수 떨어졌습니다. 우리 집에 놀러 온 효순이는 그런 머릿니를 가만히 보고만 있었습니다.

저는 부끄러운 줄도 모르고 그렇게 떨어지는 머릿니의 수를 세어 보기도 했습니다. 어떤 때는 100마리 정도를 셀 수도 있었습니다. 하기야 가족들 중에서 누구 하나 저의 머리를 감겨주는 사람이 없었습니다. 머릿니를 가족 삼아 살았던 제 어린 시절입니다. 속옷도 마찬가지였습니다. 속옷에 하얀 서캐가 많았지만 더럽다는 생각은 한 번도 해 본 적이 없는 시절이었습니다.

6학년 때는 남학생인 이명수가 제 옆줄에 앉았는데, 시험 보는 날 공책에서 답을 몰래 시험지에 옮겨 쓰는 것을 보았습니다. 저는 조금도 망설임이 없이 호랑이처럼 무섭기만 한 심세탁 선생님께 "이명수가 공책 보고 답을 씁니다."라고 고자질을 했고 무섭기로 소문난 심세탁 선생님은 당장 이명수를 일으켜 세우더니 따귀를 쳤습니다.

지금 생각해 보니 왜 그렇게 철이 없었는지 이 지면을 통해 다시 한번 이명수에게 사과하고 싶습니다. 어느 하늘 아래 살고 있는지 만약 다시 만난다면 진심으로 말하겠습니다. 그땐 정말 미안했다고.

철없이 본 대로 느낀 대로 살았던 저였습니다. 6학년 겨울이었던 것 같습니다. 오후 시간이 되자 선생님은 교실로 들어오시자마자 제게 교실 앞으로 나와서 노래를 불러 보라고 했습니다. 출석부에 있는 여자애 중에 제가 1번이어서 그랬던 것으로 기억됩니다. 선생님은 출석부 순서대로 앞에 나와서 노래를 부르라고 하시면서 잘하는 사람은 뽑아서 어느 노래자랑에 내보낸다고 하셨습니다. 제법 굵은 몽둥이를 들고 위협적으로 말씀하셨지만 철이 없는 제가 앞에 나가서 노래하기 싫다고 배짱을 부렸더니, 선생님은 굵은 몽둥이로 저를 사정없이 세 대나 때렸습니다.

음악 시험 시간에는 대한민국 애국가를 작곡한 사람이 누구냐는 문제가 나왔는데 생각이 나지 않아서 앞에 앉아 있는 심상철 시험지를 살짝 보았더니, 평소에는 공부를 잘하지 못하는 아이가 '안익태'라고 적어서 저도 그렇게 베껴 썼던 기억이 납니다. 지금 생각해보니 저는 커닝 대장이었던 듯합니다.

그 시절을 돌아보니 저는 커닝도 잘하고 시기와 질투도 많았던 철없는 아이였던 것으로 기억됩니다. 선생님께 고자질해서 명수가 90명 가까이 되는 반 학생들 앞에서 따귀를 맞게 하고 오히려 저는 커닝을 하는 참 못난이였습니다.

6학년이 2학기가 되니 친구들은 중학교에 간다고 집에서 쌀과 반찬들을 가져다 학교 근처 민가에 가져다주고는 밤에는 과외 공부를 했지만 저는 가난해서 꿈도 꿀 수 없는 일이었습니다. 한겨울에는 내복 구경도 못 할 정도로 가난했던 저는 점심을 굶고 낡은 까만 고무신을 신고 힘없이 집으로 돌아가면 기다리는 사람도 없는 빈집에서 보리죽 한 사발이 저를 기다리고 있을 뿐이었습니다.

그 시절을 돌아보니 이런 문구가 기억납니다. 인간의 '생명'에 대한 말씀입니다.

행복이란 우리의 내적 생명과 외부 세계와의 관계에서 생겨나는 것입니다. 뒤집어 말하자면, 내적 생명력의 확인 없이는 결코 행복을 느낄 수 없다는 것입니다. 이런 내면적 생명을 보여주는 것이 종교이며, 일련정종이야말로 인간을 참된 행복으로 인도하는 종교이고 따라서 이 위대한 종교를 믿어야만 생명의 리듬이 우주의 리듬과 조화를 이루게 되어 살아 있음의 행복을 절절하게 느끼게 된다고 말합니다.

요컨대 우주가 곧 생명이라는 것입니다. 생명이란 우주와 더불어 존재하며 우주보다 앞선 것도 아니고 그 뒤에 만들어진 것도 아닙니다. 우주 자체가 생명입니다. 그러므로 어디든 조건만 갖추어지면 생명이 발생한다. 생물체뿐만 아니라 비생물체도 다 생명적이라는 것입니다.

그리고 "이 일각일각의 생명, 생활이 바로 실심입니다. 이 순간적 실상 속에 과거 영원의 생명이 내포되어 있고 미래 영원의 생명이 깃들어 있습니다. 이 일순의 생명이야말로 우주 자체의 활동이며, 자기 생명이며 실재입니다." 이런 관점은 중국 천태종으로부터 니치렌에게 전승된 "일념삼천(一念三千)" 및 "관심(觀心)"의 관점이며 확실히 넘치는 생명력, 생명의 환희야말로 행복의 원동력이 된다는 것을 부정할 사람은 없을 것입니다. 또한 그런 생명력을 가진 니치렌 대성인의 가르침은 우주의 대생명을 발휘하는 가르침이다. 이 가르침은 오직 일련정종에만 존재한다고 말합니다.

교리가 '생명' 및 '우주'라는 말로 바뀐 것이라 할 수 있습니다. 대어본존이란 니치렌이 삼대 비법으로 말법의 중생에게 전한 본문의 다이모쿠(題目), 본문의 본존, 본문의 계단이 집약되어 있는 대만다라를 가리킵니다.

이 대어본존이야말로 우주 생명력의 근원이라는 것입니다. 다시 말해 이 대만다라에는 본불(本佛)로 신앙되는 니치렌의 깨달음과 생명이 면면히 살아 있으며, 그 위대한 생명력을 지닙니다. 그러므로 고통으로 가득한 이 삶을 즐겁게 누릴 수 있습니다. 그것이 바로 해탈입니다. 위대한 생명력이야말로 우리 생활에 없어서는 안 될 것입니다. 이는 대어본존을 믿음으로써만 얻을 수 있는 큰 영험입니다.

이 대어본존을 향해, 대어본존과 니치렌성인과 내가 구별이 없음을 믿고 감사하며 열심히 다이모쿠를 창할 때, 우주의 리듬과 내 리듬이 조화하여 우주의 대생명이 내 생명과 이어진다는 것입니다. 이는 대어본존에 니치렌대성인의 깨달음 즉 우주의 생명에 관한 진리(一念三千)가 직접 구체화되어 있기 때문입니다.

요컨대 석가가 『법화경』 적문(전반부)에서 설한 "리(理)의 일념삼천"에 대해 니치렌의 삼대 비법은 "사행(事行)의 일념삼천"에 해당된다는 것입니다. 이로써 생명은 인간의 삶 구석구석에 나타나는 것이 됩니다. 우리의 생명에는 세정의 이법(二法)이 존재합니다.

맑은 생명은 외계의 모든 것을 있는 그대로 받아들여 우주의 큰 리듬과 조화하여 생명이 유전되므로 결코 무리가 없습니다. 이런 생명이야말로 위대한 생명력을 발휘합니다.

그래서 인생을 즐겁게 살 수 있습니다. 그런데 생명의 세법(洗法)은, 생명이 여러 가지 유전의 도에서 잘못된 생활에 물든 것을 말합니다. 욕심, 분노, 어리석음, 질투 등으로 인해 오염된 생명은 우주 리듬과 조화를 이루지 못해 생명력을 시들게 합니다.

3

초등학교 졸업 후
삶의 현장

- '즉신성불'에 대하여

제 언니는 초등학교를 졸업할 때까진 항상 1등 아니면 2등을 했지만 돈이 없어서 중학교에 못 가고 식모로 전전하다가 미용기술을 배워 서울 보문동에 있는 돌산에서 미장원을 운영했습니다.

불쌍한 언니는 서울에서 식모로 있으면서 어떤 날은 너무나 배가 고파서 서울의 주택가에 있는 쓰레기통을 뒤져서는 고구마 껍질을 주워 먹으며 배고픔을 달래곤 했답니다.

제 언니는 초등학교 시절에는 학교에서 1년에 한 번씩 하는 학예회에서 독창을 했고 미술에도 두각을 나타내어 학교 대표로 뽑혀서 미술대회에 나가기도 했습니다. 또한, 주산 실력이 4급이었으니 꽤나 머리가 좋았던 것 같습니다.

언니는 초등학교를 졸업하고 서울의 부잣집에서 식모로 일하면서 겨울에는 추위에 발가락이 동상에 걸려서 발가락 몇 개는 정상이 아니었습니다.

저는 지금 새벽 1시 반에 일어나서 깨끗이 세수하고 본존님 앞에 단정히 정좌를 합니다. 그리곤 제 소원을 기원합니다.

첫째는 북한에서 극심한 배고픔에 시달리는 사람들을 구원해 달라고 기원합니다.

둘째는 48살의 나이로 결혼도 못 하고 일하느라 고생하는 저의 작은아들 성훈이의 앞날을 위해서 하루빨리 좋은 배필을 만나게 해달라고 기원합니다.

그리고 '우리 건강원'을 운영하고 있는, 제가 좋아하고 존경하는 김억년의 다친 팔이 낫기를, 사업이 번창하기를 기원합니다.

또한 청주교대에서 교수님으로 계시다가 정년 퇴임하시고 사회에서 고전하고 계신 양 교수님의 소원 성취를 위해 기원합니다. 그 다음은 김승수 내과를 운영하시는 분의 무궁무진한 사랑과 소망을 위해 기원합니다. 더불어 혜원 한의원을 경영하시는 배성환 선생님의 소원 성취를 위하여 기원드립니다.

마지막으로 제가 다니는 청주권 남부지부의 성공과 번창을 기원합니다.

그러고 나서 마음속으로 노래를 부릅니다.

인생사 스무고개 길 웃는 날만 있을까

이왕이라면 웃으며 살~자

말처럼 쉽지 않아도

일소일소 일로일로 얼굴마다 씌어져

감출 수가 없는데~~

한 치 앞을 모르는 것이 인생인 것을

그게 바로 인생인 것을

웃다가도 한세상이요 울다가도 한세상인데

욕심내 봐야 소용없잖아

가지고 갈 것 하나 없는데~

이 노래는 동네 동사무소 2층에 있는 노래 교실에서 매주 월요일과 수요일 오후 2시부터 4시까지 50명이 넘는 학생들을 가르치고 계신 가수 이상준 님에게서 제가 몇 달 전부터 배웠던 노래의 가사입니다. 저는 이 노래를 배우면서 많은 생각을 했고 큰 감동을 받았습니다.

탐욕과 분노와 질투에 빠져 생활했던 저의 생각을 바꾸게 하는 노래였습니다. 특히 마지막 구절에 '가지고 갈 것 하나 없는데'는 남은 인생에 대한 저의 지침이 되었습니다.

이 글을 쓰면서 저는 몇 년 전에 세상을 떠나가신, 사랑하고 사무치게 그리운 저의 해자 언니의 일생에 대해 곰곰이 생각하고 있습니다.

솔아

어찌하여

눈서리를 모르는가!

제가 평소에 좋아하던 글이 떠오릅니다.

암울하기만 했던 박정희 대통령 시절에 제가 진심으로 사랑했던 언니는 서울 청량리에 있는 부잣집의 인정이 많으신 어르신 집에서 식모로 일하면서 한 달에 300원이라는 월급을 받았습니다. 또한 언니를 미용학원에 보내 주셔서 낮에는 식모로 일하고 밤에는 청량리의 미용학원에 가서 원장님께 미용 기술을 열심히 배웠습니다. 고마우신 그분들의 은혜를 제가 언니를 대신하여 갚고 싶습니다.

지금 제 나이가 만 71세이니까 그분들은 아마 돌아가셨을 것으로 생각됩니다. 다음 세상에서라도 그분들을 다시 만나게 된다면 저는 고마움을 표현하고 싶습니다.

저는 다니면 월롱초등학교를 졸업하기까지 항상 우등상과 개근상을 받으면서 빛나는 졸업장을 받았지만 쓸쓸히 집으로 돌아왔습니다. 친구들은 제가 꿈에라도 한번 입어 보고 싶은 멋있는 교복과 깨끗한 운동화를 신고 파주 여자 중학교에 입학했습니다.

저는 아버지의 심부름으로 금촌에 갔다가 걸어서 오는 길이었습니다. 효순이를 비롯한 친구들이 교복을 입고 웃으며 중학교에 등교

하는 시간에 거지같이 초라한 행색의 저와 마주쳤습니다. 저는 어디 쥐구멍이라도 없나 하는 심정으로 친구들과 마주쳐야 했습니다.

친구들은 초라하게 남루하기 짝이 없는 옷을 입고 다 떨어진 고무신을 신은 저를 보고 반갑다고 인사를 하는데 저는 그저 복받쳐 오르는 울음을 참지 못하고 그 자리를 벗어나고자 뛰어갔습니다.

월롱초등학교 1학년에 입학한 오빠의 딸 순자를 만나러 가는 길에 큰 소리로 엉엉 울었습니다. 허허벌판에서 싫도록 울고 나니 제 마음이 조금 안정되는 느낌을 받았습니다. 그렇게 제가 다니던 초등학교에 들어가는 제가 젖먹이 때부터 업어 키우다시피 한 순자가 운동장에서 뛰어놀고 있었습니다. 하도 울어서 퉁퉁 부은 얼굴과 남루한 옷차림을 누가 볼까 봐 전전긍긍하면서 저는 순자와 함께 집으로 돌아왔습니다.

지금 가만히 생각해 보니 제가 그날 하루 종일 걸은 거리는 40리가 훨씬 넘는다고 생각됩니다. 봄이 되면 앞산과 뒷산에는 개나리, 살구꽃, 앵두꽃과 진달래가 흐드러지게 피었습니다. 마치 한 폭의 동양화를 보는 듯한 풍경이었습니다. 한겨울이 되면 사흘 동안 내린 눈은 온 세상을 백색으로 만들고 눈이 너무 많이 와서 태산같이 쌓이곤 했습니다. 눈을 뜨고 걷지 못할 정도로 눈보라가 몰아쳐서 앞을 분간할 수가 없었고, 영하 20도를 웃도는 칼바람 부는 한겨울이었습니다.

밤에는 해자 언니랑 나랑 한없이 너그럽고 인자하신 아버지와 이불 하나로 셋이서 함께 잠을 잤습니다. 초저녁에 아버지 자리끼로 냉수 한 대접을 떠다가 윗목에 놓아둔 것이 아침에 일어나 보면 그릇에 그대로 얼어 있을 정도로 추위는 정말이지 혹독했습니다.

그러나 여름이 되면 경자, 효순, 정자, 용자, 저 이렇게 다섯 명이 부끄러운 줄도 모르고 옷을 홀랑 벗어 던지고 발가벗은 채 신나게 아가메 강물에 풍덩 들어가 물장구치고 놀다 집으로 돌아왔습니다. 지금 생각해 보면 그래도 그 시절이 사무치게 그립습니다.

어느 날은 착한 효순이가 나보고 눈 감고 서 있으라고 해서 제가 눈을 꼭 감고 서 있었습니다. 그때 착한 효순이가 먹고 있던 사탕을 내 입에 넣어 주던 기억들이 생생하게 기억납니다. 그렇게 착하던 유효순은 지금 이 순간 어디에서 무엇을 하고 지내고 있을까? 효순아! 효순이는 너무나 착하니까, 꼭 건강하고 행복을 추구하면서 자손만대까지 잘 살기를 저는 두 손 모아 본존님께 간절히 기원합니다.

그 시절 아무런 희망이 없고 암울하기만 했던 시절, 봄이 되면 효순네는 논이 많아 모내기 철이 되면 동네 일꾼들을 데려다가 모내기를 했습니다. 정이 많고 너그러운 효순이가 점심때가 되면 우리 집에 와서 "해숙아! 밥 먹고 가라!" 하고 소리쳐 부르면, 저는 효순이네 집으로 뛰어가서 보리쌀이 조금 섞인 하얀 쌀밥과 각종 나물들, 까만 콩장, 노각나물, 오이지무침, 오이 통김치, 열무김치 등을 커다란 양푼에 섞어서 맛있게 먹었습니다. 우리 집에서는 구경도 못 한 반찬들!

올케 생각도 납니다. 저혈압으로 중풍에 걸려서 10년 이상 대소변을 가리지 못하시고 방에 누워서 식물인간처럼 지내셔야 했던 우리 올케!

극심한 고통 속에서 생목숨 지키며 죽지 못해 고생만 하시다가 세상을 떠나가신 불쌍한 우리 올케가 부디 저세상에서는 아프지 마시고 건강하게 행복을 추구하면서 사시기를 이 새벽에 저는 본존님께 간절히 기원합니다.

어제는 다시 돌아오지 않는다는 말이 실감이 되는 요즘입니다. 20년 전에 세상을 떠나가신 올케와 함께한 그 시절, 그렇게 저는 정신없이 효순이네 집에 가서 맛있는 나물들과 하얀 쌀밥을 커다란 양푼에다가 담아 빨갛게 익은 고추장을 한 수저 넣고 쓱쓱 비벼서 한숨에 먹고는 너무나 행복했었습니다. 철없던 저는 효순이네 언니에게 잘 먹었다는 인사도 안 하고 휭하니 집으로 돌아오곤 했습니다.

너무 철이 너무나 없었습니다. 그 당시 효순이는 파주 여자 중학교에 공부하러 가고 없었습니다. 저는 만물이 소생하고 모든 식물들이 기지개를 펴면서 깨어나는 봄이 오면 해자 언니와 을순이, 금순이, 기석이랑 함께 이 산 저 산을 찾아다니면서 부지런히 뜯은 산나물들을 집에 가지고 와서 적당히 알맞게 끓은 물에 잘 삶아서는 깨끗하게 씻었습니다. 그리고 그 나물들을 밤새도록 물에 푹 담가 놨습니다.

다음 날, 날이 훤히 밝아 오는 새벽 4시면 일어나서 해자 언니하고 올케하고 나하고 셋이 둘러앉아서는 나물들을 예쁘고 동그랗게 만들어서는 양푼에 차곡차곡 담았습니다. 그리곤 20리가 넘는 새벽길을 부지런히 걸어가서 문산읍에 있는 가정집들을 찾아 돌아다녔습니다.

이 골목 저 골목을 누비며 "나물 좀 사세요! 맛있는 나물이 왔으니 나물 좀 사세요!" 하면서 대문이 조금이라도 열려 있으면 저는 혹시나 하는 마음에 그 집 대문 앞에서 집 안을 기웃거리면서 주인을 찾곤 했습니다. 어느 집 주인은 새벽부터 재수 없게 계집년들이 왔다고 모진 욕을 하는 사람들도 더러 있었답니다.

현재의 저는 새벽 3시 반에 일어나서 깨끗이 세수하고 정갈하고 경건한 마음으로 본존님 앞에 단좌하면서 풍랑에 흔들리는 갈대 같은 배와 같이 나라가 시끄러운데, 다시 조용하게 넘어가기를 본존님께 기원합니다.

벌써 가을이 익어가는 10월입니다. 산에는 울긋불긋 단풍이 들어가고 들판에는 오곡백과가 만발하게 되어 누렇게 익어가는 들녘을 보면서 저는 '아! 올해도 하는 일 없이 또 허무하게 한 해가 지나가는구나!' 하는 느낌이 들었습니다.

어제는 오전 10시에 제가 사는 아파트의 주민 회장님을 만나러 경비실에 갔다가 문인호 회장님을 기다리면서 경비실 책상 위에 놓인 신문을 보았습니다. 신문에는 오색 단풍 사진과 글이 있었는데 제 마음을 흔들어 놓는 문구가 있어서 저는 노트에 적어 봅니다.

'굽이굽이 울긋불긋 단풍이 나를 부르네.

단풍의 바다가 펼쳐졌다.

강원도 평창군 운두령

붉은색 노란색들이 장관을 이룬다.

고개 사이로 난 도로는

바다를 향해 굽이쳐 흐르는 물과 같다.'

얼마 전에는 제가 자다가 발작을 4번이나 했다고 집에 있는 성훈이가 말했습니다. 밤만 되면 저도 모르게 악몽에 시달려 밤이 새도록 잠을 못 자고 악을 고래고래 쓰면서 초등학교 교사인 작은아들 성훈이의 잠을 설치게 하곤 합니다. 제가 다니는 혜원 한의원의 배성환 의학 박사님께선 제가 오래전에 뇌를 많이 다쳐서라고 합니다.

저는 말씀드렸습니다. 제 막내아들 성훈이가 4살 때 제가 그림같이 잘생긴 남편에게 이혼하자고 하니까 그때 남편은 술을 잔뜩 먹고는 저를 시동생이 살고 있는 경남 김해군 집의 방 안에 가둬 놓고는 저를 사정없이 때리고 제 머리를 방 벽에다 마구 박아 버렸었다고 말입니다.

누구 하나 말리는 사람도 없는 상태에서 몇 시간 동안 폭행을 당했었습니다. 그런 말씀을 들으신 의사 선생님께서 한동안 말이 없으셨습니다. 저는 혹시 고칠 수 있는 병이냐고 물었더니 원장님은 "네." 하고 짧게 말씀하시고는 저를 옆으로 눕혀 놓고 머리부터 발끝까지 침을 놓으시고는 다른 환자를 보러 가셨습니다.

저는 침대에 누워 본존님께 기원했습니다. 한이 많고 너무나 알게 모르게 많은 죄를 지은 제가 그래도 건강을 회복할 수 있구나 생각하면서 희망의 눈물을 흘렸습니다.

구름이 흘러가는 곳
마음이 흘러가는 곳
낭만이 있는 것에 바람이 부는 대로
끝없는 유랑
깊은 사연 한없는 눈물이 가슴 깊이 숨겨진 사랑이 끝없이 펼쳐지는데
나 이제 어디로 가나

노래 교실에서 배운 가사가 지금의 제 마음을 대변하는 것만 같습니다. 새벽 5시에 일어나 걷기 운동을 하려고 밖에 나갈 준비를 하는데, 지금으로부터 몇 년 전에 저는 허리가 너무 아파 와서 운동을 그만두고 집에만 있었습니다. 청주권 회관에서 만났던 박은자 씨가 허

리 아픈 데 좋은 의료기가 있다고 하여서 저는 그 기계를 이십이만 사천 원에 사서 몇 년 사용했는데 별 효과는 없었습니다.

제겐 별 소용이 없는 그 기계를 옆집에 살고 계신 정성례 씨에게 드리려고 들고 나가니 밖에는 비가 소리 없이 내리고 있었습니다. 저는 에라 모르겠다 하면서 '이까짓 비쯤이야.'라고 생각하면서 이웃 집으로 가서 대문을 두드리고 흔들어도 보았는데 아무런 기척이 없었습니다.

저는 의료기를 대문 앞에 조심스럽게 비에 젖지 않게 놔두고 집으로 돌아서려 하는데, 길가에 잡풀이 무성하고 쓰레기와 담배꽁초들이 너무나 많이 널려 있는 게 보였습니다. 저도 모르게 부슬비를 맞으며 온갖 잡풀은 깨끗하게 뽑고 쓰레기와 담배꽁초를 치웠습니다. 그 좁은 도로가 깨끗해지니 마음이 너무 행복하고 환희가 차올랐습니다.

집에서 침대에 누워서 쉬고 있다가 다시 수필을 쓰고 있으니, 제 작은아들 성훈이가 회관에 가고 싶으면 자기가 대학 병원에 갈 일이 있으니 모셔다드리겠다고 합니다.

저는 벌떡 일어나 얼굴에 약간의 화장만 하고 옷도 간편하게 입고 훈이 모르게 모은 약간의 돈을 제 호주머니에 넣고 현관으로 내려갔습니다. 아파트 출입문에 있는 우편함에 편지가 한 통 와 있었습니다.

얼마 전에 제가 나름대로 생각한 것을 편지에 써서 보냈던 도서출판 '좋은 생각'의 발행인 정용철 님이 보내오신 답장이었습니다.

좋은 님께

보내 주신 글 잘 받아 보았습니다.

좋은 님의 글을 읽으니 마음 깊숙한 곳까지 따뜻함이 전해집니다.

사람과 사람 사이에 이렇게 아름다운 이야기가 흐르고 있음을, 이토록 작은

것을 귀하게 여기는 고운 사람들이 있음을…….

사랑하는 마음이 있다면 어떤 힘든 상황에서도 웃음 지을 수 있음을 깨달았

습니다.

좋은 생각은 좋은 님 삶의 향기가 그대로 묻어나는 소박하고 진솔한 이야기

를 소중하게 생각합니다.

비록 이번 호에 좋은 님이 보내 주신 글을 싣지 못했습니다만 그 고마운 손길

과 애정이 좋은 생각 한 권 한 권 만드는 힘이라는 걸 기억해 주십시오.

앞으로도 좋은 이야기 보내 주시길 바라며 좋은 님 곁에 늘 기쁨과 사랑과 평

안이 함께하길 소망합니다. 고맙습니다.

정종철 드림

저는 편지를 읽고 나서 아들과 함께 청주의 회관으로 갔습니다.

3
초등학교 졸업 후 삶의 현장
'즉신성불'에 대하여

공양금을 사무장님께 드리고 사무장님께 저의 삶의 체험담을 말했습니다. 제가 이 '남묘호렌게쿄'라는 불교를 믿은 지가 36년째이지만, 부산 태종대에 살 때는 직장 때문에 잠간 쉬기도 했었습니다.

그동안 신심을 하시다가 돌아가신 분들도 있고 이사 가서서 소식이 끊긴 분들도 있지만, 아직도 열심히 신심을 하고 있는 조카 정인모 생각이 납니다. 지금부터 23년 전에 인모는 서울 홍은동에 살았었습니다.

아버님의 제삿날이라서 부산에 살던 제가 인모네 집으로 제사를 지내러 갔었습니다. 인모는 건강해 보였고 그의 처는 제사 준비를 성의껏 열심히 하고 있었습니다. 그 모습이 너무 예뻐서 제가 손가락에 끼고 있던 금반지를 빼서 주었더니 인모 처는 고맙다는 인사도 없이 얼른 받아서 자기 손가락에 끼고는 일을 하였습니다.

그 순간 저는 별생각 없었으며 제사를 끝내고 부산시 영동교 동삼동에 있는 제 집으로 돌아왔습니다. 그리고 얼마 있다가 작은아들 성훈이는 좋은 성적으로 부산 교대를 졸업하여 1995년 5월 20일 충북 음성에 있는 수봉 초등학교로 첫 발령을 받았습니다.

저도 부산 영도구 동산동에서 이곳 청주로 이사를 왔습니다. 그리고 2004년 4월달에 청주시 모범 시민으로 뽑혀 시장님으로부터 표창장을 받았고 얼마 안 있어 제가 사는 수곡1동에 근무하시는 시부장님의 추천으로 또 표창장을 받았습니다.

이렇게 과거와 현재를 오가며 글을 쓰면서 삶은 고통과 행복의 장이라는 생각을 하게 됩니다. 이런 삶의 진리를 나타내는 문구를 찾아 이렇게 인용해 봅니다. 성자의 삶의 지혜입니다. 제 과거를 돌아보듯 니치렌 대성인이 걸어오신 길을 확인해 봅니다.

이 어서는 〈니치겐뇨조립석가불공양사〉입니다.

이 어서는 대성인이 미노부에서 가마쿠라의 시조깅고의 부인 니치겐뇨에게 주신 편지입니다. 지금까지 1279년에 쓰신 것으로 간주했는데, 어서 내용으로 미루어보아 1280년 2월에 쓰신 것으로 생각됩니다.

이 해, 니치겐뇨는 서른일곱의 액년을 맞이했습니다. 액년은 인생의 고비를 맞는 해라고 하여, 이에 따르는 재앙을 대비했습니다. 니치겐뇨도 이 액년에 임해서 공양을 했으며, 이 어서는 그것에 대한 편지입니다.

대성인은 첫머리에 수호어본존을 수여하겠다고 하시며, 액년이라고 할지라도 어디까지나 깊은 신심으로 대처하라고 촉구하셨습니다.

이어서 삼세시방의 제불, 보살, 제천선신 등은 그 근간이 교주석존이라는 부처이고, 근본의 부처를 움직이는 강성한 기원이 있으면 만물을 움직이게 할 수 있다고 가르치셨습니다.

또한 천태대사와 묘락대사의 석을 인용하시어, 법화경에서만 여인성불을 설했으며 그 이전의 경전에서는 허락하지 않았다고 밝히셨습니다. 그리고 온 나라가 염불을 신앙하고 있는 가운데 묘법을

3
초등학교 졸업 후 삶의 현장
'즉신성불'에 대하여

수지한 여성이 가장 존귀한 사람이고 틀림없이 성불한다고 말씀하
셨습니다.

[어서 전집 1187쪽 6~8행]

비유컨대, 머리를 흔들면 머리털이 흔들리고, 마음이 작용하
면 몸이 움직이고, 대풍이 불면 초목이 조용하지 않고, 대지가
움직이면 대해가 소란하고, 교주석존을 움직이시게 하면 흔들
리지 않는 초목이 있으랴, 소란하지 않은 물이 있을손가.

[통해]

비유컨대, 머리를 흔들면 머리카락이 흔들린다. 마음이 작용
하면 몸이 움직인다. 대풍이 불면 초목도 흔들린다. 대지가 움
직이면 대해가 사나워진다.

이와 같이 교주석존을 움직이시게 하면 흔들리지 않는 초목
이 있겠는가. 소란하지 않은 물이 있겠는가.

[포인트 강의]

제천을 뒤흔들어라

만물을 뒤흔드는 묘법의 강성한 기원에 관해 가르치신 어서입
니다.

우선 사람이 '머리'를 흔들면 '머리카락'이 흔들립니다. 그리고 '마음'을 작용시키면 '몸'이 움직이겠지요. 또한 자연계에서는 '대풍'이 불면 '초목'이 술렁거립니다. '대지'가 흔들리면 '대해'도 소란하게 움직일 것입니다. 다시 말하면, 인간 세계나 자연 세계에서도 근간을 움직이면 모든 현상도 그에 따라 움직입니다.

이 어서에서 대성인은 삼세시방의 제불, 보살, 제천선신 등은 그 근간은 모두 '교주석존'이라는 부처라고 밝히셨습니다. 그러므로 그 근본을 움직이면 전 우주의 모든 것을 움직일 수 있다고 단언하셨습니다.

여기서 말씀하시는 '교주석존'이라는 부처는 우주와 생명을 꿰뚫는 남묘호렌게쿄라는 근본법을 말합니다. 석존도 이 법으로 성불했습니다. 그리고 대성인은 이 대법을 어본존으로 도현하셨습니다.

그래서 어본존에게 끝까지 강성히 기원하고, 용감하게 광선유포를 위해 투쟁할 때 그 발랄한 생명의 약동이 만물을 약동시킵니다. 이 필사적인 기원의 일념이 제불과 제천을 움직이게 하여 어떤 고난의 벽도 타파하는 작용으로 나타납니다.

이케다 SGI 회장은 이렇게 말씀하셨습니다.

"강한 기원이 교주석존과 제천선신을 마음껏 움직이게 합니다. 맹렬히 기원하고 움직이면 많은 사람이 반드시 제천선신이

3
초등학교 졸업 후 삶의 현장
'즉신성불'에 대하여

되어 우리 편이 됩니다. 이것이 대불법의 원칙입니다."

  '단호히 승리한다!'는 서원의 기원과 행동을 관철하여 영광의 '5월 3일'을 승리로 엄숙히 장식하지 않겠습니까. — 법련 2015년 5월 호—

4

내가 사랑하는 사람들

- 보은의 공덕

어느 날 제게 금쪽같은 제 조카 인모가 몸이 안 좋다는 소식을 전해 들었습니다. 그래서 저는 인모에게 좋다는 약과 돈을 틈틈이 보내주었습니다. 인모는 전화로 제게 하소연했습니다. 자기가 아픈 이유는 잘 먹지 못해서라고 했습니다. 아니 지금 세상에 먹지 못하고 굶주리며 직장에 나가는 사람이 어디 있냐고 반문했습니다.

나중에 알고 보니 제 불쌍한 조카는 동아건설 부사장 딸이며 그림처럼 예쁘게 생긴 여자와 결혼했는데, 문제는 그 여자가 자기 남편을 우습게 생각하는 철없는 여자였던 것입니다.

제가 비싼 산삼 약재와 돈을 보냈는데도 감사함과 고마움을 전혀 모르는 철부지였고, 나쁘게 말하면 정말이지 안하무인인 인간형이었던 것입니다.

불쌍한 인모 말을 들으니 매일 직장 갔다 와도 처가 밥을 안 해 주니까 라면이나 끓여 먹는다고 하소연을 했습니다. 세상 살면서 별소리를 다 듣는다고 저는 생각했습니다.

그래서 저는 서울 홍은동에서 신심하시는 지부장님께 전화해서 인모 내외를 방문해서 이야기를 해볼 것을 부탁드렸습니다. 그런데 지부장님 말씀이 인모의 집에 찾아가면 정작 인모 처는 인사도 하지 않고 보는 둥 마는 둥 한다고 하소연을 보내왔습니다.

저는 그저 본존님께 기원했습니다. 그로부터 얼마 후 제가 인모에게 전화해서 인모 처에 대해 물어보았습니다. 인모는 그저 자기 처가 근처 식당에 설거지를 하러 다닌다고 말했습니다. 저는 속으로 '인모 처가 철이 좀 들었네!'라고 하면서 내심 기뻤습니다. 그리고 얼마쯤 있다가 제가 존경하는 희문 오빠에게 인모에 대해 이야기를 했습니다. 그랬더니 세상에 설거지하러 다니며 인모와 잘 살고 있을 줄 알았던 인모 처가 이미 미국으로 도망갔다는 소식을 전해줬습니다. 저는 실망하는 마음을 어떻게 표현할 수가 없었습니다.

제가 하늘같이 존경하는 희문 오빠는 서울 안기부에서 부이사로 근무하셨습니다. 김대중 대통령으로 정권이 바뀌면서 부이사관으로 승진이 되신 거였습니다. 그때는 제가 부산 영도구의 주택에서 살면서 본존님께 정말로 간절히 기원했습니다. 제가 좋아하는 희문 오빠는 제발 구속되지 않기를 말입니다. 저는 부산 영도구에 있는 문화회관에서 체험담을 한 기억이 아직도 생생합니다.

다시 제가 업어 키웠던 금쪽같은 내 조카 인모 이야기로 돌아갑니다. 그때부터 저는 본존님께 더 강하게 기원하면서 홍은동에 살고

4
내가 사랑하는 사람들
보은의 공덕

있는 인모에게는 액수는 많지 않지만 수시로 돈을 보냈습니다.

인모는 그때부터 제 말을 들으면서도 정작 홍은 지부장님의 말을 듣지 않았습니다. 저는 인모에게 제가 믿는 이 남묘호렌게쿄라는 불교를 신심 하도록 이끌기 위해 직접 찾아가기도 하고 의료기도 사다 주었습니다.

어질고 착하기만 한 인모는 하루에도 화장실을 여러 번 다닐 정도로 속이 버려졌고 진로회사를 다녔는데 자주 쓰러져서 병원에 실려 가곤 했답니다. 저는 애가 탔지만 어쩔 도리가 없었습니다. 오로지 본존님께 매달려 기원을 올리는 것밖에는 말입니다.

어느 날 인모는 더 이상 진로 회사에서 근무할 수 없을 정도로 몸이 쇠약해져서 사표를 내고 1억이 조금 넘는 퇴직금을 받고는 경기도 파주시 문산읍으로 이사했습니다. 인모의 큰아들 환웅이는 경북대학교를 그만 다니고 딴 직장을 찾았고 막내 재영이는 여고 3학년인데 자기 엄마가 미국으로 도망가서 집안 꼴이 말이 아니었지만 공부를 열심히 했습니다.

여고 3학년인 재영이는 집안 살림을 도맡아 하면서 도서관에 가서 경기대학교에서 등록금 전액 면제 장학 증서를 받았습니다. 또한, 정부에서 보조를 받아 영국으로 국비 유학을 다녀와서 현재 부천에 있는 회사에 다니고 있습니다.

착한 인모는 저에게 자식 자랑을 했습니다. 저는 항상 인모에게 전화하여 저와 같이 이 남묘호렌게쿄를 믿자고 했습니다. 어느 날

제 고모가 전화해서는 환웅이가 곧 결혼을 하는데 상대가 부잣집 딸이고 인물도 괜찮다면서 자랑했습니다. 저는 그때 청주 대학 병원에서 퇴원한 지가 얼마 안 되어서 지팡이를 짚고 매일 시간만 나면 제가 사는 동네에서 다리 운동과 허리 운동을 하러 다녔습니다.

저는 직장도 다니지 못하고 문산에서 휴양생활을 하고 있는 인모에게 북한산 상황버섯을 보내주었습니다. 인모는 신바람을 내며 좋아했습니다.

우연한 기회에 노래 교실에 강사로 나가시는 이상준 가수님의 권유로 한 달에 8번 있는 노래교실에 다니게 되었습니다. 노래 교실에 들어간 저는 너무나 행복했고, 환희 그 자체를 느꼈습니다. 왜냐하면, 저와 함께 노래하는 학생들이 다 밝은 표정으로 행복하게 노래들을 잘 불렀기 때문입니다.

한때 저는 인후염에 걸려서 치료를 받은 적이 있어서 노래를 그다지 잘하지는 못합니다. 인후염은 완치가 안 된다고 박사님들이 이야기를 하셔서 저는 실망이 컸습니다. 그래서 노래하기를 포기할까 생각한 적도 있습니다.

그러나 열심히 노력하고 있습니다. 제가 노래교실에서 만난 신수영 씨는 자기 남편이 바람을 피워서 하루에 3시간밖에 못 잔다고 하소연을 합니다. 저는 함께 남묘호렌게쿄를 믿으면 잠을 편히 잘 수가 있다고 말했습니다. 신수영 씨는 당장 한번 신심을 해보겠다고 말해서 저는 기뻤습니다. 그리고는 우리 집으로 와서 함께 불단 앞에서 기원을 올리곤 했습니다.

그러던 중에 제가 감기로 동네 내과를 방문할 일이 있었는데 김명수 의학 박사님께서 제게 인후염이 완치가 가능하다는 말씀을 해 주셨습니다. 저는 너무나 기뻤습니다. 그리고 곧 감기 치료와 인후염 치료약을 받아서는 집에서 복용했습니다. 그랬더니 그 지긋지긋한 인후염에서 벗어날 수가 있었습니다.

그 와중에도 문산에서 신심 하는 인모에게 자주 전화를 해서 안부를 물었습니다. 불교 서적을 받아 잘 읽어 보고 있다고 인모는 대답했습니다. 그리곤 제게 "고모, 이제 나는 어떻게 살아야 할지가 걱정이야!"라고 말했습니다. 저는 걱정이 되었습니다. 퇴직금 1억 원을 받은 것을 다 쓰고 돈이 없다고 하소연하는 인모에게 신심을 열심히 하라고 말해 주었습니다.

그러고는 얼마 전에 전화를 했는데, 인모는 "고모 이제 저는 돈 걱정은 안 합니다."라고 신이 나서 제게 말했습니다. 저는 내심 놀랐습니다. 그러더니 "경기도 파주시 월롱면 능산리 아가메에 있는 조상님들의 묏자리에 고속도로가 생기게 되어 정부로부터 보상을 받아서 이제는 돈 걱정은 안 합니다."라고 인모가 말하는 순간, 저는 본존님께 감사의 기원을 마음속으로 했습니다.

조카가 말하는 산소 자리는 이정굴의 야산으로 제가 어릴 때 이승만 시절에 아버지와 해창 오빠가 돈을 모아서 이정굴에 있는 그 야산을 샀었습니다. 그런데 아버지가 빚보증을 잘못 서서 그 넓은 야산은 빚쟁이들에게 다 넘어가고 작은 산소 자리만 남았습니다. 그곳은 천 평 정도만 남았던 것으로 기억됩니다.

암울하기만 했던 그 시절 풍수지리를 좀 보시는 할아버지 말씀이 그 산소 자리는 명당 중에 명당이라고 늘 말씀하신 것도 기억납니다. 저는 인모에게 땅 보상을 얼마나 받았느냐고 묻지도 않았습니다. 저 자신이 알 필요도 없다고 생각했습니다.

병들고 불쌍한 인모가 이제 행복해질 수 있으니 된 것입니다. 병든 인모와 인모 누나, 인모 아버지에게 합해서 들어간 돈이 천만 원이 좀 안 되는 듯합니다. 그러나 인생지사 그까짓 돈 몇 푼이 뭐가 대수냐는 생각이 듭니다.

26년 전에 부산에 살 때 제 큰아들 혁이는 부산 대학원을 나올 때까지 등록금 전액 면제의 장학금을 받았습니다. 현재는 부산에 있는 초등학교 교사로 재직 중입니다. 그리고 우리 며느리, 마음씨 착하고 예쁘게 생긴 우리 집 복덩어리인 며느리는 부산광역시 영도구에 있는 영도권의 지역부 부인부장으로 열심히 신심 합니다.

지금부터 10년 전에 인모를 절복(같이 신심을 하도록 하는 것)하려고 큰아들인 혁이와 며느리, 손녀인 건희, 연희, 나 이렇게 다섯이 함께 당시 홍은동에 살고 있는 인모 집에 찾아갔던 추억들이 있답니다. 이제는 본존님의 도움으로 어려웠던 인모가 다시 삶을 찾을 수 있던 것입니다. 정말로 감사드립니다.

　가족 이야기를 하다 보니 돌아가신 제 엄마 생각이 납니다. 내 두 번째 동생을 낳고 하얀 쌀밥과 미역국은 구경도 못 하시고 노란 좁쌀 밥을 도저히 잡수시지 못하겠다고 거부하시다가 결국은 굶어서 애통하게 한 많은 이 세상을 막 태어난 아기와 함께 떠나가셨답니다.

　한마을에 살고 계시는 사람들은 거의 다 피난 가시고 저의 엄마가 돌아가셨을 때는 불쌍한 제 아버지와 마을 사람들이 가마니로 들것을 만들어서 불쌍하게 돌아가신 엄마를 뒷산에 모셨습니다. 그 흔한 하얀 쌀밥과 미역국도 잡수시지 못하고 한 많은 세상을 떠나가시다니 정녕 하늘이 무심합니다.

　제가 여태껏 살면서 가장 한국에서 나쁜 짓을 한 놈들은 첫째는 국력이 약해진 대한민국을 짓밟은 일본 놈들, 둘째는 정치는 뒷전으로 사리사욕에 빠진 이완용 같은 놈들, 셋째는 남한을 위협하는 김일성입니다.

　저는 캄캄한 하늘을 응시하며 깊은 생각에 젖어 울면서 이 글을 쓰고 있습니다. 한국전쟁을 생각하면 치가 떨립니다. 일제의 압박에서 풀려난 지 얼마 되지 않아 남한으로 갑자기 쳐들어와 수많은 사람들의 목숨을 앗아간 전쟁의 피맺힌 한들의 울음이 들리는 것 같습니다.

가끔 해순 언니의 말을 들어보면 만 4살 먹은 저는 해지는 저녁이면 대문 앞에 앉아서 불쌍하게 돌아가신 엄마를 찾으며 울기만 했답니다. 그래서 제 별명은 울보였답니다. 그 당시 저의 오빠는 문산 농업고등학교를 다니고 있었답니다. 해창 오빠는 우리 엄마가 돌아가실 때 관이 없어서 들것에 실린 엄마의 시신을 붙잡고 통곡을 했다고 합니다.

또한, 좋은 기억도 있습니다. 어릴 적에 살던 아가메 집에서는 해가 지면 봉당에 모깃불을 피워 놓고 마당에는 멍석을 깔아 놓고 이웃집에 사시는 효순 아버지랑 우리 아버지가 정답게 이야기꽃을 피우시던 시절이 주마등처럼 스쳐 갑니다. 철없던 저는 정이 많으신 아버지 곁에 누워서 밤하늘의 총총한 별을 찾아보면서 이름 모르는 새들과 소쩍새의 울음소리 그리고 반딧불이 날아다니는 평화로웠던 그곳이 무척이나 그립습니다.

당시 가난한 제 집에 모기장은 없었습니다. 그래서 아버지는 봉당에다가 밑에는 마른 가랑잎을 깔고 그 위에는 젖은 풀들을 쌓아 놓고 성냥불로 불을 피워서 사정없이 악착스럽게 제 식구들에게 달려드는 모기들을 쫓아버렸습니다.

즐거운 여름 방학에 경기도 파주시 오가리 굴에 사시는 고모님 댁에 놀러 가면 고모님은 하얀 쌀밥에 맛있는 반찬을 만들어 주셨습니다. 오랜만에 맛보고 구경하는 하얀 쌀밥과 맛있는 반찬들을 순식간에 먹어 치우고 저는 고사리 같은 손으로 고모님이 시키는 대로 넓은 방과 마루를 정성껏 닦았습니다. 밤이면 아늑한 모기장 속에서 꿀맛 같은 잠을 자면서 무지개의 꿈을 꾸었던 것 같습니다.

고모님 댁에서 밤에는 아늑한 모기장에서 잠을 자고 나면 아침에는 쌀밥에 맛있는 반찬들을 먹었던 그때가 왜 그렇게 자꾸 생각이 나는지, 고마우신 고모님을 떠올려 봅니다.

그러고 나서 돌아오는 집은 왜 그렇게 가난하고 춥고 배고프던지요. 걸어서 집으로 돌아가던 생각이 납니다. 남루한 옷에 다 떨어진 고무신을 신고 키도 작았던 저는 길가에 먹음직스럽게 달려 있는 오이를 보았습니다. 어린 나이에 배가 고팠던 저는 그 오이가 그렇게나 먹고 싶었습니다. 주위를 둘러보니 아무도 없었습니다. 그래서 오이 한 개를 살그머니 따가지고 길가로 나와서는 행여나 누가 볼까 두려워하며 그 오이를 맛있게 먹었습니다.

그때의 제 모습이 이제 71살이 된 저의 머릿속을 떠나지 않습니다. 길가에 굴러다니는 돌멩이처럼 외로운 시절이었던 것만 같습니다. 그래도 그 시절이 그리운 것은 뭘까요? 20리가 넘는 시골길을 누더기 차림으로 집으로 향하는 길목에서 저는 친구 조현록의 엄마를 만났습니다. 저는 그분에게 다짜고짜 제 엄마의 얼굴을 아시냐고 물어보았습니다. 그분은 웃으시며 제 엄마의 얼굴을 안다고 말씀하시고는 바쁘게 가시던 길을 가셨습니다. 걸어오면서 마음속으로 엄마의 얼굴을 생각해 보려고 했습니다. 잘 기억이 나지 않아 안타까웠던 기억입니다.

그 당시 제 이복 오빠 정해창 오빠는 문산 농고를 졸업하고 곧바로 저의 같은 마을에 살고 계시는 조양순의 아버지 조재필 씨의 소개로 월롱초등학교 교사로 취직이 되었습니다. 교장 선생님을 아직도 기억하고 있습니다. 세상이 점점 힘들게 돌아가고 있다는 걸 아직도 기억하고 있습니다.

어느 날 아침에 우리 집에 책보를 들고 온 효순이는 벽에 붙어 있는 달력에 이기붕 부통령의 사진을 보고는 대뜸 "나쁜 간신 놈이래." 하고 말했습니다. 저는 아무것도 몰라서 어떻게 말해야 할지 몰랐던 기억이 납니다. 중학교에 다니는 그녀의 말이 중학교도 가지 못한 제게는 잘 이해가 안 되는 일이었지요.

며칠 전에는 고인이 되신 작은아버지와 너무나 정이 많고 인자하신 저의 사랑하는 아버지가 두꺼운 솜바지 저고리를 입고 두꺼운 덧신을 신으시고 다정하게 사진을 찍으신 사진을 앨범에서 보았답니다. 또한 고인이 되신 해자 언니 사진도 보았습니다. 그때의 한 기억속으로 흘러갑니다.

모내기철에는 독같이 무거운 젖먹이 인모를 업고 새말에 살고 있는 조용자 씨의 논가에서 서성이고 있으니 아버지는 저를 보시고 잰걸음으로 다가오셨습니다. 그때는 마을 아낙들이 큰 대야에다가 보리쌀이 약간 섞인 하얀 쌀밥과 보기만 해도 군침이 도는 먹음직스럽고 맛있어 보이는 반찬들을 나무 그늘 밑에 늘어놓고 기다리고 있는 중이었습니다.

아버지는 제가 먹을 수 있을 만큼 큰 양푼에다가 그 맛있어 보이는 밥과 반찬을 가득 담아 주시면서 "어서 먹고 집에 가렴!" 하고 다정하게 말씀하셨습니다. 그 다정하시던 음성이 지금도 제 귓가를 맴도는 것만 같습니다. 그 다정하신 아버지께 효도 한번 제대로 하지 못하고 속만 썩인 것을 이 지면을 통해 다시 한번 용서를 빕니다.

한없이 정이 많으시고 착한 제 아버지는 어느 날 같은 동네에 사시는 홍미 아버지가 만 원만 빌려 달라고 하셔서 거절을 못 하시고 같은 마을에 살고 계신 다른 분에게 빌려다 주었답니다. 한겨울 칼바람이 불고 눈보라가 휘몰아치는 날에 홍미 아버지가 도망가는 걸 잡지 못하고 구경만 했다고 아버지는 늘 제게 말씀하셨습니다.

그때 그 시절 만 원이면 정말로 큰돈이었다는 걸 지금의 저는 잘 알고 있습니다. 이승만 대통령이 군림하던 시절 제 오빠가 초등학교 교사로 있으면서 받는 월급은 고작 5,000원이었으니까요. 학교에서 한 학급당 90명가량의 학생들을 가르치면서 목이 터져라 큰 소리로 말해야 했고 백묵 가루를 수시로 먹으면서 한 달에 받는 월급이 5,000원이었답니다.

그 시절 우리 집은 너무나 가난하여 해창 오빠의 월급날을 기다렸고, 해창 오빠가 월급을 타 오시면 그 월급으로 쌀 몇 되를 사다 놓고 해창 오빠의 도시락을 싸서 드렸습니다.

홍미 아버지는 그 큰돈을 갚지도 않고 칼바람이 심하게 불고 눈보라가 휘몰아치는 한겨울에 도망을 갔으니 그 큰돈은 고스란히 우리 아버지가 갚아야 할 몫이 되었습니다. 그로부터 얼마 후 홍미 엄마랑 어린아이들은 흔적도 없이, 어디론가 말도 없이 이사를 가 버렸습니다. 그 시절 가난한 우리 집에는 시도 때도 없이 빚쟁이들이 찾아와서 아버지를 괴롭히면서 돈 달라고 아우성치고 협박을 했습니다.

지금 제가 곰곰이 생각해 보니 인정이 너무나 많으신 아버지의 숙명인 듯합니다. 낙엽이 우수수 떨어지는 어느 늦은 가을날 저의 불쌍한 올케의 친정엄마가 커다란 황소를 팔아 받은 돈을 갖고 왔다며 제법 큰 돈뭉치를 제 아버지에게 드리는 걸 어린 저는 옆에서 똑똑히 보았던 걸로 기억됩니다. 그 당시 그 큰돈을 곧바로 서울에 계신 작은아버지 집으로 싸가지고 가시던 아버지, 두루마기에 흰 고무신을 신으신 아버지의 뒷모습이 생각납니다.

제법 날씨가 추워져 아침에는 살얼음 이는 어느 저녁 무렵 저의 올케의 친정 동생 문옥이가 우리 집 식구들이 저녁을 먹고 있는데 와서는 불쌍한 해창 오빠가 고생해서 받아온 한 달 월급 5,000원을 가지고 말없이 자기가 살고 있는 화석정으로 돌아가려고 했습니다. 해창 오빠가 저녁밥이나 먹고 가라고 했는데도 불구하고 아무 말도 없이 가버렸습니다.

철이 없고 어린 저는 아무 말도 못 하고 맛없는 반찬과 새까만 꽁보리밥을 가만히 앉아서 먹으면서, 저 돈을 가져가면 우리 집 식구들은 어떻게 다음 한 달을 사나 하며 혼자서 걱정만 했습니다.

그런데 그다음 달에도 해창 오빠는 월급을 가지고 가 버렸습니다. 철없고 세상 물정 모르는 나도 은근히 속에서 화가 났습니다. 아버지께서 왜 돈을 빌려다 서울 사시는 작은아버지에게 가져다주셨나 하고 신경질이 나는 걸 억지로 참고, 석양이 곱게 물든 저녁때 남의 집 품팔이를 가셨다 돌아오신 인정 많고 착하기만 한 불쌍한 제 아버지의 얼굴만 뚫어지게 쳐다보았습니다.

이 글을 쓰는 순간은 2017년 8월 14일, 방 안의 벽시계는 새벽 4시 35분을 가리키고 있습니다. 제가 혜원 한의원에 다니기 시작할 때 몸무게는 약 70kg에 가까웠습니다. 훈이 차를 타고 배성환 의학 박사 선생님과 상담을 하던 때가 엊그제 같은데 벌써 5년이라는 시간이 지났습니다. 원장님은 말없이 침을 놓고 나가더시니, 15분 후에 우영이라는 간호사가 제 곁에 옵니다.

그녀는 선생님께서 놓은 침을 다 빼더니 허리가 아픈 제게 다가와 엉덩이에다 물리치료기를 갖다 붙이고 15분이 지나자 물리치료기를 치웠습니다. 저는 기가 막혀서 말도 못 하고는 간호사에게 오늘 치료비는 안 내겠다고 농담을 했습니다. 걱정이 된 간호사는 제가 치

료비를 안 낼까 봐 계산대 앞에까지 따라 나와서 보고 있었던 생각
이 납니다.

또 어느 날은 한의원에 갔더니 정말로 예쁘게 생긴 아르바이트생
이 묻지도 않았는데 스스로 자신은 청주대학교 간호학과에 다니고
서울 대학 병원에 간호사로 취직이 되었다고 말해 주었습니다.

어느 날은 한의원에 치료받으러 가면서 이마트에 들러 15,000원
짜리 수박을 사다가 간호사들에게 가져다주기도 했습니다. 또 어느
날은 왕딸기 한 상자를 사서 한의원에서 일하고 있는 천사 같은 간
호사들에게 선물로 주기도 했습니다.

그날은 정말 많은 환자들이 대기실을 꽉 채우고 있었습니다. 한
참을 기다리다가 좀 늦게 들어가서 치료를 받기 시작했습니다. 의사
선생님은 정성스레 치료를 하시고 침도 잘 놓아 주셨습니다. 한 15
분이 지났나 봅니다. 처음 본 얼굴의 간호사가 와서 침을 빼더니 치
료가 끝났다고 말하는 것이었습니다.

저는 항상 하던 물리치료를 퇴근 시간 때문에 안 하려는 걸 알고
는 그냥 가려 했지만, 아픈 허리를 생각하니 도저히 그럴 수가 없어
서 물리치료를 해야 한다고 말했습니다. 하는 수 없이 간호사는 물
리치료기를 허리에 대어 주긴 했으나 왠지 마음이 편하지 않았습니
다. 그래서 5년이나 다니던 혜원 한의원에 가지 않고 동사무소 건너
편에 있는 미소 한의원에 가서 치료를 받기 시작했습니다.

미소 한의원의 여자 선생님은 미스코리아처럼 키도 크고 예뻤습니다. 한 15일 정도 그곳에서 치료를 받던 어느 날 훈이가 얘기를 했습니다. 혜원 한의원에서 전화가 왔었다고 말입니다. 저는 그곳 간호사들의 이야기를 해 주었습니다. 그러고는 혜원 한의원에 전화를 해서 간호사들에 대한 불만을 원장님께 알려 주었습니다. 아무리 늙고 병든 사람이라도 한 사람 한 사람 정성을 다해서 보살피지 않으면 안 된다고 말씀을 해 드렸습니다. 아마도 원장님께선 모르시는 일이었던 것만 같습니다. 젊은이들이 맡은 일에 책임을 다하는 그런 사회가 되었으면 좋겠습니다.

그 당시 저는 몸무게도 많이 나가고 또 많은 늙은이들처럼 요실금 때문에 기저귀를 차고 생활해야 했습니다. 충북 대학 병원에 수시로 다니면서 약을 타다가 매일 먹었습니다. 저는 나이가 많아서 대학 병원에서는 수술하는 것도 위험하다고 해서 수술도 못 하고 약을 복용하는 수밖에 없다고 병원 박사님께서 말씀하셨습니다.

지금 생각해 보니 약 7년을 넘게 저는 기저귀를 차고 생활했는데 현재는 깨끗이 나아졌습니다. 아침저녁으로 본존님께 기원을 올렸습니다. 그랬더니 한 달 전부터 속옷이 깨끗해지고 얼굴에 백반증이 심했는데 어느 날 거울을 보니 얼굴도 깨끗해졌습니다.

얼마 전에 제가 목이 가려워서 분평동에 있는 수 병원에 가서 목을 치료받아야 했습니다. 얼굴에 있던 백반증도 봐 달라고 부탁드렸습니다. 원장님은 제 얼굴을 자세히 보시더니 백반증이 없어졌다고 하셨습니다. 저는 너무나 기쁜 나머지 "저는 남묘호렌게쿄를 믿고 있습니다."라고 말씀드렸습니다. 원장님은 아무 말씀 없이 듣고만 계셨지요. 집으로 돌아오는 택시 안에서 저는 본존님께 감사 기원을 마음속으로 올렸습니다.

얼마 전에 충북 청주시에 있는 충북 대학 병원에 계신 신경정신과 담당자인 김시경 박사님을 만났습니다. 친절하고 다정하신 분입니다. 사실 제가 작은아들 훈이와 충북 대학 병원에 갈 생각을 하게 된 건 같은 병원에 계신 김지원 교수님께서 제게 한번 상담을 받아보라고 하셔서입니다.

저는 새벽에 일어나 아침에 불단 앞에 앉아 본존님께 기원합니다.

첫째는 북한에서 헐벗고 굶주리는 북한 주민들을 위한 남북통일을, 둘째는 훈이가 결혼하기를, 셋째는 제 동창인 김억군의 사업번창을, 넷째는 저의 안일을 기원합니다.

그리고 주방에 들어가서 보리쌀과 흰쌀을 적당히 섞어서 밥을 했습니다. 아침부터 비가 너무 많이 내려서 자원봉사를 못 나가고 있다가 가만히 생각해 보니 얼마 전에 지인들에게 드리려고 복사해 놓은 이케다 회장님의 말씀이 생각났습니다.

* 인생에 있어서 가장 필요한 것은 희망과 용기입니다.

4
내가 사랑하는 사람들
보은의 공덕

* 인생에 있어서 가장 훌륭한 것은 생의 신념을 관철해 나가는 것입니다.

* 인생에 있어서 가장 쓸쓸한 것은 할 일이 없을 때입니다.

* 인생에 있어서 가장 비참한 것은 교양이 없을 때입니다.

* 인생에 있어서 가장 보기 싫은 것은 타인의 생활을 원망하는 것입니다.

* 인생에 있어서 가장 귀중한 것은 봉사하고 은혜를 기대하지 않는 것입니다.

* 인생에 있어서 가장 아름다운 것은 모든 것에 애정을 갖는 것입니다.

* 인생에 있어서 가장 슬픈 것은 거짓말을 하는 것입니다.

* 인생에 있어서 가장 멋진 것은 감사의 마음을 갖는 것입니다.

저는 이 글을 쓰면서 사정없이 유리창을 때리는 비를 바라보고 이 좋은 말씀을 다시 한번 생각해 볼 기회를 주어서 기쁘다고 이야기합니다. 그러면서도 세차게 내리는 비 때문에 농사짓는 분들이나 시장에서 노전하시는 분들이 입을 손해를 생각하며 걱정했습니다.

그리곤 충북 대학 병원의 신경과에 가는 2017년 8월 14일이 되었습니다. 저는 설레는 마음을 다스리며 주방에서 제가 가장 좋아하는 노래를 불렀습니다.

인생사 스무고개길 웃는 날만 있을까?

한 치 앞을 모르는 것이 인생인 것을…….

욕심내 봐야 소용없잖아…….

가지고 갈 것 하나 없는데…….

이 노래는 항상 제 마음을 편하게 합니다. 그러면서 저는 2004년 청주시 모범 시민으로 뽑혀서 한대수 시장님에게 가서 표창장을 받았을 때 입었던 좋은 옷을 놔두고 골방에 오랫동안 입지 않았던 한복을 가지고 또 작은 수첩도 가방에 넣어 가지고 같은 아파트에 살고 계시는 부인 부장님 댁으로 갔습니다.

그곳에서 모임을 가졌습니다. 부인 부장님은 좋은 말씀을 전해 주셨습니다.

> '인생 최후의 승부를 결정하는 것은 머리가 좋다는 것도 책략도 아니다. 긴 안목으로 보았을 때 그 사람의 인격이야말로 승리의 열쇠이며 평생에 걸쳐 통용되는 보물이다. 행복을 결정하는 것은 내면의 경애이다. 재산도 지위도 아니다. 경애를 열면 인생의 기쁨도 넓게 열려간다.'
> ─ S.G.I 회장

이 말씀을 저는 작은 수첩에 적었습니다. 그리고 나서 15년 전부터 다니던 옷 수선집에 가서 봄가을 입을 수 있는 옷을 맞추고, 집에 왔다가 오후 2시쯤 충북 대학 병원에 있는 신경과의 김시경 박사님과 상담을 했습니다.

삶은 지혜의 행동입니다. 저는 교학을 열심히 듣고 실천하려고 노력합니다. 여기에 제가 받은 교학을 정리해 봅니다.

삼세(三世)의 제불(諸佛)이 세상(世上)에 출현(出現)하셔도 모두 모두 사은(四恩)을 보답(報答)하라고 설(說)하고 삼황(三皇)·오제(五帝)·공자(孔子)·노자(老子)·안회(顏回) 등(等)의 옛날의 현인(賢人)은 사덕(四德)을 수득(修得)하라고 했느니라.

[현대어 역]

삼세(과거세, 현재세, 미래세)의 제불이 세상에 출현했을 때도 모두 모두 '사은'을 보답하라고 설하셨다. 또 삼황, 오제, 공자, 노자, 안회 등, 옛날 현인은 '사덕'을 닦으라고 가르쳤다.

'사람의 행동'을 가르친다

도키미쓰는 1259년 스루가지방(지금 시즈오카현 중앙부)후지군 우에노향의 지두인 난조 효에시치로의 둘째 아들로 태어났습니다. 어릴 때 부모가 니치렌 대성인에게 귀의하였으므로 지금의 미래부와 같은 나이에 대성인과 연을 맺었습니다.

아버지 효에시치로는 투병하는 동안 대성인의 격려를 받으며 최후까지 묘법에 대한 신앙을 관철하고, 1265년 3월 임종정념(臨終正念)[1]의 신심의 모습으로 생애를 마쳤습니다. 이때 도키

---

1 임종을 바르게 하고 일념을 정하는 것. 성불을 확신하고 아주 만족스러운 마음으로 임종을 맞이하는 것.

미쓰는 일곱 살이었습니다. 그리고 대성인은 효에시치로의 죽음을 애도하고 우에노향으로 산소를 찾아갔습니다. 여기서 도키미쓰를 비롯한 유가족을 따뜻하게 격려하신 일은 상상하기에 어렵지 않습니다.

그 뒤, 1274년 대성인이 사도에서 귀환해 미노부에 들어가신 사실을 안 난조 집안 사람들은 서둘러 미노부로 정성 어린 공양을 보냈습니다. 이때 도키미쓰는 열여섯 살, 이 무렵 맏형인 시치로타로가 불의의 사고로 세상을 떠나자 도키미쓰는 한 집안의 기둥으로 또 우에노향의 요직을 맡게 되었습니다.

이번에 배우는 〈우에노전어소식〉은 성장한 도키미쓰와 재회하신 이듬해인 1275년에 대성인이 저술하셨습니다.

이 어서에서 대성인은 불법의 관점에서 '사은(四恩)'을, 유교 등의 가르침의 관점에서 '사덕(四德)'을 들고, 아직 인생 경험을 쌓지 못한 젊은 도키미쓰에게 한 집안의 기둥으로서 사회의 지도자로서 나아가 묘법유포의 후계로서 갈고 닦아야 할 인간적인 자질을 말씀하십니다.

'사은'이든 '사덕'이든 상관없이 대성인이 이 어서에서 일관되게 사람의 행동의 중요성을 가르치십니다.

주위 사람들을 존경하고 또 보은의 삶을 관철한다. 이 불법의 진수를 현실에 사는 인생의 생활 태도로서 알기 쉽게 가르치십니다. 최고로 가치 있는 나날을 보내고 인생을 승리하기 위한 지침이 간결하게 제시되어 있습니다.

말하자면 불법은 만인존경과 자타 공히 행복을 위해 꿋꿋하게 사는 청년을 기르는 가르침입니다.

[본문] 어서 1526쪽 2행~1527쪽 5행

사덕(四德)이란 일(一)에는 부모(父母)에게 효도(孝道)하라. 이(二)에는 주군(主君)에는 충성(忠誠)하라, 삼(三)에는 친우(親友)를 만나면 예의(禮儀)가 있어라, 사(四)에는 열등(劣等)한 자(者)를 만나면 자비(慈悲)로와라고 함이니라, 일에 부모(父母)에 효도(孝道)하라. 설사(設使) 어버이가 사물(事物)의 도리(道理)를 모르더라도·나쁘게 말하더라도·조금도 화를 내지 않고 좋지 못한 얼굴을 보이지 말며·어버이의 말씀을 일분(一分)도 어기지 않고·어버이에게 좋은 것을 드리려고 생각하며, 하다못해 해드릴 일이 없으면 하루에 두세 번 웃는 얼굴로 대하라 함이니라.

이(二)에 주군(主君)을 만나 충성(忠誠)하라·조금도 주군(主君)에게 떳떳하지 못한 마음이 있어서는 안 되며 설사 자신(自身)이 죽는 일이 있더라도 주군(主君)에게는 결단코 잘해야 한다고 생각하여라. 숨은 신(信)이 있으면·나타나는 덕(德)이 있느니라고 운운(云云).

사덕은 하나에 "부모에게 효도하라." 둘에 "주군에게 충성을 다하라." 셋에 "벗을 만나면 예의 바르게 하라." 넷에 "나보다 약한 처지에 있는 사람을 만나면 자비를 베풀어라."이다.

하나에 "부모에게 효도한다."는 설령 부모가 나에게 도리에 어긋나게 해도 또 나쁘게 말해도, 조금도 화를 내지 않고 언짢은 기색을 보이지 않으며 부모 말씀에 조금도 거역하면 안 되고, 부모에게 좋은 것을 드리려고 해도 아무것도 없을 때는 하루에 두세 번 웃음으로 대하라는 말이다. 둘에 "주군에게 충성을 다하라."는 주군에게 조금이라도 떳떳하지 못한 마음이 있으면 안 되고, 설령 내가 죽는 일이 있어도 어쨌든 주군에게는 잘하도록 명심하라는 말이다. 눈에 보이지 않는 성의가 있으면 눈에 보이는 복덕으로 나타난다.

무자비한 자신을 극복하라

처음에 '사덕'으로서 '효(孝)', '충(忠)', '예(禮)', '자비(慈悲)'를 들고 현인이 지켜야 할 행동을 자세히 충고하십니다. 이 중 '효', '충', '예'는 유교 등의 가르침에서 볼 수 있으나 네 번째 자비는 불법에 바탕을 둔 표현입니다.

여기서 말하는 사덕은 옛날부터 전해 내려오는 판에 박은 듯한 교훈이 아니라, 방대한 동양사상 철학체계 중에서 실천의 핵심이 되고 또 도키미쓰에게 유익한 것을 대성인이 독자적으로 추출해서 제시했다고 생각합니다. 다시 말하면 '효', '충', '예'도 단순한 도덕이 아니라 불법자(佛法者)의 행동을 제시한 가르침이라고 생각합니다.

먼저 첫째로 "부모에게 효도하라."입니다. 이것은 가장 가까운 부모에 대한 효양입니다. 말이 많은 부모도 또 기성세대 사고방식을 고집하고 젊은 세대를 이해하지 못하는 부모도 그 밑바닥에는 자식의 행복이라면 자신의 희생을 뒤돌아보지 않는 절실한 생각이 있습니다.

그 생각을 자기 처지에서 한 걸음 나아가 이해하려고 했을 때 부모의 노고를 헤아릴 수 있는 너그러운 인격이 비약적으로 깊어집니다.

어쨌든, 부모에게서 자식에게 마음속 깊이 새겨진 경향성은 '선악(善惡)'과 함께 '연쇄(連鎖)'로 이루어집니다. 그래서 중요한 점은 '마이너스 연쇄'를 인간의 선성(善性)을 무한히 끌어내는 '플러스 연쇄'로 전환하는 일입니다. 그 변혁을 실현할 수 있는 저력이 모든 사람의 생명에 갖추어져 있다고 불법은 가르칩니다.

도다 선생님은 역설하셨습니다.

"청년은 부모를 사랑할 줄 모르는 인간이 많은데 어찌 남을 사랑하겠는가. 그 무자비한 자신을 극복하고 부처의 자비로운 경지를 회득(會得)하는 인간 혁명의 투쟁이다(청년훈)."

"무자비한 자신을 극복하는가, 못 하는가. 숙명 전환의 주도권은 자기 자신에게 있다. 청년이여, 인간 혁명의 투쟁에 일어서라!"고 도다 선생님은 외치셨습니다. 나도 전적으로 같은 생각으로 청년을 격려합니다. 효도는 불법의 자비로운 행동의 첫걸음입니다.

이 어서에서 대성인은 도키미쓰에게 만인의 행복을 여는 부처의 생명을 현현할 수 있는 '인간 혁명'의 한 걸음으로서 "부모에게 효도하세요.", "드릴 것이 없으면 하루에 몇 번 웃음을 드리세요."라고 말씀하셨습니다.

프랑스 작가 생텍쥐페리[2]는 말했습니다.

"중요한 것은 그렇게 어려운 일이 아니다. 웃음만으로 좋다. 사람은 웃음으로 보답한다. 사람은 웃음으로 살아간다. 목숨을 버려도 좋다고 할 만큼의 웃음이 있다."

부모의 마음속을 비추듯이 웃는다, 거기에서 혁명이 일어납니다. 자신을, 한 집안을, 나아가서 지역을 경애 혁명의 궤도로 오르게 하는 스위치가 진심 어린 '웃음'입니다.

---

2 1900~1944. 프랑스 소설가, 비행가(飛行家). 비행가 생활의 체험을 바탕으로 행동주의, 인간주의 문학을 추구했다. 대표작으로 소설 『야간비행』과 『인간의 대지』, 동화 『어린 왕자』 등이 있다.

‘성실’과 ‘신용’이 청년의 재산

둘째로 “주군에게 충성하라.”입니다. 이 말은 지역이나 사회에서 신뢰로 승리하는 마음가짐을 가르친 것이라고 생각합니다.

섬기고 있는 주군에게 ‘꺼림칙한’ 불성실이 있으면 안 된다, 인정을 받든 인정을 받지 못하든 성실하게 ‘음덕(陰德)’을 쌓으면 머지않아 반드시 ‘양보(陽報)’가 있습니다.[3]

청년이 자기 회사를 위해 열심히 노력하는데 평가를 받지 못하거나 보답도 없는 경우가 있을지 모릅니다.

그러나 신심 근본으로 거듭 연구하고 노력해 실력을 기르면 반드시 업적을 올릴 수 있습니다. 신용도 증가합니다. 신심을 근간으로 성실하게 전진하면 복운이 쌓여 마음의 재(財)가 쌓입니다. ‘몸의 재’도 빛납니다. ‘성실’과 ‘신용’이 바로 청년의 재산입니다.

니치렌 대성인은 〈관심본존초〉에서 “하늘이 맑아지면 땅은 밝아지고, 법화를 아는 자는 세법(世法)을 깨닫느니라.”고 말씀하십니다. ‘신심즉생활’이며 ‘불법즉사회’입니다.

지금 있는 곳에서 어떻게 하면 승리할 수 있을까, 역력히 여

---

3 음덕은 남에게 알리지 않는 선행. 양보는 밖으로 뚜렷이 나타난 좋은 보답. 니치렌 대성인은 시조깅고에게 “음덕이 있으면 양보가 있다(어서 1178쪽)”고, 음덕을 쌓는 소중함을 가르치셨다.

실지견(如實知見) 할 수 있는 지혜의 태양을 솟아오르게 하는 것이 신심입니다.

[본문] 어서 1527쪽 5행~9행

삼(三)에는 친우(親友)를 만나면 예의(禮儀)가 있으라는 벗으로서 하루에 열 번 스무 번 오는 사람이라도 천 리(千里)·이천 리(二千里)·온 사람과 같이 생각하여 예의(禮儀)를 조금도 소홀히 생각하지 말라. 사(四)에 열등(劣等)한 자(者)에게 자비(慈悲)로우라고 함은 나보다 못한 사람을 나의 자식과 같이 생각하여 일체(一切) 불쌍히 여겨 자비(慈悲)로우라, 이것을 사덕(四德)이라 하느니라. 그와 같이 행동함을 현인(賢人)이라고도 성인(聖人)이라고도 하느니라. 이 사덕(四德)이 있으면 다른 일은 잘하지 않더라도 훌륭한 자(者)이니라, 그와 같이 사(四)의 득(得)을 행하는 사람은 외전삼천권(外典三千卷)을 읽지 않았더라도 읽은 사람이 되느니라.

[현대어 역]

셋째로 "벗을 만나면 예의 바르게 하라."는 벗으로서 하루에 열 번, 스무 번 오는 사람이라도 천 리, 이천 리 먼 곳에서 온 사람으로 생각해 예의를 조금도 소홀히 하면 안 된다는 말이다.

넷째로 "나보다 약한 처지에 있는 사람에게 자비로워라."는 나보다 처지나 나이가 낮은 사람을 내 자식처럼 생각해 모든 사람을 가엾게 여겨 자비를 베푸는 일이다. 이상을 사덕이라고 한다.

이와 같이 행동하는 사람을 현인이라 하기도 성인이라 하기도 한다. 이 사덕이 있으면 다른 일은 다소 잘 못해도 훌륭한 사람이다.

이와 같이 사덕을 닦고 행동하는 사람은 삼천 권이라는 외전(外典, 유교나 도교 등 불교 이외의 책)을 읽지 않아도 읽은 사람이 된다.

'만인을 존경하는 마음'이 법화경의 정신

셋째로 "벗을 만나면 예의가 있으라."입니다. 친구들이 하루에 열 번, 스무 번 와도 천 리, 이천 리나 먼 곳에서 오는 사람으로 생각하고 예의를 조금이라도 소홀히 하면 안 된다는 말입니다.

이것은 좌담회를 비롯해 학회의 회합정신에도 통합니다. 예를 들면 무슨 사정으로 회합에 늦게 참석한 사람에게 "힘든 상황에서 참으로 잘 오셨습니다. 어서 오세요."라고 두 팔로 안듯이 맞이한다, 그런 따뜻하고 포근한 세계가 바로 학회의 모임입니다.

예의는 형식이 아닙니다. 중요한 점은 성실입니다. 존경하는 마음입니다. 그 마음은 '말씨'로 '표정'으로 '행동'으로 나타납니다. "교주석존의 출세(出世)의 본회(本懷)는 사람의 행동에 있었소이다(어서 1174쪽)."라고 말씀하셨듯이 불법의 목적은 '사람의 행동'을 설하는 데 있다고 해도 지나치지 않습니다.

'사람의 행동'은 불경보살(不輕菩薩)[4]이 만인을 예배했듯이 사람을 공경하는 행동에 있습니다. 또 대성인은 법화경에 있는 "당기원영 당여경불(當起遠迎 當如敬佛, 법화경을 수지한 사람을 보면 반드시 일어서서 맞이해야 하며 바로 부처를 마음에서 공경하듯이 해야 한다)"에 대해 이것이 바로 "최상제일의 상전(相傳)", 법화경 중에서 가장 중요하다고 가르치셨습니다(어서 781쪽).

바로 "벗에게 예의가 있으라."는 그 근저에 있는 만인을 공경하는 마음의 중요성을 가르치고 있습니다.

벗의 행복을 바라는 자애로운 마음을

넷째로 "열등한 자에게 자비로워라."입니다. 나보다 약한 처지에 있는 사람에게는 내 자식처럼 생각해서 모두 가엾게 여겨 자비를 베풀어야 한다는 말입니다. '열등한 자'는 인간을

---

4 법화경 상불경보살품 제20에서 설한 보살. 석존의 과거세 모습으로 위음왕불의 상법말(像法末)에 "나는 그대를 공경하오. 왜냐하면 그대는 보살의 수행을 하면 부처가 되기 때문이오."라고 만인을 예배했다. 만심에 찬 사람들에게 박해를 당했으나, 예배행을 관철하고 그 수행이 인(因)이 되어 성불했다.

우열(優劣)로 나눈다는 의미가 아니라 사회적인 처지나 연령, 경험의 차이 등으로 보아 내가 이끌어 주어야 할 사람을 말합니다.

'자비(慈悲)'의 '자'는 산스크리트어(고대 인도의 문장어)로 우정(友情)을 의미하고, '비'는 동정(同情)을 나타냅니다. 열반경, 대지도론(大智度論) 등에서는 자비에 발고여락(拔苦與樂)이라는 의의가 있다고 설합니다. 그러므로 자비는 '건전한 우정'이며 '벗의 행복을 바라는 마음'이라고 할 수 있습니다.

고대 로마의 철인(哲人) 키케로[5]는 "인생에서 우정을 빼면 이 세상에서 태양을 없애는 일과 같다."고 노래했습니다.

키케로는 "나보다 훌륭한 벗을 사귀려면 먼저 내가 좋은 인간이 되어야 한다."고 말했습니다. '우정'은 그리고 '자비로워라'는 나 자신이 좋은 벗이 되는 일입니다.

도다 선생님은 "자비만큼 강한 것은 세상에 없다."고 말씀하셨습니다. 또 "자비는 용기가 있어야 한다."고 자주 가르치셨습니다. 벗의 행복을 바라고 내가 먼저 말을 건다, 하고 싶은 말을 끝까지 한다, 누가 보든 보지 않든 그 사람을 위해 애를 태우며 진지하게 기원한다, 실로 절복 홍교는 최고의 '용기'와 '자비'의

-----

5 B.C 106~43. 로마의 정치가, 철학자, 저술가. 방대한 저작과 편지 그리고 연설(演說)을 남겨 후대에 큰 영향을 주었다.

실천입니다.

이 어서에서는 이와 같이 '사덕(四德)'을 몸에 익혀 행동하는 사람을 "현인이라고도 성인이라고도 한다."고 말씀하십니다.

지금으로 말하면 사회인으로서 불안과 희망을 함께 안은 앳된 난조 도키미쓰에게 인생의 미묘한 이치와 지도자의 바람직한 자세를 가르쳐 인간적인 성장을 기대하셨습니다.

[본문] 어서 1527쪽 10~17행

일(一)에 불교(佛教)의 사은(四恩)이란 일에는 부모(父母)의 은(恩)에 보답(報答)하라. 이(二)에는 국주(國主)의 은(恩)에 보답(報答)하라. 삼(三)에는 일체중생(一切衆生)의 은(恩)에 보답(報答)하라. 사(四)에는 삼보(三寶)의 은(恩)에 보답(報答)하라. (중략) 삼에 일체중생의 은에 보답하라란, 그런데 옛날에는 일체(一切)의 남자(男子)는 부(父)이며 여인(女人)은 모(母)이니라·그러한 까닭으로 생생세세(生生世世)에 모두 은혜(恩惠)있는 중생(衆生)이므로 모두 부처가 되라고 생각해야 하느니라.

[현대어 역]

처음, 불교의 사은으로 첫째는 "부모의 은혜에 보답하라.", 둘째는 "국주의 은혜에 보답하라.", 셋째는 "일체중생의 은혜에 보답하라." 넷째는 "삼보(불보, 법보, 승보)의 은혜에 보답하라."

4
내가 사랑하는 사람들
보은의 공덕

이다.

(중략) 셋째 "일체중생의 은혜에 보답하라."는 그런데 과거세의 옛날을 더듬어 보면 일체 남자는 자기 아버지고 여자는 어머니다. 그러므로 생생세세(生生世世)에 모두 은혜 있는 사람들이므로 모두 부처가 되기를 바라야 한다.

내 인간 혁명의 도전이 바로 보은의 길

불법의 관점에서 "사은에 보답하라."고 말씀하십니다. "은혜에 보답하라."는 내가 지금 누구 덕택에 있는지 알고 불도수행에 면려하는 일이 그 은혜에 보답하는 길이 됩니다. 바꾸어 말하면 '도움을 받는 나'에서 '도움을 주는 나'로 경애를 확대하는 일이며 또 그렇게 할 수 있는 힘을 자기 내면에서 끌어내는 일입니다.

은혜를 알고 감사한다는 것은 사람을 위해 최선을 다하는 삶에 직결합니다. 이것이 '보은'의 본디 의미입니다. 누구 덕택으로 지금의 내가 있는가. 그것을 깊이 깨닫고 감사함으로써 자기를 더욱 강하게 긍정하고 자기 자신의 존재 기반을 확립할 수 있습니다. 그리고 자신의 기반을 확립하는 일은 자기 자신의 커다란 발전의 토대가 됩니다.

보은은 자신의 가능성을 최대로 여는 '인간 혁명'의 도전입니

다. 대성인은 그런 보은의 대상을 네 가지로 들고 있습니다.[6]

첫째로 "부모에 대한 보은"입니다. 내가 인간으로 생(生)을 받고 자라난 은혜가 얼마나 큰가, 아버지 은혜는 수미산[7]보다 높고 어머니 은혜는 대해(大海)보다 깊다는 대성인 말씀입니다. 이 대은(大恩)에 보답하려면 먼저 자기 자신이 불법을 신수해야 합니다.

부모의 최대 바람은 자식의 성장과 행복입니다. 자식인 자신이 불법을 믿고 행복한 궤도에 오르는 일이 최고의 효도며 최대의 보은입니다.

둘째로 "국주에 대한 보은"은 의식주 등 생활을 꾸려 나가는 데 도움을 받는 것에 대한 보은입니다. 주권재민(主權在民)의 현대에서는 사회 그 자체에 대한 보은이라고 말할 수 있습니다.

대성인은 법화경에서 설한 현세안온(現世安穩), 후생선처(後生善處)[8]의 경문을 들고, 불법(佛法)으로써 그런 사회의 모든 사람

---

6 이 어서에서는 '부모의 은(恩)', '국주의 은', '일체중생의 은', '삼보의 은'을 설하고 있다. 이 어서를 비롯해 일반적인 사은(四恩)의 분류는 심지관경 등에서 설했는데 『보은초』에서는 부모의 은, 사장의 은, 삼보의 은, 국은(國恩)이 설해져 있다. 이것은 『보은초』가 옛 스승 도젠보의 사거(死去)에 따른 '사은보사(師恩報謝)'를 위해 쓰신 어서이기 때문이라고 생각한다.

7 고대 인도의 세계관에서 세계 중심에 높이 솟은 산

8 법화경 약초유품 제5에 "이 모든 중생은 이 법을 듣고 나서 현세에서 안온하고, 후세에는 선처에 태어나서(법화경 242쪽)"라고 있다. 법화경을 신수한 자는 현세에서는 안온한 경애가 되며 미래세는 반드시 선처에 태어난다는 뜻.

의 행복을 기원해야 한다고 가르치십니다.

셋째로 "일체중생에 대한 보은"입니다. 생명은 삼세영원합니다. 우리는 무수한 생사를 되풀이하고 지금 여기에 태어났습니다. 그렇다면 과거세에 남자는 아버지며 여자는 어머니였습니다. 불법의 눈으로 보면 모두 인연이 있고 은혜가 있는 존재입니다.

대성인은 그러기 때문에 모든 사람이 행복하기를 바랐습니다. 최고의 행복은 부처의 경애를 여는 일입니다. 최고의 보은은 성불의 대법인 불법을 가르치는 일이라고 말씀하십니다.

도다 선생님은 말씀하셨습니다. "참으로 훌륭한 것은 설령 남에게 해준 일은 잊어버려도, 받은 일은 평생 잊지 않고 그 은혜에 보답하는 일이다. 거기에 불법의 빛이 있다. 또 인격의 빛남이 있으며 인간의 깊이, 크기, 맛이 있다"고. 이것은 내 60여 년 신앙의 결론입니다.

보은에 철두철미한 사람, 망은(忘恩)에 타락한 사람, 나는 많은 인생을 지켜보았습니다. 올바르게 은혜에 보답하는 사람들은 모두 많은 사람에게 흠모와 신뢰를 받으며 소원성취의 대만족한 인생을 보내고 있습니다. 성훈에 비추어 볼 때 보은에 몸바친 생명은 삼세(三世)에 무너지지 않는 복덕으로 빛남이 틀림없습니다.

5

내 삶에
인연이 된 사람들

- 생명 연장의 힘

제 큰아들 혁이가 6살, 작은아들 훈이가 4살 때 저는 남편과 도저히 결혼 생활을 이어가기 힘들어서 차라리 이혼하자고 남편에게 이야기했습니다. 그랬더니 남편은 만취가 된 상태에서 저를 근처 논밭으로 끌고 다니면서 몽둥이로 사정없이 때렸습니다. 저를 개처럼 끌고 시동생 방으로 데려가서는 방에다 가둬 놓고 제 머리를 마구 발로 밟으며 온갖 나쁜 말을 했습니다. 저는 아무런 감각도 느낄 수가 없었습니다.

저는 알코올 중독자인 남편 때문에 하루도 편히 살 수가 없었던 것이지요. 그런 남편이 곯아떨어졌습니다. 저는 그렇게 몇 시간 동안 모진 구타를 당했는데도 아픈 줄을 모르고 아이들을 데리고 구포로 가는 버스에 올랐습니다. 돈 한 푼 없이 버스에 올라탔는데도 기사님은 아무 말씀도 안 하시고 눈짓으로 타라고 허락하셨습니다. 저는 구포역까지 가서 구포역전에서 일하는 직원에게 돈은 없지만, 서울에 꼭 가야 한다고 부탁을 했습니다. 직원은 저와 아이들을 번갈아 보더니 서울 가는 기차에 그냥 타라고 했습니다.

아마도 제 몰골이 말이 아니었겠지요. 머리는 산발이고 얼굴은 맞아서 퉁퉁 부었을 테고요. 저는 몇 끼를 굶은 채였습니다. 그러니 그런 몰골의 제가 어린아이들을 데리고 있었으니 역전 직원이 동정을 베풀었을 것입니다. 고마우신 버스 기사님도 마찬가지였을 것입니다.

서울에 내려 삼양동으로 가는 버스에서도 마찬가지였습니다. 고마우신 기사님들과 역전 직원 덕에 저는 아이들과 해자 언니에게 도착해서야 쓰러졌던 기억이 납니다. 지금부터 44년이 지났는데도 생생한 기억입니다.

언니 집에서 있을 때 젖먹이 조카 영래를 업고 사정없이 쏟아지는 빗속에서 우산을 쓰고 정신없이 시장통을 헤맬 때 형부가 저를 찾아오셨던 기억도 납니다. 제가 얼마 동안 언니 집에 있었는지 정확한 시간과 날짜는 기억나지 않습니다.

그로부터 얼마 있다 부산 구포의 시동생댁에 살고 있던 알코올 중독자 남편은 아이들과 저를 보러 찾아왔지만 저는 이튿날 새벽에 곤히 잠들어 있는 아이들을 놔둔 채 언니랑 택시를 타고 서울 돈암동에 있는 벧엘 교회에 갔습니다. 남편에게 또 구타를 당할까 봐 두려웠던 겁니다. 교회에 가니 이은혜 전도사님은 해자 언니에게 북한산에 있는 기도원이 있으니 우선 그곳에 피해 가서 있으라고 했습니다.

전도사님을 따라서 기도원으로 갔습니다. 며칠 있다가 언니는 젖먹이 막내아들을 둘러업고 형부 몰래 제게 돈을 주기 위해 산속의 기도원에 있는 저를 찾아왔습니다. 얼음사탕 한 봉지와 나의 생활비 한 달치를 제가 묵고 있는 기도원의 할머니에게 드리고는 다시 북한산을 내려가던 언니의 모습이 지금도 생생하게 기억납니다. 그 당시 저는 밤새도록 언니와 이런저런 이야기를 하며 밤을 새다 시피 한 걸로 기억납니다.

저는 그때 그 기도원에서 며칠을 머물다가는 주인 할머니에게 인사도 못 하고 삼양동에 살고 있는 언니가 너무나 보고 싶어서 가는 길에 무서운 제 남편을 만나고야 말았습니다. 남편은 제 손을 꼭 잡고 부산 가는 열차에 태웠습니다. 저는 그저 무서워서 꼼짝을 못 하고 있었답니다.

부산시 범낫골에 있는 집에 가니 남편과 다시 데려온 아이들과 함께 하루하루를 살아갔습니다. 죄 많은 인생이라고 생각했습니다. 저도 어렸을 때 엄마가 돌아가셔서 엄마 없이 자랐던 것처럼 제 아이들을 엄마 없이 키워서는 안 되겠다고 마음을 다져 먹었습니다. 그 당시 제 남편은 알코올 중독자가 되어 하루가 멀다 하고 폭력을 행사해서 서울의 언니 집으로 도망갔다가 붙잡혀 오기를 반복하고 있었습니다. 악몽의 시절이었습니다.

25년 전에 세상을 떠난 저의 작은아버지는 난폭하기 짝이 없는 저의 남편을 만나러 언니 집으로 오서서는 제 남편과 대화를 했습니다. 그리고 부산의 셋방을 정리하고 서울로 이사하기로 결정을 했습니다. 저는 서울로 이사하는 것이 너무 좋았습니다. 그래서 싱글거리며 이사 준비를 하고 있었습니다. 그런데 며칠 있다가 15살에 식모로 있었던 시절에 음으로 양으로 저를 도와주셨던 영님 언니의 남편 권도중 씨가 재봉틀 실이 잔뜩 들어 있는 가방을 들고 연락도 없이 부산의 저희 집으로 불쑥 찾아왔습니다.

술을 먹지 않으면 양같이 온순한 저의 남편은 돈이 없으니 본인이 차고 있는 시계를 전당포에 맡기고 약간의 돈을 받아서 먹고 싶어도 먹지 못하고 구경도 못 하는 생닭을 사갖고 와서 참으로 오랜만에 찾아오신 형부에게 정성을 다해 닭고기를 대접했습니다.

그리고 이종사촌 형부는 돈은 없지만 근처에 있는 보림극장에 가자고 했습니다. 저는 덩달아서 맹탕같이 좋기만 했습니다. 부산에 있는 보림극장에 남편과 아이들을 데리고 다녀온 기억이 납니다.

그리고 그다음 날에는 충북 청원군에 살고 계시던 저의 이모님 막내아들 영현이 남루한 군복을 입고 저를 누나랍시고 찾아왔습니다. 가진 것 없는 저였지만 찾아온 이종사촌 동생 영현이에게 최선을 다했습니다. 영현이에게 하얀 쌀밥도 먹이지 못하고 돈 한 푼도 주지 못하고 돌려보낸 제 아픈 마음을 이 세상 그 누가 알아주겠습니까!

그 당시 정해숙의 남편은 부산 직할시 범현동에 있는 해성 이발소에서 7년을 일하다가 그만두고 서울로 가는 밤 기차를 탔습니다. 전 재산 15만 원을 가방에 넣고 7살짜리 혁이와 5살짜리 훈이를 데리고, 평소에는 얌전하나 술만 먹으면 폭군이 되는 남편과 함께 서울로 가는 열차 안에서입니다. 남편은 소주 2병과 마른안주를 사더니 옆 좌석에 앉은 초면인 신사에게 술을 주거니 받거니 하면서 취하기 시작했습니다. 저는 그 자리를 피했습니다. 그랬더니 남편이 따라왔습니다.

저는 폭행을 피하기 위해 정거장에 선 기차에서 내려 도망가다가 다시 남편에게 잡혀서 기차를 타야 했습니다. 이미 술에 취한 남편은 저를 구둣발로 차고 제 머리카락을 잡고 마구 때렸습니다. 저는 달리는 기차에서 내려 죽으려고까지 했습니다. 그런데 어느 젊은 승객이 남편을 붙잡고는 더 이상 저를 때리지 못하게 했습니다. 얼굴도 모르는 젊은이의 도움이 없었으면 정말 저는 그 열차에서 뛰어내렸을 것입니다. 다시 한번 감사의 말씀을 올립니다.

그날 그 난리를 피운 남편은 술이 깨자 다시 온전한 사람이 되어서 아이들과 함께 삼양동의 언니 집에 갔습니다. 그곳에서 내 손을 보니 시퍼렇게 멍이 들어 있었습니다. 그 치욕의 시간을 믿고 의지하던 언니 외에는 아무에게도 말하지 못하고 살면서 세월 흘러갔습니다.

서울 쌍문동 이계향 씨 댁에 좁은 방 한 칸을 전세 15만 원을 내고 들어갔습니다. 좁은 방 한 칸에서 저녁밥을 먹으면 주인댁은 매일같이 안방에서 하느님께 기도하면서 찬송가를 부르고 어린 혁이와 훈이는 주인집 아들하고 같이 텔레비전을 보았습니다.

그 집에서도 제 알코올 중독자 남편은 술만 먹으면 저녁 밥상을 발로 뻥 차버리고 제게 온갖 욕지거리를 하면서 행패를 부려서 저는 주인아주머니에게 미안하고 그저 부끄러웠습니다.

어느 날은 앞방에 살고 있는 한식이 엄마하고 같이 경동시장에 가서 아침 일찍 풋사과 한 상자를 사다가 고무 대야에 담아서는 우이동 시장에 가서 사과를 팔아보려고 했었습니다. 노전에 사과를 막 내려놓으려고 하는데 난데없이 건장하게 생긴 남자 경비가 벼락같이 소리를 지르며 달려와서는 사과가 담긴 고무 대야를 축구공 차듯 순식간에 발로 뻥 차버렸습니다.

저는 울면서 이 사과를 팔아서 집에서 엄마 오기만을 기다리고 있는 어린 새끼들을 굶기지 않으려고 했는데 이제 어쩌냐고 마구 울음을 터트렸습니다. 건장한 경비는 자신의 행동이 미안했던지 "처음 왔으면 왔다고 진작 말하지 그랬소!"라고 말꼬리를 흐리면서 어디론가 가버렸습니다.

집까지 걸어서 와 보니 어린 혁이와 훈이는 이 못난 어미를 보고 반갑게 뛰어와서는 제 두 팔에 매달렸습니다. 어린 혁이와 훈이에게 하얀 쌀밥 하나 제대로 먹이지 못하는 어미로서의 제 심정을 그 누가 알아주겠습니까! 싼 정부미를 사다가 아이들에게 밥을 해서 먹이면서도 항상 미안한 마음이 들었습니다.

　박정희 대통령 시절을 생각하면 너무나 끔찍하게 고생한 생각에 몸서리가 쳐집니다. 육영수 여사가 저격을 당하고 세상이 온통 술렁거릴 때도 저는 정치와 나랏일에는 관심을 둘 수가 없었습니다. 헐벗고 굶주림에서 벗어나고자 애쓰며 오로지 어린아이들에게 하얀 쌀밥과 고깃국을 질리도록 먹이고 싶은 것이 저의 소원이었습니다. 부잣집 개도 안 먹는다는 정부미 쌀을 사다가 혁이와 훈이에게 먹이니 아이들 얼굴에는 마른버짐이 허옇게 생기기 시작했습니다. 남편은 날마다 눈만 뜨면 술을 먹지 못해 안달을 하고, 손이 없으면 본인이 입고 있던 코트를 벗어다 술과 바꿔 먹었습니다. 술에 취하면 제게 행패를 부려댔습니다.

　술에 안 취했을 때는 없는 돈에 복권이나 사서 일확천금을 꿈꿨습니다. 저는 쌍문동에 살 적에 돈암동에 있는 벧엘 교회에 일요일마다 가서 하느님께 간절히 기도했습니다. 제가 기댈 수 있는 언덕이 되어 달라고 하느님께 기도해 보았지만 아무 대답이 없으셨습니다.

　그러던 중 저는 한집에 세 들어 살고 있는 한식이 엄마하고 집주인의 소개로 양말 장사를 하였습니다. 양말 도매상 집에 가서 양말과 덧버선과 유아용 장갑과 여자 속옷 등을 받아다가 보따리에 싸서 이고 양말은 손에 들고 다니면서 길에 지나가는 사람만 보면 "아줌마! 양말을 싸게 드릴 테니 양말 좀 사세요!" 하면서 하루 종일 걸어 다니면서 팔았습니다. 또 길을 가다가 대문이 열려 있으면 집 안을 살며시 들여다보면서 주인에게 공손히 인사하고 "좋고 싼 양말이 왔으니 한번 구경하시고 양말 좀 사세요!" 하면서 굽실대면서 주인에게 사정하였습니다.

그 시절 제 모습을 생각해 보니 머리는 파마도 안 하고 얼굴에 화장품은 구경도 못 한, 지금 생각하면 깡통 하나만 차면 상거지 중에 상거지 꼴이었습니다. 그런 제게 단지 희망이 있었다면 오로지 아이들에게 하얀 쌀밥과 고깃국을 질리도록 먹이고 싶은 것이었습니다.

한겨울에는 눈이 펑펑 내리고 양말은 하나도 팔리지 않는데 칼바람은 왜 그렇게 사납게 부는지. 저는 휘몰아치는 눈보라에 앞길을 분간하지 못하면서도 다 떨어진 고무신을 질질 끌고 다니면서 양말을 팔아야 했습니다. 그날 벌어 그날 먹고사는 것이었습니다. 저는 몸이 깨지고 부서져도 오로지 제가 낳은 훈이와 혁이만을 위해서라면 무엇이든지 할 각오가 되어 있었습니다.

그렇게 추운 겨울이 지나가고 다시 따뜻한 봄이 왔습니다. 남편은 이발소를 싸게 얻어서 이발소를 한번 해 보겠다고 의욕이 대단했습니다. 서울특별시 번동에 있는 이발소를 아주 싸게 얻었습니다. 이발소를 개업하려고 남편의 의욕이 아주 대단한 것에 저는 약간 걱정이 되었지만 남편의 결정에 따르기로 했습니다. 우리 식구가 몸담고 살았던 이계향 씨 집 전세금을 빼서 이발소를 운영하려고 준비를 했습니다.

우선 전세금 받은 것 중에서 보증금 3만 원을 이발소 집 주인에게 드리고 약간의 돈을 가졌습니다. 서울 평화시장에 가서 이발소를 개업할 때 필요한 수건과 방석 등을 사서 남편과 저는 기분 좋게 준비를 했습니다.

이발소 내부에다가 우리 식구가 거처할 수 있는 공간으로 방과 부엌을 만들어 달라고 하니까 그 당시 돈으로 만 원을 달라고 하였습니다. 우린 다 만든 후에 드리겠다고 약속했습니다.

알코올 중독자인 남편은 그때부터 본인이 사장이 된 것을 자축하며 자신이 일당 600원씩 받으면서 일했던 이발소 주인과 종업원을 번동으로 데리고 와서 자랑을 늘어지게 하곤 술에 만취되어 어디론가 가버렸습니다.

저는 이발소 개업 준비로 정신없이 일을 하면서 방과 부엌을 만드는 일꾼들의 뒷바라지도 했습니다. 드디어 이발소 개업식을 하는 날 알코올 중독자인 남편은 집으로 들어오지 않았습니다. 그래서 하는 수 없이 일당으로 일하기로 한 이발사와 아르바이트생으로 온 청년과 함께 이발소 개업을 했습니다. 그런데 방과 부엌을 만든 업자들이 와서 돈 만 원을 달라고 제게 말했습니다. 저는 남편이 돈을 가지고 나갔으니 기다려 보자고만 말했습니다. 그리고 기다렸습니다. 행여나 무슨 일이나 생기지 않았을까 노심초사하면서, 일단 아이들은 쌍문동에 있는 제 작은아버지 댁에 우선 맡겨두었습니다.

남편은 10만 원의 거금을 가지고 나간 지 3일 만에 단돈 400원을 가지고 초라한 모습으로 집에 찾아왔습니다. 암울하기만 했던 박정희 대통령 시절에는 10만 원만 있으면 새로 지은 아담한 집을 살 수 있는데 그 큰돈을 어디 가서 쓰고 왔는지 원망스러웠지만 저는 참았습니다.

무능한 제 남편을 믿고 살아야만 했던 저는 그저 앞날이 캄캄하기만 했습니다. 불쌍한 혁이와 준이만 보고 살아야 했습니다. 어미 없는 아이들로 키우고 싶지 않아서 정말 이를 악물고 눈물을 참으며 살아내야 했습니다.

그 당시 고종사촌 오빠는 서울 안기부에 계셨고 저의 친오빠인 해광 오빠는 경기도 파주의 문산 초등학교 교사로 계셨습니다. 저는 그분들에게 초라한 모습을 보여주기 싫어서 아무런 도움도 요청하지 못했답니다. 그저 죄 없는 어린 혁이와 훈이만을 위해 이 한목숨을 바칠 각오로 살아내야만 했습니다.

어느 날, 아담하고 예쁘게 생긴 면도사가 우리 이발소에서 일을 하겠다고 자기 발로 찾아왔습니다. 나중에 알고 보니 제 남편과 서로 좋아하는 사이였던 것 같습니다. 날씬하고 예쁘게 생긴 그 면도사는 유부녀였습니다. 그녀의 남편은 백수건달이었답니다.

점심때가 되어 남편은 국수를 삶으라고 제게 말했습니다. 왠지 그날따라 은근히 화가 치밀어 올랐습니다. 그래서 화를 냈던 기억이

5
내 삶에 인연이 된 사람들
생명 연장의 힘

납니다. 그랬더니 남편은 면도사가 있는 앞에서 저를 마구 때렸습니다. 저는 더 이상 참고 지내기 힘들어서 이발소 안에 있는 방으로 들어가서 가출을 하려고 속옷과 원피스를 꺼내서 대충 보자기에 싸고 있는데, 남편은 방에 따라 들어와서 제 얼굴에 따귀를 쳤습니다.

저는 속으로만 '그래! 이 더러운 놈아! 내가 집을 나갈 테니 네놈이 좋아하는 면도사와 깨가 쏟아지게 잘 살아라!' 하고는 가방을 들고 이발소를 나왔습니다. 제가 몇 발짝을 내딛는데 언제 왔는지 큰아이 혁이가 반색을 하며 "엄마 어디 가?" 하며 불렀습니다.

저는 그냥 "응!" 하고는 아무 말도 못 하고 말없이 돌아서서 무작정 걷기 시작했습니다. 한 많고 설움 많고 잘 배우지도 못한 못난 저 자신에게 이제 어디로 가냐고 물으면서 한참을 길에서 망설였습니다. 갈 곳도 없고 오라는 사람도 없는 서울의 차디찬 하늘 아래서 저는 무작정 앞만 보고 걸었습니다.

제가 그러려니 살아온 날들이 주마등처럼 뇌를 스치고 지나갔습니다. 초등학교를 졸업하고 나서 친구들은 곱고 예쁜 꼬리치마와 저고리를 입고 새말 을자네 마당에서 즐겁게 웃으면서 널뛰기하는 것을 저는 그 먼 산 보듯이 바라만 보고 있었습니다.

헐벗고 남루한 옷에 다 떨어져 가는 신발을 신고 저는 중학교에 다니는 친구들과는 이미 다른 삶을 살아가고 있었던 것이었습니다. 봄이 되면 돌미나리, 냉이, 꽃다지, 질경이, 콩나물을 캐어다 삶아서 나물을 팔러 다녔던 것입니다.

새벽 4시면 일어나서 동네방네 나물을 팔러 다니던 저는 이미 중학교에 다니는 친구들과는 어울릴 수가 없었답니다.

장마철이 되면 뒷산의 이정 굴에 가서 야산에 있는 다양한 버섯도 땄습니다. 기와버섯, 잣버섯, 갓버섯, 꾀꼬리버섯, 밤나무 버섯들을 어린 저는 억척스럽게 따서 20리가 넘는 문산읍에 걸어가 팔았습니다.

황금물결 치는 가을이 되면 문산 장이 섰습니다. 그곳에서 굵은 알밤을 한 말 사서 그 무거운 알밤을 머리에 이고 20리가 넘는 시골길을 걸어서 집으로 돌아와서 알밤을 정성껏 삶았습니다. 그리곤 그것을 다시 이고 용주골에 가서 양공주들에게 팔았습니다.

또 다른 장사를 해볼 생각으로 금촌읍에 가서 찐빵을 사다가 문산읍에 가서 집집마다 돌아다니면서 "찐빵 좀 사세요! 찐빵요! 맛있는 찐빵 좀 사세요." 하던 일들이 아련히 떠오릅니다. 늦은 봄에는 텃밭에 있는 상추, 쑥갓, 시금치, 호박잎을 따서 20리가 넘는 문산읍에 가서 팔았습니다.

그러던 몇 해 후에 제 집에 불이 났습니다. 집은 거의 다 타버렸습니다. 어린 저는 그저 무섭기만 했습니다. 다행히 마을 사람들의 도움으로 불은 간신히 잡았지만 이미 초가집이 3분의 2 이상 다 타버린 상태였습니다. 불쌍한 아버지의 허탈한 모습이 지금도 아련히 떠오릅니다.

친절한 조대래 아버지의 소개로 새말에 있는 다 쓰러져 가는 초라한 초가집을 사서 이사했습니다. 새말로 이사한 다음 날 능골에 사시는 먼 친척분이 참깨 몇 되를 가지고 오셔서 기뻤던 일이 생각납니다. 새말에 이사를 가서도 나물 장사를 계속했고 시간은 빠르게 그렇게 몇 년이 흘러갔습니다.

삶을 지속하기 위해 우리는 생명 연장의 힘이 필요합니다. 제가 받은 교학을 정리해 보겠습니다.

[본문] 어서 1527쪽 17행~1528쪽 10행

사(四)에 삼보(三寶)의 은(恩)에 보답(報答)하라란 최초(最初) 성도(成道)의 화엄경(華嚴經)을 찾아보면 (중략) 어찌 해서 이 경(經)의 힘으로 나의 어머니가 부처가 되지 않겠느뇨. 그러므로 법화경(法華經)을 수지(受持)한 사람은 부모(父母)의 은혜(恩惠)에 보답(報答)하느니라. 나의 마음에는 보답한다고 생각하지 않아도 이 경의 힘으로 보답하느니라.

[현대어 역]

넷에 "삼보의 은혜에 보답하라."는 석존이 성도한 뒤 맨 처음으로 설한 화엄경을 찾아보면 (중략) 어찌 이 법화경의 힘으로 내

어머니가 부처가 되지 않겠는가. 그러므로 법화경을 수지한 사람은 부모의 은혜에 보답한다. 내 마음으로는 보답한다고 생각하지 않아도 법화경 힘으로 보답한다.

법화경만이 '어머니 은혜'에 보답하는 경전

넷째로, 인간으로서 최고의 삶을 확립하려면 '삼보에 대한 보은'이 가장 중요합니다.

삼보는 불보, 법보, 승보라는 신앙의 기둥입니다.[9] 이 어서에서는 이 '삼보의 은혜'의 전제로서 일체중생에게 진정으로 큰 은혜가 있는 경전은 무엇인가를 말씀하십니다.

다시 말하면 천태대사가 석존의 일대성교를 분류하고, 각 경전의 우열을 판정한 오시(五時)의 교판(敎判)을 인용해, 거기에 "부모, 특히 '어머니에 대한 보은'의 기반이 되는 '여인성불'은 가능한가."라는 '기준'에 맞추어 논하십니다. '오시'의 교판[10]은 단순한 사실(史實)의 차원이 아니라 석존이 무엇을 어떻게 전하려 했는가 하는 진의를 통찰한 결정(結晶)입니다.

---

9 여기서 승(僧)은 부처의 가르침을 이어받아 사람들에게 가르침을 넓히는 올바른 실천자를 말한다. 말법의 하종 삼보에서는 존경하여 믿는 대상인 승보는 닛코상인 한 분이지만, 넓은 뜻의 승보는 니치렌 대성인불법을 전지(傳持), 홍통하는 승속을 '승보'로 한다. 현대에서는 창가학회가 넓은 뜻의 승보에 해당한다.

10 중국의 천태대사가 석존의 일대성교를 그 내용에 따라 오기(五期)로 분류한 것. 화엄시, 아함시, 방등시, 반야시, 법화열반시의 다섯.

앞으로 불법을 깊이 배울 도키미쓰를 위해 그 근간이 되는 사고방식을 알기 쉽게 초점을 들어 가르치십니다. 그리고 진정으로 사은에 보답할 수 있는 경전은 무엇인가. 화엄경은 비롯해 각각의 경전에 대해 여인성불은 기준으로 보았을 때 유일하게 법화경밖에 없다고 밝히십니다.

어려서 아버지를 여의고, 열심히 한 집안을 지켜온 도키미쓰의 어머니. 그 모습을 가슴에 아로새긴 도키미쓰에게 어머니에 대한 보은과 어머니의 행복이 최대 바람이었습니다. 그렇게 하는 것이 동시에 묘법을 가르쳐주신 아버지에 대한 보은이라고 생각했습니다.

이 어서에서 대성인은 그러한 젊은 도키미쓰의 최대 관심사를 정면으로 지켜보면서 불법의 위대함과 현인의 생활 태도를 가르쳐 도키미쓰의 '마음의 눈'을 크게 열어주셨습니다.

"부모에게 효도하라"라는 외전(外典)의 가르침에서 출발해 현인의 생활 태도를 탐구한 '사덕(四德)'의 고찰도 법화경이라는 최고봉의 가르침에서 검토하면, 모두 일상생활에 나타나는 부처의 행동이 됩니다. 어머니를 웃음으로 안심시키는 일도, 직장에서 신뢰를 얻는 일도, 벗을 존경하는 일도, 후배를 귀여워하는 일도…….

'묘법'은 대은(大恩) 있는 부모는 물론, 형제자매나 우인들 그리고 자신과 연관 있는 모든 사람을 삼세영원에 걸친 행복으로 이끄는 대법입니다. 설령 부모나 우인이 지금은 이 신앙에 이해가 없어도 묘법의 공력(功力)은 아주 큽니다. 먼저 나 한 사람이 신심에 면려하면 태양이 떠올라 찬란하게 대지를 비추듯 주위 사람들도 반드시 구할 수 있습니다. 아무 걱정 없습니다. 초조할 필요도 없습니다.

또 자식이 없는 가정이 있겠지요. 학회 미래부원이 우리 자식이며 광선유포 후계입니다. 우리의 진심 어린 응원이 후계동지의 힘이 되어 마음의 보배로 빛난다는 사실을 상쾌히 대확신합시다.

[본문] 어서 1528쪽 11~14행

그러므로 석가(釋迦)·다보(多寶) 등(等)의 시방(十方)·무량(無量)의 부처·상행지용(上行地涌) 등(等)의 보살(菩薩)도·보현(普賢)·문수(文殊) 등(等)의 적화(迹化)의 대사(大士)도·사리불(舍利弗) 등(等)의 제대성문(諸大聲聞)도·대범천왕(大梵天王)·일월(日月) 등(等)의 명주제천(明主諸天)도·팔부왕(八部王)도·십나찰녀(十羅刹女) 등(等)도·일본국중(日本國中)의 대소(大小)의 제신(諸神)도 통틀어 이 법화경(法華經)을 강하게 신봉(信奉)하고 여념(餘念)없이 한결같이 신앙(信仰)하는 자(者)를 그림자가 몸에 따르듯이 수호(守護)하시느니라, 굳게 명심하여 번의(飜意)하지 않고 외곬으로 믿으신다면 현세안온(現世安穩)·후생선처(後生善處)되리라

그러므로 석가불·다보불 등 전 우주의 무수한 부처, 상행보살 등의 지용보살도 보현보살·문수사리보살 등 적화의 대보살도, 사리불 등의 제대성문도, 대범천왕·일천자·월천자 등의 이 세계를 다스리는 제천도, 팔부중의 왕이나 십라찰녀 등 귀신도, 일본국 중의 대소의 신들도 통틀어 이 법화경을 강하게 믿고 여념 없이 한결같이 신앙하는 자를 그림자가 몸에 따르듯이 늘 떠나지 않고 틀림없이 수호한다.

굳게 명심해 마음을 뒤집어서 달리 생각하지 말고 이 법화경을 외곬으로 믿는다면, 법화경에서 설한 '현세안온, 후생선처(현세는 흔들림 없는 안온한 인생을 확립하고 후생에는 근사한 곳에 생을 받는다)'가 된다.

외곬으로 신심을 관철하는 속에 진정한 안온이

이 어서의 결론 부분입니다. 법화경을 강성하게 믿고 딴생각 없이 외곬으로 신앙을 관철하면 무량한 부처, 보살, 제천선신이 엄연히 수호한다, 그리고 현세안온 후생선처는 두말할 필요도 없다고 말씀하십니다.

"굳게 명심하여 번의하지 않고 외곬으로"라는 말씀입니다. 젊은 날의 순수한 결심을 무슨 일이 있어도 끝까지 불태우도록 격려하십니다.

"여념 없이 외곬으로"의 자세가 신앙의 근간입니다. 난조 도키미쓰는 언제나 대성인의 말씀대로 싸워 갖가지 어려운 고비를 이겨냈습니다.

아쓰하라 법난[11] 때는 주위에서 많은 비난과 끈질긴 박해를 받았고, 무거운 세금이 부과되어 생활이 어려웠습니다. 또 동생의 죽음[12], 자신의 중병[13]도 있었습니다. 그런 어려움을 신심외곬으로 극복하고, 대원에 꿋꿋하게 사는 생애를 보냅니다.

"어디까지나 신심이다.", "중요한 것은 신심근본의 '인간'을 만드는 일이다."는 도다 선생님이 늘 하신 말씀입니다. 어디까지나 청년을 격려하고 키운다, 위대한 신앙자 그리고 위대한 사회인을 만든다, 고맙게도 대성인이 우리에게 그 규범을 가르쳐 주셨습니다.

말할 필요도 없이 창가청년학회는 청년의 성장만이 주된 목표가 아닙니다. 청년육성은 희망찬 미래를 만드는 일입니다.

----

11 1275년에서 1283년에 걸쳐 스루가지방, 후지군(시즈오카현 후지시)의 아쓰하라 지역에서 니치렌 대성인 문하가 받은 법난. 1279년에는 농민신도 20명이 부당하게 체포되어 가마쿠라로 호송되었다. 헤이노사에몬노조요리쓰나가 취조하면서 신앙을 버리도록 강요했으나 한 사람도 퇴전하지 않았고 진시로 등 세 사람이 참수되어 순교했다.

12 도키미쓰의 막냇동생 시치로고로는 아버지가 돌아가신 후에 태어났다. 1280년 6월에 도키미쓰와 함께 대성인을 만나 뵈었으나 3개월 뒤인 9월에 사망했다. 대성인은 죽음을 아쉬워하며 도키미쓰와 그 어머니에게 보낸 많은 편지에 애석한 정을 쓰시고 있다.

13 도키미쓰는 스물네 살 때 중병을 앓았다. 대성인은 〈법화증명초〉를 써서 도키미쓰를 괴롭히는 병마를 질타하셨다. 도키미쓰는 건강을 회복해 수명을 50년 연장했다.

자신을 젊어지게 하고, 조직과 지역도 싱싱하고 깨끗하고 산뜻한 활기로 넘치게 합니다.

학회 안에 늘 청년을 지키고 키워서 사회로 인재를 내보내는 전통이 다시 구축된다면 학회는 학회 자체가 젊고 싱싱해지며 한층 더 활력이 증가합니다.

대성인이 난조 도키미쓰에게 만인을 존경하는 법화경의 인간학을 가르치셨듯, 청년세대에게 창가 인간주의 철학의 조류가 넓혀지면 사회의 숙명은 크게 전환합니다.

청년 한 사람의 '인간 혁명'이 가정을 바꾸고, 사회를 바꾸고, 인류의 숙명을 바꿉니다. 도키미쓰와 같은 후계를 육성하는 존귀한 성업을 지금 여러분에게 부탁합니다. 세계 각지에서 21세기의 광선유포를 책임질 청년이 잇달아 탄생하고 있습니다. 바야흐로 새로운 시대가 도래하고 있습니다.

청년이여, 21세기의 새로운 광선유포의 산을 올라라!

우리 창가가족은 올 한 해도 반드시 승리합시다. 〈법련 2012년 3월호〉

6

서울에서 홀로 서는 처절한 고통 연습

- 광포의 기쁨

제가 15살이 되던 해 올케 몰래 돈 130원을 모아서 앞마을에 살고 있는 복순이랑 둘이서 서울로 몰래 도망을 갔습니다. 그 당시 청량리에서 식모로 살고 있던 해자 언니에게 찾아갔습니다. 그러나 언니는 주인집 눈치 때문에 저와 복순이에게 밥을 줄 수가 없었습니다. 그래서 하는 수 없이 해자 언니랑 복순이와 저는 숭인동에 살고 계시는 이종사촌 언니 집에 찾아갔습니다. 영순 언니 방에 있는 쌀통에는 하얀 쌀이 조금밖에 없어서 저는 속으로 '또 밥을 먹지 못하겠구나.' 하는 생각에 슬펐습니다. 영순 언니에게는 서너 살 먹은 인석이라는 아주 귀엽게 생긴 아들이 있었습니다.

저는 영순 언니 집에서 하룻밤을 자고 다시 충북 청원군에 살고 계시는 이모님 댁에 찾아가야 했습니다. 연로하신 이모님은 아담하시고 많이 늙으셨으나 미인이었습니다. 마치 우리 엄마의 얼굴을 다시 보는 듯한 느낌이었습니다. 저는 애타게 그리웠던 엄마의 언니를 보고 또 보았습니다. 한번은 영록 오빠의 손을 잡고 이모 집으로 가는 길에 이모 옆집에 살고 계시는 할머니께서 저를 보곤 "이모도 엄마나 마찬가지란다."라고 하신 말이 지금도 귓전을 아련히 메아리치고 있습니다.

그래서인지 저는 이모님 집이 우리 집인 양 착각을 하고 행동했던 것 같습니다. 그때 처음으로 엄마의 이름이 고상애라는 걸 듣고는 감회가 새로웠습니다. 그렇게 15세의 나이로 이모님 댁에 있으려니 눈치가 보이기 시작했습니다. 이모는 은근히 눈치를 주셨습니다. 이모님 댁도 여름이라 그런지 하얀 쌀밥은 구경도 못 하고 새까만 보리밥을 해 먹었습니다.

그 동네에 제가 있을 때 또래인 분자 말이, 저의 이모님 댁은 땅도 많고 저산리에서는 제일 부자라고 저에게 귀띔해 주었습니다. 이모님 댁은 한때는 머슴을 5명씩이나 두고 농사를 지었다고 집안 어른들은 이야기를 했습니다. 보름 후에 이모님은 15살 먹은 저를 대전에 살고 계시는 이종사촌 오빠 집에 데리고 갔습니다. 그리곤 의논을 하시더니 저를 어느 대문 큰 집 앞으로 데리고 가서는 들어가라고 했습니다. 저는 아무것도 모른 채 어른들이 시키는 대로 낯선 집에 들어갔습니다.

그 집주인 아주머니는 키가 크고 침례교회에 나가시고 주인아저씨는 새벽에 일찍 밖으로 나가셨습니다. 밤에는 언제 아저씨가 들어오시는지, 저는 한 번도 아저씨를 본 적이 없습니다.

연탄 구경은 그 집에서 처음이었고 반찬 만드는 왜간장을 저는 처음 먹어보았습니다. 그때의 그 왜간장 맛이 아주 좋았던 거로 기억됩니다. 그 집주인 아주머니는 아주 엄격하고 구두쇠이며 이기적으로 살았습니다. 저 같은 식모는 인간 취급도 안 하는 위인이었습니다.

그 집 식구들 수는 9명이었는데 제일 큰딸은 시집갔다가 잠시 친정집에 혜원이라는 예쁜 아이를 데리고 놀러 와서는 저를 괴롭히면서 정작 자기 집으로는 돌아가지 않았습니다. 저를 사람 취급도 하지 않았습니다. 둘째 딸은 전문대학교를 나와서 직장도 없이 집에서 그냥 놀고 있었는데 저를 자기 친동생처럼 생각하는 착한 언니였습니다. 그 집 셋째 아들은 제가 식모로 들어간 후 얼마 있다가 육군 군복을 입고 갓 제대해서 왔는데 제겐 말 한마디 걸지 않고 점잖은 분이셨습니다. 그 집 넷째 딸은 한밭여고에 다녔습니다. 항상 저를 식모로 대했고 이기적이었습니다. 그 집 막내아들은 중학교에 다녔습니다. 그 아이의 이름은 수남이었습니다. 저는 이름 대신 '학생'이라고 부르라는 그 집 큰딸의 훈계를 받곤 했습니다.

그 집에서 식모로 온갖 집안일을 하면서 밤이 되면 저는 꼭 일기를 썼습니다. 어느 날 일기를 쓸 공책이 없어서 저는 그 학생에게 일기를 쓰는데 일기장이 없으니 종이 좀 줄 수 있냐고 물으니 그 수남학생은 그 당시 제가 구경도 못 해 본 아주 질이 좋은 양면지를 넉넉히 저에게 선뜻 주는 것이었습니다. 저에게 그는 아주 양같이 순하고 착한 학생으로만 보였습니다. 제가 15살이 되도록 한 번도 보지 못한 전화기가 그 집에는 있었습니다.

침례교회에 다니는 주인아주머니는 일요일이 되면 성경책을 들고 교회를 다녔습니다. 저는 속으로 생각했지요. '교회 목사님은 집에서 일하는 식모를 개돼지처럼 부리듯이 부려먹으라고 설교를 하시나 보다.'라고요.

대전의 그 부잣집에서 식모로 있을 때 저는 치약도 처음 보았습니다. 밥을 먹고 저는 아무 생각 없이 치약을 칫솔에 짜서 이를 닦으려고 하는 순간에 교회에 다녀오시던 주인아주머니는 매서운 눈으로 저를 보면서 "너는 이 닦을 때는 꼭 소금으로 닦으라"고 하셨습니다. "네!"라고 대답은 했지만, 도대체 그렇게 말씀하시는 아주머니는 식모인 저를 뭐라고 생각하시는지가 궁금했습니다. 아마 개나 돼지랑 같은 종류라고 생각하셨나 봅니다.

그러다 추석날이 되었습니다. 주인아주머니는 시장에 가서 블라우스를 하나 사왔습니다. 제가 15살이 되도록 그렇게 예쁜 블라우스를 입어보기는 처음이었습니다. 그래도 그 집에서 식모로 있으면서 하얀 쌀밥과 맛있는 반찬은 질리도록 매일 잘 먹었습니다. 지금은 다이어트니 해서 흔해 빠진 하얀 쌀밥 먹기를 거부하는 사람도 있습니다. 또 지금은 헌 옷 수거함에 옷들이 넘쳐나고 있습니다. 저는 가끔 '좋은 세상이 되었구나!' 하고 생각합니다.

제가 현재 살고 있는 충북 청주시 서원구 수곡1동에 있는 공원에

6
서울에서 홀로 서는 처절한 고통 연습
광포의 기쁨

가서 저는 적어도 백 년을 넘었을 큰 밤나무 밑에 있는 쓰레기를 줍는데, 노란 꾀꼬리버섯이 환상적으로 예쁘게 솟아나 있었습니다. 저는 마음속으로 본존님께 감사하다고 기원했습니다. 제가 어렵고 힘든 시절에 중학교에 가지 못하고 버섯을 따다 내다 파는 일을 한 적이 있기 때문이지요. 그 모진 풍파 속에서 살아왔기에 오늘의 저 정해숙은 항상 행복을 추구하면서 열심히 건강하게 살고 있다고 자부합니다. 젊어서 고생은 사서도 한다는 옛 어른들의 말씀이 맞다고 생각한답니다.

중학교에 가는 대신 버섯 장사를 했기에 버섯 종류를 많이 알고 있습니다. 그래서 그 오래된 밤나무 밑에서 꾀꼬리버섯을 얼마나 많이 땄는지 모릅니다. 저는 16년 동안 지금 제가 살던 동네에서 알고 지내는 존경하고 사랑하는 정성례 형님에게 버섯을 가져다드리기로 했습니다.

이곳 대봉산에서 산책하다 우연히 만난 일을 계기로 가깝게 지내고 있습니다. 형님은 31살에 남편이 갑자기 돌아가셔서 어린 딸을 데리고 재혼하지 않고 지금 연세가 80이 되도록 혼자서 모진 풍파를 헤쳐 나가면서 성당에도 열심히 다니시고 계십니다.

정성례 형님은 간혹가다가 맛있는 떡이라도 생기면 정성스럽게 깨끗한 그릇에 담아서 제게 가져다주시곤 한답니다. 서로 정을 주고받으며 살면서 거의 16년을 함께하는 사이가 되었답니다.

며칠 전에 숙골 옆에 있는 솔밭에서 순박하고 덕이 많아 보이는 부인부들 앞에서 잘 부르지도 못하는 노래를 한 소절 부르고 나서 언제나처럼 저는 자원봉사인 쓰레기 줍기를 시작했습니다. 손바닥 공원 옆에 있는 침례교회 옆에는 쓰레기가 정말 많았습니다. 마을 사람들이 외진 곳에 쓰레기를 가져다 버린 것이었습니다.

심지어는 입을 수 있는 옷과 양말들을 착착 개어서 땅을 파고 묻어 놓은 것을, 저는 맨손으로 땅을 파고 더럽고 썩어 빠진 냄새가 진동하는 악취 속에서 그 썩어 가는 옷들을 다 파냈습니다. 그러고는 제가 들 수 없을 만큼 커다란 타이어 세 개를 대나무 밑에 숨겨 놓고 모래흙으로 살짝 덮어낸 것도 저는 다 끄집어내었습니다. 이런 쓰레기들이 물을 더럽히고 나무를 죽이는 원인이 된다는 걸 잘 알고 있기 때문입니다.

일단은 그 땅속에 묻힌 쓰레기부터 파내서 일단 침례교회 주차장으로 던졌습니다. 다 파내고 나면 주차장에 모아진 쓰레기들을 정리하려고 했던 거지요. 이유도 모르고 주차장에서 일하시는 어르신께서 험악한 얼굴로 제게 그만하라고 하십니다.

저는 "죄송합니다. 잠깐이면 됩니다."라고 공손히 말씀드리고는 쓰레기 던져 모으는 작업을 했습니다. 저는 마음속으로 남묘호렌게쿄를 열심히 부르면서 그 많은 것을 혼자 해냈습니다. 그렇게 정신 없이 일하다 보니 썩은 나뭇가지 밑에 불그레하게 제 주먹보다 더 큰 버섯이 두 개나 붙어 있는 걸 보았습니다. 저는 노동의 대가라고 생각하고 본존님께 감사 기원을 올렸습니다. 그러고는 그 버섯을 얼른 따서 제 반바지 주머니에 넣었습니다. 값진 보물을 만난 것만 같은 기분이었습니다. 그렇게 땅속에 꼭꼭 숨겨 놓은 쓰레기들을 찾아서 한 움큼씩 침례교회 주차장으로 다 던지고 나서 그 던져 놓은 쓰레기들을 수거하려고 주차장으로 올라갔습니다.

영문도 모른 채 화난 얼굴로 저를 바라다보는 어르신께 저는 공손하게 말씀드렸습니다. 어르신을 놀라게 해서 죄송하다고, 일단 땅에 묻힌 것들을 끄집어낸 후에 수거하려고 했다고 말씀드렸습니다. 그러고 나서 주차장에 던져진 온갖 쓰레기들을 한군데로 모으기 시작했습니다. 어르신은 제게 다가오시더니 아까와는 다른 다정한 목소리로 "미안했어!" 하고 말씀하셨습니다. 그래서 저도 웃으면서 어르신 손을 잡고 "저는 자원봉사자로 일하고 있는 사람입니다." 하고 말씀드렸습니다. 어르신은 그 침례교회에 다니고 있는데, 벌써 8년이나 된다고 말씀하셨습니다.

쓰레기와 재활용품들이 너무 많아서 어디에 담아야 할지 난감해하던 중에 고구마밭 옆에 있는 파란 비닐 덩어리가 보여서 저는 다행이라고 생각했습니다. 그 많은 것들을 비닐 봉투에 넣어 치우고 있는데 자가용 한 대가 제 옆에 와서 섰습니다. 멋있게 생긴 노신사가 차에서 내리면서 저를 보더니 빙그레 웃으시면서 "수고하시네요!" 하시면서 제 곁을 지나갔습니다. 저도 모르게 그 노신사에게 다

가가서 저는 제 소개를 하고 그분의 성함을 물어보았습니다. 노신사
는 자신이 침례교회의 담임목사라고 대답을 하셨습니다.

저는 제 조카도 대전 신학대학원을 나와서 대전에서 침례교회 목
사로 있다고 말씀드리고 나서 제가 남묘호렌게쿄를 믿는다고 말씀
드리니까 제 얼굴을 빤히 들여다보았습니다. 그래서 저는 과거에 교
회에 다닌 적이 있고 십일조 감사 헌금을 한 푼도 속이지 않고 교회
에 헌납하다가 우연히 남묘호렌게쿄를 믿게 되었다고 말씀드렸습니
다. 그러고 나서 대나무밭을 가리키면서 대나무밭 속에 누군가 모래
로 덮어 놓은 타이어 3개를 좀 치워 달라고 말씀드렸더니 노신사는
흔쾌히 그렇게 해 주셨습니다.

그다음 날도 일찍 일어나서 본존님 앞에서 기원을 올리고 나서는
손바닥 공원으로 갔습니다. 밤나무 밑에 누가 버렸는지 온갖 쓰레기
와 플라스틱으로 만든 하얀 안경이 4개나 있었습니다. 저는 새벽 6
시에 집에서 나올 때 하얀 비닐봉지를 여유 있게 두 개나 가지고 가
서 거기에다가 그것들을 담아서 한솔 초등학교 정문 옆으로 갔습니
다. 보니까 매봉산 골짜기에서 흘러내린 빗물이 빠져나가지 못하고
밤새 고여 있었습니다. 얼마 전에 내린 비로 가경동 일대가 물바다
가 되었었던 기억이 났습니다. 그래서 저는 동사무소 계장님으로 계
신 정용교 씨에게 수차례 전화를 드렸지만, 일요일이어서 그런지 전
화를 받지 않았습니다.

저는 밥을 허겁지겁 먹고는 시의원으로 계신 이원복 의원님의 자

택 전화로 전화를 했으나 역시 불통이었습니다. 그래서 저는 쏟아지는 빗속에서도 우산을 쓰고 맨발에다 집에서 신는 슬리퍼를 신고 택시를 타고 이원복 의원님 댁으로 갔습니다. 댁 현관문이 열려 있어서 곧바로 대문 안으로 들어갔습니다. 마당에서 의원님을 부르니 개가 사납게 짖어 댔습니다. 사모님이 나오시더니 비가 이렇게나 많이 오는데 무슨 일로 찾아오셨냐고 하십니다. 저는 매봉산 배수로가 위험하다고 말씀드렸습니다. 사모님께서는 알았다고, 의원님께 말씀드리겠다고 하셨습니다.

저는 가뿐한 마음으로 집으로 돌아오면서 길가에 온갖 잡쓰레기와 담배를 수거했습니다. 그리고 눈에 보이는 온갖 잡초들을 두 손으로 막 뽑으면서 집으로 돌아왔습니다.

작은아들 훈이는 여름방학이 끝나서 출근하고 없었습니다. 그 전날 밤 훈이가 사 온 해물 찜을 깨끗한 비닐봉지에 쌌습니다. 제가 좋아하는 김억년 씨에게 가져다주고 싶어 가방에 넣고는 예쁜 흰 드레스를 입고 택시를 탔습니다. 기분이 너무 좋았습니다. 택시 안에서 노래가 흥얼거려졌습니다. 그랬더니 기사님이 칠갑산이라는 노래를 한번 불러보라고 하셨습니다.

콩밭 매는 아낙네야 베적삼이 흠뻑 젖는다.

무슨 사연 그리 많아 포기마다 눈물 젖누나~

홀어머니 두고 시집가는 날 칠갑산 산마루에~

울어주던 산새 소리만 아픈 가슴 속을 태우네!

이 노래를 부를 때마다 제가 만 4살 때 돌아가신 불쌍한 엄마 생각이 납니다. 나이 30살에 딸 다섯을 낳으시고 막내아들을 낳고 나서 굶주려 돌아가신 내 엄마! 그리움에 사무칩니다.

저는 택시를 타고 가면서 칠순이 넘은 나이에도 남자 친구를 만나러 갈 생각에 마음이 설렙니다. 소녀같이 마음이 설레고 가슴이 울렁거립니다.

기사님은 3형제가 있다고 말씀하시고는 현재 아버님은 치매로 고생하시고 어머니는 75세이신데 전신 마비로 누워서 꼼짝을 못 하신다고 하소연하십니다. 기사님의 큰형님과 누님은 어머니가 반신불수가 되어 있는데도 나 몰라라 하신다고 한숨을 지우십니다. 저는 기사님이 불쌍해서 차비 5만 원에다 누워 계시는 어머니께 과일이라도 사다 드리라고 만 원을 더 드렸습니다. 기사님은 고마워서 어쩔 줄을 몰라하셨습니다.

저는 제 엄마에 대한 그리움 덕분에 어머니를 걱정하는 기사님의 마음을 헤아릴 수가 있었던 거겠지요. 서로 도우며 살아야 한다고 생각합니다.

남자 친구인 김억년 씨는 그렇게 멀리 택시를 타고 찾아간 저에게 다짜고짜 돌아가라고 합니다. 저는 놀라서 밖으로 나왔다가 생각해 보니 이해할 수가 없어서 그에게 왜 그렇게 사람을 내치냐고 물었습니다. 그는 날 보고는 무조건 그냥 가라고만 말했습니다. 당신이 보고 싶어서 찾아간 제게 문전박대를 하다니 저는 너무나 놀라고 가슴이 아파서 콜택시를 타고 다시 제 집으로 돌아왔습니다. 3년 전부터 같이 살자고 죽을 것처럼 매달리던 그가 이제는 저를 마치 집 나간 똥개 취급을 하니 저는 정말 서러웠습니다. 왜 무엇 때문에 그가 얼음처럼 차갑게 변했는지 좀처럼 이해가 가지 않았습니다.

아침 일찍 일어나 본존님 앞에서 단좌하며 저는 남북통일을 염원하고 아들 훈이의 결혼을 기원하고 나서 다시 손바닥 공원으로 갔습니다. 이제 그 넓은 손바닥 공원이 꽃밭처럼 손색없이 풀꺾이를 해 놓으니 수목원 못지않게 아름다워졌습니다.

한 폭의 수채화처럼 얼마나 아름다운지 지상의 낙원 같은 공원을 넋을 놓고 바라보았답니다. 제가 만약 카메라를 가지고 왔으면 좋은 작품이 나왔을 텐데 하는 아쉬움마저 느꼈습니다. 집에 와서 곰곰이 생각하니 제게 김억년 씨는 진심으로 잘해 주셨었는데 제가 그를 서운하게 한 일이 기억났습니다. 그래서 그를 미워하지 않기로 했습니다. 그래서 저는 다시 콜택시를 타고 그가 일하는 건강원으로 갔습니다. 물론 기사님과 제가 믿는 신앙에 대한 이야기도 하고 얼마나 좋은 종교인지를 이야기하기도 했습니다. 그리곤 제 남자 친구를 보러 건강원 안으로 들어갔습니다.

그는 저를 보자마자 우리 마누라가 오면 큰일이라고 하면서 저에게 빨리 가라고 했습니다. 저는 기가 차고 코가 막혀서 어떻게 대처를 해야 하는지 몰라서 그냥 우두커니 서 있었습니다. 한참을 그러다 정신을 차리고는 그에게 말했습니다.

"네가 나한테 지금 뭐라 했노? 네가 나보고 같이 살자고 3년 전부터 말했던 거는 다 뭔데? 그동안 내가 사랑 고백한 건 다 뭔데 인제 와서 내게 이러면 안 되지!"

저는 하도 기가 막히고 분해서 저도 모르는 사이에 그의 뺨을 쳤습니다. 그랬더니 그가 제 손을 잡습니다. 저는 눈에 보이는 대로 물건들을 집어 들고는 그에게 던졌습니다. 아! 나이 70에도 이런 감정이 살아 있다는 것 자체가 신기하기도 했습니다. 그랬더니 그는 그냥 쪼그리고 앉아서 묵묵히 일만 하는 것이었습니다. 정말로 하늘이 노랗고 땅이 검은 듯 눈앞이 캄캄해졌습니다. 이런 것이 배신감인가 봅니다.

저는 적어도 거짓말은 하지 않았습니다. 제 좌우명은 이렇습니다.

'이마에는 예절이

눈에는 슬기가

입에는 친절이

가슴에는 정직이

손에는 노력이

말에는 질서가 있어라'

이 명언을 저는 항상 가슴속에 고이 간직하고 살아왔다고 자부합니다.

제가 미망인이 된 지가 벌써 26년째로 접어들었습니다. 그동안 오로지 제 자식들을 위해 살아왔습니다. 남편 없이 온갖 수모를 감수하면서 제 나이 70이 넘도록 잘 살아왔다고 생각했는데 이런 치욕적인 수모를 당하다니 정말이지 기가 찼습니다. 물론 그가 제게 몇 년 전부터 같이 살자고 애원할 때는 제가 완강하게 거절을 하긴 했습니다. 그 당시 그의 끈질긴 구애와 김억년의 슬픈 표정에 저는 마음이 흔들리기도 했었습니다. 그렇게 제게 매달릴 때는 언제고 인제 와서 저를 대하는 그의 태도가 이해하기 힘들었던 거지요. 그는 말합니다.

"나도 너를 사랑했지만, 가만히 생각해 보니 너는 나하고 안 맞을 것 같아서 포기했다."

그렇게 말하는 그의 표정이 금방이라도 울 것처럼 슬퍼 보입니다. 저는 그냥 가방을 들고 그 건강원을 뛰어나갔습니다. 정신이 하나도 없어서 저는 어디서 택시를 타야 할지가 막막해졌습니다. 그래서 길가에 위치한 이용원(이발소)에 들어가서 청주로 가는 택시를 좀 잡아달라고 부탁드렸습니다. 그랬더니 이용원의 주인아저씨가 묻지도 않는 말을 하십니다. "우리 건강원의 김억년 씨는 원래 마누라가 있은 지 오래되었습니다."라고요.

저는 어떻게 해서든 한시라도 빨리 그곳에서 벗어나고 싶었습니다. 그랬더니 그 잘생긴 이용원 아저씨가 택시를 불러 주었는데 다행히도 기사님이 구면이었습니다. 집으로 오는 동안 기사님에게 하소연을 했습니다. 제가 사랑에 배신을 당했다고 말이지요.

그리고 집에 돌아오니 나잇살 먹은 사람들끼리 이 무슨 경솔한 싸움인가 하는 자책감이 들어 김억년 씨에게 편지를 썼습니다. 제 행동에 대해 사과한다는 내용의 편지를 써서 우체국에 부치고 나니 마음이 좀 가라앉습니다. 그래도 제게 그는 믿음직스러운 남자였습니다. 비록 사귄 기간은 짧지만 이렇게 보잘것없는 저를 사랑해 준 사람이었다고 생각하기로 했습니다. 제가 두 달 전에 집 앞에서 의식을 잃고 쓰러졌을 때 김억년 씨는 제게 진심으로 걱정하는 전화를 해 주었습니다. 그래도 이 70이 넘은 나이에도 제가 한 남자를 좋아하고 또 사랑을 받을 수 있다는 거로 만족하기로 했습니다.

그러다 보니 사랑도 제대로 못 해 본 15세 때의 제 삶을 되돌아봅니다.

대전시에서 그렇게 식모로 있었던 저는 그 생활이 그저 즐겁고 행복하기만 했더랍니다. 맛있는 하얀 쌀밥과 반찬들을 원 없이 먹을 수 있었기 때문입니다. 그 부잣집에 있을 때 하루는 이종사촌인 영님 언니와 충북 장대면 저산리에 살고 계시는 이모님의 생신이라 제가 꼭 이모님 댁에 가야 한다고 그 무서운 주인아주머니께 말씀드렸습니다. 그랬더니 의외로 순순히 허락을 해 주서서 저는 너무나 좋아하며 이종사촌 언니와 이모님 댁으로 갔습니다.

서울에서 내려온 이모님의 큰딸인 명순 언니는 저를 보더니 제 친언니가 서울로 데려오라고 했다면서, 대전에서의 식모 생활을 그만두고 서울로 올라가자고 했습니다. 저는 영문도 모르는 채 명순 언니가 시키는 대로 대전의 무서운 주인아주머니에게 친언니가 올라오라고 해서 가야겠다고 하니 순순히 허락을 해 주셨습니다. 그러면서 그 아주머니는 제게 그분이 사다 주신 블라우스와 다 낡아서 구멍이 숭숭 뚫린 내복을 두고 가라고 하셔서 그렇게 했습니다. 제가 그 집에서 식모로 있으면서 받는 월급은 한 달에 400원이었습니다. 두 달을 살았으니까 거금 800원을 받아 가지고 그 집에서 얼마 떨어지지 않은 영님 언니 집으로 갔습니다.

영님 언니와 시장에 가서 바지와 스웨터를 사서 입고는 서울로 올라가시는 명순 언니와 함께 서울에 살고 계시는 이종사촌 언니 집으로 가서 제 친언니를 만나기로 했으나 언니는 통 소식이 없었습니다.

매서운 한겨울 날씨는 사정없이 속내복도 입지 않고 서 있는 제 옷 속으로 파고들었습니다. 그렇게 소식 없는 언니를 기다리다 하는 수 없이 숭인동 돌산에 있는 명순 언니의 단칸 셋방에 있어야 했습니다. 그랬더니 명순 언니는 저를 동대문에 있는 고려 미장원 식모로 취직을 시켜 주었습니다.

저는 아무것도 모른 채 다 떨어진 고무신을 신고 그 추운 한겨울에 속내복도 입지 못한 채 추위에 떨면서 고려 미장원으로 가니 그 고마운 주인아저씨는 제게 꼭 맞는 꽃신을 사 오셔서 신어보라고 하셨습니다.

15살에 키는 작고 새까맣게 탄 얼굴을 한 저는 좋아서 어쩔 줄을 몰라 했습니다. 그리고 몇 시간 후, 고려 미장원에서 보조로 일하고 있는 정원 언니가 미장원에서 돈이 300원이 없어졌다고 했습니다. 미장원에 있는 마담과 미용사들이 모두 저를 의심하는 가운데 저는 아무 말도 하지 못하고 그저 주인이 시키는 대로 일만 했습니다.

저는 하늘에 계실 어머니 이름을 걸고 맹세했습니다. 결단코 저는 그 300원을 훔치지 않았다고 말입니다. 그 낯선 서울에서 저는 정말 외롭고 서글펐습니다. 밤이 되니 정원 언니가 저를 동대문으로 데리고 가서 자기 언니에게 저를 맡겼습니다. 아무것도 모르는 저는 또 정원 언니가 가자는 대로 이끌려서 낯선 집으로 갔습니다.

서울 삼각지의 주인아주머니는 단칸 셋방에서 남의 첩으로 사시는 분이었습니다. 낮에는 무슨 장사를 하는 것 같았습니다. 그 주인아주머니는 전라도 전주 분이신데 저를 보더니 엄마라고 부르라고 하셨습니다. 저는 주인아주머니가 시키는 대로 생면부지인 아주머니를 엄마라고 불렀습니다. 만 14살의 제가 무슨 힘이 있었겠습니까. 남의 집 일을 하면서 한 달에 월급 300원을 받으며 살던 제가 지금 생각해 보니 참으로 불쌍하기 그지없습니다.

6
서울에서 홀로 서는 처절한 고통 연습
광포의 기쁨

서울 삼각지에서 저는 울기도 참 많이 울었습니다. 너무나 모진 냉대와 학대에 울 장소가 없어서 하루는 변소에 들어가 원 없이 울던 날도 있었습니다. 주인집 며느리가 시키는 대로 국수를 삶으면, 수돗가에서 갓 삶은 쫄깃하게 생긴 국수가 먹고 싶어서 저는 하염없이 그 국수를 바라보기만 했습니다. 그곳에서 식모로 일한 지가 한 달이 넘었는데도 주인은 월급은 안 주고 참을 수 없는 저속한 말로 저를 달달 볶아댔습니다.

갈 곳도 없고 누가 기다리는 사람도 없는 서울의 차디찬 한겨울의 찬 방에서 저는 고통 속에 몸부림을 치며 살아가고 있었던 겁니다. 그러던 어느 날 점심때가 되어서 주인도 어디 가시고 저 혼자 있는데 배가 고팠습니다. 그래서 하얀 쌀밥과 김치를 가져다 놓고 막 먹으려 하고 있는데 주인아주머니의 조카딸이 갑자기 방으로 들어오더니, 일도 못하면서 밥만 처먹는다고 더러운 방 걸레를 제 머리에다 막 던지면서 당장 밖으로 나가라고 온갖 욕을 다 했습니다.

저는 차비도 없고 갈 곳도 없어서 눈이 산같이 쌓인 길바닥에 서 있었습니다. 옆방에서 어린 제가 구박받으며 쫓겨나는 걸 다 보신 집주인의 할아버지께서 제게 돈 2원 50전을 주시면서 전차를 타고 능동에 있는 할아버지 딸 집으로 가라고 하셨습니다.

제가 전차를 타고 그 할아버지 딸 집으로 찾아갔더니 그 집주인은 다정한 사람들인데 돈이 여유가 없어서 단칸 셋방에 살았습니다.

좁은 방 한 칸에서 주인 부부와 어린 영철이와 혜숙이, 그리고 세 살 먹은 명석이가 살았습니다. 그렇게 다섯 식구에다가 저까지 단칸방에서 있으려니 너무나 좁고 불편했습니다. 그러나 주인 내외가 제게 잘해 주셔서 저는 그나마 마음은 편했습니다. 부엌에 있는 연탄아궁이가 시원치 않아서 맨 윗목의 제 자리는 항상 냉골이었습니다.

저는 추운 줄도 모르고 주인이 시키면 시키는 대로 6식구의 살림을 도맡아 했습니다. 일을 하다 보니 손발은 추위에 얼어 터져서 진물이 흘렀고 동상에 걸린 발톱은 썩어갔습니다. 어리고 수줍은 저는 주인에게 차마 동상에 발톱이 썩어가고 있다고 말도 못 했습니다. 그 집도 식모 둘 만한 여유가 없는 집이라 매일 콩나물밥이나 해 먹었으나 저에게 한 달에 300원의 월급을 꼬박 챙겨 주셨습니다. 추운 방에서 자다 보니 몸이 말이 아니었습니다. 온몸에 두드러기가 나서 피가 나는 줄도 모르고 긁다 보니 온몸이 그야말로 처참했습니다.

그런 상태에서 계속 일을 하는 것도 무리라 저는 무작정 그 집을 나와야 했습니다. 숭인동의 이종사촌 언니를 찾아가니 언니는 제게 마구 화를 내셨습니다. 고려 미장원에서 왜 300원을 훔쳤냐고 말입니다. 저는 그들이 저를 내몰기 위해서 꾸민 짓임을 설명도 못 하고 그저 가만히 야단을 들었습니다.

저는 이종사촌 언니가 저를 싫어해 밥 한 끼도 주지 않아서 고픈 배를 물로 채우며 견디다 못해 경기도 파주시 금촌읍에 있는 제 친

언니, 해자 언니를 찾아갔습니다. 그렇게 만나고 싶었던 해자 언니가 월롱산의 어느 절로 갔다고 미용실 주인이 제게 말했습니다.

저는 몇 끼를 굶었는지 걸을 힘이 하나도 없었습니다. 금촌읍 역에서 월롱산에 있을 해자 언니를 찾아서 무작정 걸어가는데 웬 낯선 청년이 저를 보더니 대뜸 간첩이라고 몰아세웠습니다. 굶어서 말할 기운도 없어, 간신히 간첩이 아니라고 변명을 해도 소용이 없었습니다. 굶고 허기지고 남루한 옷차림에 다 떨어진 고무신을 신은 제가 그 청년 눈에는 간첩으로 보일 만도 했겠지요. 지금 생각해도 아찔합니다.

저는 그 청년이 방심한 틈을 타서 냅다 도망쳐서는 절에서 일하고 있는 해자 언니를 찾아갔습니다. 너무나 슬프고 배가 고파서 저는 언니를 보자마자 붙잡고 막 울었습니다. 그랬더니 갑자기 방문이 벌컥 열리면서 월롱사 주지 스님의 부인이 저를 밖으로 끌어내면서 아침부터 계집년이 재수 없게 남의 집에 와서 운다고 소리를 질러 대면서 쫓아냈습니다.

저는 밥도 얻어먹지 못하고 쫓겨났습니다. 수중에 돈 한 푼 없고 몇 끼를 굶었는지 모르는 상태에서 다시 10리가 넘는 길을 추위에 벌벌 떨면서 해자 언니가 일하던 미장원으로 다시 찾아갔습니다.

그러고는 언니가 일하던 미장원 주인에게 사정을 이야기했습니다. 다행히도 주인아주머니는 해자 언니의 월급이 조금 남아 있다고 하시면 몇백 원을 제게 주셨습니다. 저는 그 돈을 여비로 삼아 서울로 가는 기차를 타고 서울역에 하차한 후 다시 충북 청원군에 사시는 이모님 댁으로 찾아가서 며칠을 눈칫밥을 먹으며 있다가 다시 대전에 사시는 이종사촌 언니인 명심 언니를 찾아갔습니다. 언니는 천안에 있는 중소기업 은행에 근무하시는 진중현 계장님 댁으로 저를 식모로 보냈습니다.

모질던 그 시절 15살의 저는 옷 한 벌의 여벌도 없이 그 집의 식모로 들어갔습니다. 거지 같은 저를 그 집에서는 이제 아예 도둑으로 의심을 했습니다. 의심 많은 주인아주머니는 저를 보고 심하게 면박을 주고 참을 수 없을 정도로 모욕적인 말을 예사로 했습니다. 저는 눈물로 참아냈습니다. 천안의 그 집 식구들은 제가 돈을 훔치지 않았는데도 돈이 10원, 20원 없어진다고 동네방네 저를 험담하고 다니셨습니다.

식모라는 게 다 종살이나 마찬가지라고 저는 생각했습니다. 주인댁에는 큰아들 재옥이, 둘째 아들 현옥이, 셋째 딸 명옥이, 넷째 아들 대옥이, 그리고 막내딸 진옥이가 있었습니다. 인색한 주인 사모님은 앞집에 사는 8식구가 매일 보리죽으로 살았지만, 집안에 쌀을 쟁여놓고도 한 톨도 도와주지 않았습니다.

제 월급도 한 달에 300원을 주면서도 생색을 냈습니다. 그 대가족의 허드렛일을 도맡아서 하는 어린 제게 너무도 인색했습니다. 그 집에서 1년 가까이 식모로 일하니까 주인아주머니는 선심을 쓰는

척 말씀하셨습니다.

"해숙아, 이달부터 네 월급을 한 달에 400원씩이나 주게 생겼다."

웃으며 말씀하시는 사모님의 얼굴이 곱게 보이지는 않았습니다. 그러더니 얼마 안 있어 사모님은 제게 집을 나가라고 했습니다. 아마도 저보다 싼 식모를 들이려는 것이었던 듯합니다. 저는 하는 수 없이 "네, 그럼 나가겠습니다." 하고는 입던 옷을 가방에 차곡차곡 넣어 놓고 늘 하던 밥 짓기, 반찬 만들기, 청소와 빨래를 하고는 짐을 챙기려고 가방을 열어 보았습니다.

제가 아끼고 신지 않고 잘 간직하던 새 양말이 없어졌습니다. 아마도 제가 부엌에서 일하던 사이에 사모님께서 가져가신 모양이었습니다. 저는 좀 기가 막혔습니다. 그렇게 잘사는 집에서 불쌍한 식모가 아끼는 새 양말을 몰래 가져간 그 인색한 사모님은 지금 한 줌의 흙이 되어 있을 것입니다. 저는 야속하지만 내색을 하지 않고 사모님께 인사를 하고 그 집을 나왔습니다.

천안에서 식모 생활을 하면서 저는 인생 공부도 많이 했습니다. 소유욕이 강한 사람들과 있으면서 늘 저는 마음에도 없는 아부를 해야 했습니다. 그렇게 구름처럼 떠돌아다니면서 스스로 의, 식, 주를 해결해야 했던 시절, 그렇게도 사무치도록 보고 싶었고 지금도 그리운 어머니! 파란 하늘에 떠 있는 뭉게구름에게 어머니가 그립다고 보고 싶다고 말을 건네 봅니다.

그리고 떠도는 뭉게구름 같은 제 인생이 너무도 처량하게 느껴졌습니다. 몇십 년 전에 심장마비로 저세상으로 떠나간 해자 언니는 지금 이 순간 어느 하늘에서 반짝이는 별처럼 빛나고 있겠지요. 이렇게 소리 없이 언니를 그리는 70이 넘은 동생을 언니는 보기나 하고 있는지요? 해자 언니는 월롱초등학교를 졸업하고 제가 겪었던 삶을 살았던 것입니다.

그 어린 나이에 돈 벌겠다고 서울에 홀로 가서 온갖 굶주림과 허기에 지쳐서 길가에 버려진 고구마 껍질을 주워 먹었다고 하소연하던 언니의 음성이 지금도 귓가에 메아리 치고 있습니다. 언니! 언젠가 다시 만나 그동안 못다 한 이야기보따리를 풀어 보고 싶습니다.

그렇게 살아낸 저는 항상 교학을 명심하고 읽고 또 읽습니다.

지묘법화문답초(持妙法華問答抄)

광포를 위해 살아가는 인생이야말로 일생의 추억

[배경과 대의]

〈지묘법화문답초〉는 1263년, 니치렌(日蓮) 대성인이 이즈 유배에서 사면된 직후에 가마쿠라에서 쓰신 것 혹은 제자가 쓴 것을 승인하신 것이라는 설과 성립 연대 등에 여러 설이 있어 정확하지는 않습니다.

'지묘법화(持妙法華)'라는 제목처럼 '묘호렌게쿄(妙法蓮華經)'를

'수지'함으로써 성불(成佛)이라는 최고의 경애를 개현할 수 있다고 다섯 가지 문답 형식으로 가르치신 어서입니다.

첫째, 인간으로서 삶을 받는 일은 드문 일이고 불법(佛法)을 듣는 일은 더욱 어렵다고 지적하고 '부처가 되려면 어떤 법을 수행해야 하는가.'라는 질문에 법화경이라고 말씀하셨습니다.

둘째, 법화경이 여러 경전 중에서 가장 뛰어난 법이라는 것은 불설(佛說)에 명료하다고 밝히셨습니다.

셋째, 법화경은 석존의 극설(極說)이고 "부처가 되는 진실한 도(道)(어서 462쪽)"라고 설했다고 밝히셨습니다.

그리고 넷째, 법화경은 이전권교에서는 성불이 허용되지 않던 이승도 구제함으로써 모든 사람이 성불할 수 있는 가르침이라고 밝히셨습니다.

다섯째, '법화경을 어떻게 수행해야 하는가.' 하는 질문에 관념관법(觀念觀法)이 아니라 신심이 가장 소중하다며 '신(信)'의 중요성을 강조하셨습니다. 반대로 불신(不信)하면 부처의 힘도 미치지 못하고 고뇌에서 벗어날 수 없다고 훈계하셨습니다.

특히 법화경은 가장 뛰어나기에 법화경을 수지한 사람도 제일이고 그 사람을 비방하면 법화경을 비방하는 일이 되므로 엄하게 삼가야 한다고 강조했습니다.

또 인생은 무상(無常)이고 이 짧은 일생에서 만심과 아집에 사로잡혀 세간적인 명성이나 이익을 탐내는 어리석음을 지적

하고 법화경을 끝까지 수지하도록 가르치셨습니다.

끝으로 덧없는 명성이나 이익에 집착하는 자신을 이겨내고 묘법을 자신도 부르고 남에게도 권하는 것이야말로 인간으로 태어난 이 일생의 추억이라고 가르치시며 이 어서를 끝맺으셨습니다.

[본문] 어서 전집 467쪽 16행~468쪽 1행

적광(寂光)의 도읍이 아니고서는 어느 곳이나 모두 고(苦)이니라. 본각(本覺)의 거처를 떠나서 무슨 일인들 즐거움이 되리요. 원컨대 '현세안온(現世安穩) 후생선처(後生善處)'의 묘법(妙法)을 수지하는 것만이 오로지 금생의 명문(名聞), 후세의 농인(弄引)이 되리라. 모름지기 마음을 하나로 하여 남(南無)묘호(妙法)렌게쿄(蓮華經)라고 나도 부르고 타인에게도 권하는 일만이 금생 인계(人界)의 추억이 되느니라.

구원의 부처가 사는 영원한 불국토가 아니면 어디든 모두 괴로움의 세계다. 부처가 본디 깨달음을 얻은 경지를 벗어나 무엇이 즐겁겠는가.

바라건대 '현세는 안온하고 후세에는 좋은 곳에 태어난다'고 설한 묘법을 수지하는 일만이 이 일생의 진실한 명예이고 내세의 길 안내자가 된다.

어디까지나 심혈을 기울여 남묘호렌게쿄라고 자기도 부르고 남에게도 권하는 것이 좋다. 실로 그것만이 금생에 인간으로 태어난 추억이 된다.

[어구 해설]

적광(寂光)의 도읍: 구원의 부처가 사는 영원한 불국토를 말한다. 법화경 수량품에서 이 현실세계가 구원의 부처가 사는 영원한 불국토이고 묘법을 강성하게 믿음으로써 그 진실을 깨달아 공덕을 받을 수 있다고 밝히셨다.

본각(本覺)의 거처: 구원의 부처가 본디 깨달음을 얻은 경지를 말한다. 그것은 모든 생명에 본디 갖춘 부처의 깨달음의 경지이기도 하다.

현세안온(現世安穩) 후생선처(後生善處): 법화경을 신수하면 현세에서는 안온한 경애가 되고 내세에서는 반드시 복덕에 넘친 경애로 태어난다는 의미다. 법화경 약초유품의 글이다.

스승과 함께, 동지와 함께

'자행화타(自行化他)'의 신심 수행에 힘쓰는 일이야말로 인생을 최고로 빛내는 길이라고 말씀하셨습니다.

니치렌 대성인은 이 어서 첫머리에서 '적광의 도읍' 다시 말해 '불국토'가 아니면 어디에 있든 괴로움의 세계이고 부처의 경애(불계)를 여는 일 이외에 진정한 즐거움은 없다고 밝히셨습니다.

온갖 괴로움을 이겨내는 불계의 생명이 흉중에 있다고 가르치시고 그것을 어본존 근본의 신심으로 개현하는 것이 대성인 불법입니다. 자신에게 내재한 부처의 생명을 용현해 '인간 혁명' '경애혁명' 한다면 자신이 처한 환경도 변혁할 수 있습니다. 그다음에 무슨 일이 있어도 흔들리지 않는 절대적 행복경애를 확립할 수 있습니다.

그 행복경애는 금세뿐 아니라 내세까지도 계속됩니다. 그것을 대성인은 법화경 약초유품에 설하는 "현세안온 후생선처"를 들어 묘법을 수지하면 현세는 안온한 경애가 되고 내세에는 반드시 복덕에 넘친 경애로 태어난다고 가르치셨습니다. 또 묘법을 수지하고 실천하는 일이 일생에서 최고의 명예가 되고 후생의 생명을 올바르게 이끄는 힘이 된다고 강조하셨습니다.

그러면 구체적으로 '묘법을 수지한다'는 것은 어떤 의미인가. 대성인은 자신이 남묘호렌게쿄라고 부르고 타인에게도 권하는 일이라고 밝히셨습니다. "모름지기 마음을 하나로 하여"라고 말씀하신 것처럼 스승과 함께, 동지와 함께 광포를 위해 살아가는 일이 인간으로 태어난 일생을 장식하는 진정한 '추억'이 됩니다.

이케다(池田) 선생님은 이렇게 말씀하셨습니다.

　"평범한 일이라고 해도 광선유포를 위해서 움직이는 일, 이야기한 일, 고생한 일, 투쟁한 일은 시간이 지날수록 깊은 빛을 내뿜습니다."

　이 신심으로 '반드시 행복해질 수 있다!'는 대확신을 가슴에 품고 우리는 용감하게 묘법을 끝까지 말하고 광포를 위해 온 힘을 다합시다.

　― 법련 2017년 11월호―

[참고자료] 이케다 선생님의 지도에서

　유명이 곧 행복이라고는 할 수 없다. 오히려 유명해지면 유명해질수록 생사의 고뇌는 더 무겁고 심각해지는 경우가 많다. 그렇게 되면 너무나도 불행하다. 생사의 근본적 해결법인 묘법을 수지하고 신심에 힘쓰는 우리는 정말로 행복한 사람이다.

　'지묘법화문답초(持妙法華問答抄)'에 "원컨대 '현세안온(現世安穩) 후생선처(後生善處)'의 묘법을 수지하는 것만이 오로지 금생(今生)의 명문(名聞) 후세(後世)의 농인(弄引)이 되리라(어서 467쪽)."라는 말씀이 있다.

　― "원하는 것은 '현세는 안온하고 후에는 선처에 태어날 수 있는' 묘법을 수지하는 것만이 금생의 진실한 명예이자 미래에 영원히 이어질 보리(菩提)의 인(因)이 된다."

　인생에는 저마다 길이 있다. 그렇지만 최고의 목적은 '성불'

이고 '현세안온 후생선처'의 증거를 갖는 것이다. 영원한 안심입명(安心立命)과 함께 행복하게 사는 것이다. 그것을 실현하는 근본의 법이 곧 묘법이다.

그러므로 묘법을 수지하여 신심에 사는 인생이 진실로 명예로운 인생이고 찬연한 광채를 영원히 발하는 생명의 훈장을 가진 인생이다. ― 제10회 예술부 총회 (1987. 5. 10)

유명한 〈지묘법화문답초〉의 결말에는 "어디까지나 한마음으로 남묘호렌게쿄라고 자신도 부르고 남에게도 권하라. 실로 그것만이 인간계에 태어난 금세의 추억이 된다(어서 467쪽, 통해)."라고 말씀하십니다.

인생에는 다양한 추억이 있습니다. 무언가를 손에 넣었다든지, 무언가로 각광을 받았다든지, 그것이 추억이라고 말하는 사람도 있을지 모릅니다.

그중에서도 시간이 지나면 지날수록 빛나는 추억. 영원히 없어지지 않는 행복한 추억. 그것은 바로 창제입니다. 절복입니다. 광선유포입니다.

광선유포를 향해 용감히 행동하는 사람이야말로 실로 행복한 사람입니다. 인간으로서 최고로 존귀합니다. 전교대사가 말했듯이 나라의 보배인 사람입니다.

내가 존경해 마지않는 중국의 문호 바진(巴金) 선생의 말

씀입니다. '청년은 인류의 희망'이라고. ― SGI대표자협의회

(2005.1.9.)

신이치는 결심을 촉구하듯 초창의 동지를 응시하며 계속 이야기했다.

"니치렌 대성인은 '모름지기 마음을 하나로 하여 남묘호렌게쿄(南無妙法蓮華經)라고 나도 부르고 타인에게도 권하는 일만이 금생(今生)인계(人界)의 추억이 되느니라(어서 467쪽).'고 말씀하셨습니다.

즉 온 마음을 다하여 창제와 절복에 끝까지 힘쓰는 일이, 인간으로 태어난 금세의 으뜸가는 추억이 된다고 분명히 말씀하신 글월입니다.

우리는 인간으로 태어났기에 제목을 부르고, 다른 사람에게 불법을 이야기할 수 있습니다.

일생성불(一生成佛) 하는 천재일우(千載一遇)의 기회를 얻은 것입니다. 그러므로 지용보살로서 금세의 사명을 끝까지 다 해내야 합니다." 모두 진지한 눈빛으로 신이치를 바라보았다. 신이치의 목소리에 더욱 힘이 들어갔다. ― 『신 인간 혁명』 25권(공전)

불법의 눈으로 숙연의 깊이를 보면, 지용보살로서 대성인의 정신 그대로 광포에 전진할 수 있는 것보다 더한 기쁨은 없습니다. 위대한 투쟁을 하는 도상에서 난을 만남은 필연적인 명예입

니다. 따라서 각오한 신심으로 일어서는 자세가 중요합니다.

우리는 어디까지나 "니치렌과 동일하게 법화경을 넓혀야 하느니라."는 말씀대로 나와 인연이 있는 벗에게 불법을 말해야 합니다.

이 세상에 태어나 남의 행복을 위해 애쓰면 많은 사람에게서 '당신 덕분에'라는 말을 듣는 인생을 걸을 수 있습니다. 여기에 인간으로서 가장 중요한 가치가 있습니다.

우리가 실천하는 하종(下種) 활동은 곧바로 열매를 맺는 경우와 시간이 걸리는 경우가 있습니다. 그러나 공덕은 똑같습니다.

상대가 신심을 하든 하지 않든 성실하고 당당히 불법을 끝까지 말하는 것이 중요합니다. 진심을 담아 끈질기게 해야 합니다. 그러면 상대의 생명에 심어놓은 부처의 씨앗이 틀림없이 크게 자라납니다.

"남묘호렌게쿄라고 나도 부르고 타인에게도 권하는 일만이 금생(今生) 인계(人界)의 추억이 되느니라(어서 467쪽)."는 말씀대로 자행화타의 실천이 최고의 선을 낳는 행동입니다. ― (태양의 불법, 법련 2016년 12월)

투쟁하는 청년의 보고만큼 거목을 바라보듯 믿음직스러운 일은 없다. 새로운 청년의 약동만큼 모두에게 용기를 주는 것은 없다. 왜냐하면 청년만이 다음 세대를 단연코 열 수 있기 때문이다.

물론 우인과 진지한 대화를 거듭해도 감정적으로 반발하거나 좀처럼 불법을 이해해주지 않아 고민하는 벗도 있을 것이다.

절복은 어서에 씌어 있는 여설수행이며 "난사(難事) 중의 난사"다. 그리고 정법을 들려주는 '문법하종(聞法下種)'이나 상대방이 결의하는 '발심하종(發心下種)'도 공덕은 같다. 최고로 존귀한 '여래의 일'을 하고 있다.

예를 들어 생각처럼 결과가 나오지 않아도 낙담할 필요가 전혀 없다.

나도 마찬가지였다. 어떻게 하면 생각하는 바를 전할 수 있을까. 상대의 마음에 다가갈 수 있을까. 그 반복이었다.

어느 때는 벗에게 정성껏 쓴 편지가 전부 반송되어 온 일도 있었다. 입술을 꼭 깨물며 분하게 여겼던 일도 지금도 생생하다.

"마음을 하나로 하여 남묘호렌게쿄라고 나도 부르고 타인에게도 권하는 일만이 금생 인계의 추억이 되느니라(어서 467쪽)."라는 말씀은 인생의 연륜과 더불어 깊고 강하게 배견된다.

기원하고 움직인 하루하루는 초조한 갈등마저도 모두 자기의 생명을 단련하는 시간들이다. 가슴속에 찬연한 빛나는 '신심의 토대'가 된다. ― (수필) 우리가 나아가는 승리의 길〈21〉

광선유포는 생명존엄의 철리인 불법(佛法)을 수지한 우리가 스스로 묘법(妙法)을 부를 뿐 아니라. 다른 사람에게도 넓혀 자타(自他) 함께 큰 복운을 쌓고 큰 경애를 여는 성업(聖業)입니다.

성훈에는 "남묘호렌게쿄(南無妙法連華經)라고 나도 부르고 타인(他人)에게도 권하는 일만이 금생(今生) 인계(人界)의 추억이 되느니라(어서 467쪽)." 하고 씌어 있습니다.

광선유포를 위해 싸우는 일이 얼마나 행복한 일인가. 사람들의 고민에 귀를 기울이고 함께 동고(同苦)하며 땀을 흘리고, 함께 일어서는 일이 얼마나 존귀한 일인가.

묘법을 넓히고 사람들과 사회를 위해 성실하게 있는 힘을 다해 꿋꿋이 행동하는 일은 일생에서 최고의 보배입니다. 이보다 더 충실한 인생은 없습니다.

아무쪼록 여러분은 어떤 노고도 내 인생의 긍지이고 최고 훈장이라고 깊이 확신해 주십시오.

앞으로도 자랑스러운 동지와 함께 명랑하게 밝게 사이좋게 자신의 '황금의 역사'를 만들기 바랍니다. 그리고 좋은 시민 좋은 국민으로서 사회의 발전을 위해 공헌해 주십시오. ― (한국) 제10회 전국장년부간부회 메시지(2013.4.7)

인재를 육성해야 합니다. 청년이 바로 미래입니다. 일체는 사람으로 정해집니다.

도다(戶田) 선생님은 이렇게 말씀했습니다. "노고하지 않는 인간이 대체 무엇을 할 수 있겠는가. 그러므로 무엇이든 해야 한다."

지금 하는 노고는 일생의 보배가 됩니다. 특히 광선유포를 위한 악전고투는 가장 귀한 "금생 인계(人界)의 추억(어서 467쪽)"
이 되고 무량무변한 복운이 됩니다.

도다 선생님의 기일인 4월 2일, 나는 은사기념회관에서 근행 창제하고 추선을 기원했습니다. 제2차 세계대전 중, 목숨을 걸고 입정안국(立正安國)의 대원을 관철하신 마키구치(牧口) 선생님과 도다 선생님을 기리고, 새롭게 평화를 다짐했습니다.

7

일하는 개미의 슬퍼할 시간

- 불법의 힘

제가 18살 때 서울특별시 영등포구 영등포동에 있는 오성근 비뇨기과 집에서 식모로 13식구의 살림을 도맡아 하면서 월급은 한 달에 700원 받았습니다. 원장 이름은 오성근 의학 박사였습니다. 그는 오로지 자기가 최고였으며, 돈 없고 힘없고 배우지 못한 저 같은 무지렁이는 인간 이하의 취급을 받았습니다.

밥도 부엌에서 먹어야 했고, 밥을 많이 먹으면 온갖 욕을 하고 눈을 흘기고, 세상에서 그렇게 독하고 험악한 의학박사는 처음 보았습니다. 좀 배웠다고 배우지 못하고 힘없는 저를 너무나 멸시하고 천대했습니다. 그 당시 그 집 사모님은 아주 덕스럽고 인자하시고 매사에 긍정적으로 생각하시고 식모인 나에게 항상 맛있는 음식은 제일 먼저 많이 먹이려고 하셨던 아주 좋은 분이셨던 걸로 저는 기억하고 있습니다. 꿈에라도 못 잊을 그 고마우신 사모님을 저는 하늘만큼 땅만큼 아주 죽도록 좋아했습니다.

그 사모님은 지금은 생각이 잘 안 나지만 서울의 번화가에서 고급

빵집을 하셨는데 저녁때 집에 오실 때는 고급스럽고 정말로 먹고 싶은, 군침이 도는 맛있는 빵을 큰 부대에다 담아서 안고 오셨습니다. 그러나 식구가 원래 많으니까 다 줄 수는 없어서인지 자기 자식들만 주고 식모인 나에게는 빵을 한 개도 안 줬었습니다. 나는 빵이 먹고 싶어서 새벽에 일찍 일어나서 그 먹음직스럽게 생긴 크림빵을 아무도 모르게 한 개 얼른 훔쳐서 재래식 변소에 들어가서 그 맛있는 빵을 얼른 씹어 삼켰습니다.

재래식 변소는 지금 생각해도 끔찍하고 더러운 변이 꽉 차서 넘칠 것 같았습니다. 그 더러운 곳에서 냄새나는 줄도, 더러운 줄도 모르고 그 맛있는 빵을 게 눈 감추듯이 꿀떡 씹어 삼켰습니다. 그리곤 얼른 입술을 싹 닦고 총총걸음으로 부엌으로 들어가 쌀을 꺼내서 씻어 연탄불에 밥솥을 얹어 놓고 13식구의 아침 식사 준비를 했습니다.

그 당시 그들은 13식구의 대가족인데, 월급은 쥐꼬리만큼 주면서 유세 떨고 으스대며 권위적으로 식모인 저를 개나 돼지 대하듯이 부려먹었습니다. 그 집 애들 중 둘째 딸 소미는 항상 엄마만 없으면 밥을 먹으면서 식모인 저를 보고 "식모야! 식모야!" 하면서 놀렸습니다.

식모인 저는 아무 말도 못 하고 눈물을 흘리고 가슴을 치며 속으로 하늘나라에 계신 엄마를 생각하면서 '엄마! 나는 이 수모를 당하면서 살아야 합니까?' 하고 마음속으로 울면서 말없이 안 넘어가는 밥을 꾸역꾸역 먹었습니다.

그리고 며칠 있다가 착하고 예쁘게 생기고 공부도 반에서 1~2등을 하는 소숙이가 어느 날 부엌에서 일하는 나에게 살그머니 오더니, "언니! 내가 엄마랑 소미랑 목욕탕에 가서 목욕하면서 엄마에게 소미가 언니에게 '식모야! 식모야!' 하고 불렀다고 고자질했어." 하면서 식모인 저를 살그머니 껴안아 주었습니다. 식모인 나는 아무 대답도 하지 않고 가만히 듣고만 있었습니다. 그러더니 소숙이는 또 이렇게 말했습니다.

"내가 엄마에게 고자질하니까 엄마가 어린 소미에게 따귀를 보기 좋게 때렸어. 소미가 막 울더라." 하면서 소숙이는 저를 끌어안고 웃었습니다. 권위적인 그 주인 같은 사람에게서 어떻게 이렇게 착하고 양같이 순하고 귀엽게 생긴 소숙이가 태어났을까 하고 생각하던 제가 보이는 것만 같습니다. 지금도 생각하면 알 수가 없었던 시절을 회상합니다.

2017년 9월 16일 새벽 1시 반, 저는 다시 지난날을 생각하고 회상하면서 글을 옮기고 있습니다. 어느 시인의 멋진 명언이 불현듯 생각나 적어 보았습니다.

"꿀벌아, 개미는 슬퍼할 시간이 없다."

참으로 멋지고 명쾌한 답이라고 나는 생각합니다. 제가 18세였습니다. 명절이 돌아와서 저는 130환을 갖고 복순이와 누구 하나 반겨주는 이 없는 서울로 도망가서 춥고 배고프고 잘 곳도 없고 갈 곳도 없는 칼바람 부는 서울의 거리, 서울역 앞에서 오가는 사람들을 아무나 붙잡고 "아저씨! 저 좀 식모로 보내주세요!" 하고 사정했답니다. 그냥 사람들은 냉정하게 쓱 지나가 버렸죠. 때론 나쁜 불량배 같은 놈들이 나를 사창가에 팔아 버리려고 제게 다가오면 미리 눈치채고 무작정 갈 곳도 없으면서 도망을 갔습니다. 그 배고프고 서럽던 세월, 꿈엔들 잊겠습니까?

아! 정해숙의 신세! 처량하게 거리를 헤매면서 서성거리던 저는 어느덧 만 71세가 되어 비 오듯 쏟아지는 눈물을 흘리면서 지면에 이 글을 옮기고 있습니다. 벽시계는 2017년 9월 16일 4시 25분을 가리키고 있습니다. 본존님 부처님 감사하고 감사합니다. 저는 대한민국을 위하여 사회와 가정을 위하여 작은 보탬이라도 성의껏 보내겠습니다.

그렇게 어렵게 찾아낸 식모 자리였던 오성근 비뇨기과 집에서 식모로 있을 때 명절이 돌아왔습니다. 식모들도 추석 명절이 되면 옷한 벌은 얻어 입게 마련인데 사 줄 생각도 안 하는 눈치가 보였습니다. 저는 어린 마음에 너무나 서글퍼서 혼자 속으로 '그래, 잘 먹고 잘살고 죽을 때 안고 갈 돈 다 짊어지고 가라, 더럽고 치졸한 인간들아!' 하면서 울었습니다.

설날이 다가오니까 주인아줌마는 소갈비 한 상자를 안고 집으로 와서는 자기 새끼들 먹일 준비만 하고 식모인 저에게는 돈 몇 푼을 주면서 고향에 갔다 오라고 크게 선심을 쓰셨습니다. 저는 그것도 맹탕 좋아서 경기도 파주시 아가메의 집으로 돈 130원을 들고 찾아 갔습니다.

도망 나온 지 3년 만에 찾아가니 불쌍한 아버지는 이 보잘것없고 잘못도 수도 없이 많이 하던 저를 그래도 자식이라고 눈물을 흘리면서 반겨 주셨습니다. 아버지께서 세상을 떠나신 지 벌써 25년이 다 되어 갑니다.

그때 경기도 파주시 월롱면 위전리 1구 다락고개에 있는 나정국 집을 찾아가니 월롱초등학교 21회 동창인 김양기, 나정국, 우창균 등 등이 저를 맞아주었습니다. 지금 생각해도 저는 철이 너무나 없었습 니다. 그때 우창균이 제 마음을 흔들어 놓았습니다. 무엇이 그리 좋 은지 철없고 소갈딱지 없는 저는 무조건 우창균을 사모하고 좋아했 습니다. 지금 생각해도 정해숙의 생각 없는 불나방 사랑 같았습니다.

아무런 대책 없이 어떻게 살 계획도 없이 창균이를 죽도록 사랑하 고 사랑했지만 미남이고 똑똑한 우창균은 배우지 못하고 못생기고 엄마도 없이 이 세상을 굴러다니는 인생인 저를 자꾸만 멀리 대하더 니 공군으로 입대했습니다. 저는 마치 닭 쫓던 개 같은 신세가 됐습 니다. 오성근 비뇨기과 집에 식모로 있는 저의 처량하고 불쌍한 시간은 흘러가고 있었습니다.

'낙엽이 우수수 떨어지는 기나긴 가을날 어머님하고 둘이 앉아서
우리 이야기 들었다 불지도 말아라.'

가을날의 어느 작곡가의 노래를 생각하면서 충북 청주시 서원구
수곡1동 대림 1차 A 나동 403호에 살고 있는 저는 2017년 9월 16일
밤 11시 40분에 안방에 앉아서 조용히 지난날을 회상하면서 지면을
옮기고 있습니다.

지금쯤 정해숙이가 태어난 경기도 파주시 월롱면 능산리 1구 아
가메의 캄캄한 밤하늘엔 수없는 별들이 총총히 떠 있겠지요? 그 평
화로움이 깃든 고향의 푸른 하늘엔 뭉게구름이 평화롭게 떠다니고
산과 들에서 온갖 잡새와 풀벌레들의 노랫소리가 들리던 푸른 초원
의 고향산천도 지금은 많이 변했겠지요?

벌써 세월이 많이 흘렀는지 저는 지금 만 71세입니다. 고향산천
아, 말해다오! 고향의 소식 좀 들어보자꾸나! 어쩌다 그렇게 무정하
게 소식이 없고 대답이 없단 말이냐! 고향산천아! 말 좀 해다오! 어째
서 묵묵히 대답이 없단 말이냐?

봄이면 버들피리 불고 효순이와 냇가에서 다슬기를 잡아서 신발
에다 담아 갖고 집으로 가던 그 어린 시절아! 다시는 돌아볼 수 없는

그 낭만의 시절들이 다시는 올 수도 없단 말인가! 이놈의 세상! 저는 이 밤도 목 메이게 고향을 불러보고 싶어 캄캄한 밤하늘을 응시하면서 가슴속에 맺힌 한의 응어리를 풀어 버리고 싶습니다.

그 당시 18살 때 서울특별시 영등포구 영등포동에 자리 잡고 있던 오성근 비뇨기과 집에서 식모로 있으면서 한 달에 700원씩 받아 거금 7,000원을 모았습니다. 정말 피 같은 돈이었습니다. 시집가는 데 쓰려고 모아 놓았던 천금 같은 피 눈물 나는 돈을 서울특별시 보문동에 살고 있는 미경이 애인이 이자 1할을 준다고 빌려 갔습니다. 세상에 물들지 않고 순진하기만 한 저를 속여서 피 눈물 나는 거금 7,000원을 지금까지 돌려주지 않고 있습니다.

19살이 된 제가 울면서 돈 7,000원을 달라고 애원하니까 미경이 애인인 천하에 나쁜 놈이 하는 말이 걸작이 있습니다. 정해숙이가 식모살이해서 번 돈이라서 줄 수가 없답니다. 참으로 가관이지요? 힘이 없고 아무 대책이 없는 저는 그 당시 피눈물을 흘리면서 돈 한 푼 못 받고 뒤돌아서서 허공에다 울면서 하소연을 했습니다.

진정으로 신이 있고 정의가 살아 있다면 13식구의 대가족의 식모로 있으면서 모진 수모와 경멸을 감수하면서 한 달에 700원씩 받아서 10달 동안 모은 천금 같은 정해숙의 시집갈 밑천인 돈 7,000원을 공짜로 처먹은 그 날강도인 그 사람, 서울특별시 보문동 산동네에서 일수 놀이하던 그 철면피 그놈은 지금 어느 하늘 아래서 복 받고 잘

살고 있으며 숨을 쉬며 살아가겠지요? 키는 1미터 75센티미터 정도
에다 훤칠하고 아주 잘생겼지만 속마음은 흙탕물보다 더 더러운 그
분을 그 당시 보문동 사람들은 '미스터 리'라고 불렀습니다.

정해숙의 돈을 공짜로 먹고 잘 살고 있는지 궁금해집니다. 어디
할 짓이 없어서 그렇게 힘들게 번 돈을 가로채는지 지금도 그때 생
각을 하면 잠이 안 옵니다.

사람이 죄를 지으면 당대에 죗값을 받는다는 사실을 이 세상 사람
들은 알았으면 좋겠습니다. 자신이 뿌린 씨앗은 자신이 거두어들인
다는 사실 이치를 세상 사람들이 다 알아주었으면 좋겠습니다. 사람
은 백 년도 못 사는데, 단 하루를 살더라도 참되고 진실되게 살았으
면 좋겠습니다.

저는 만 71살인데 제가 살아오면서 겪은 사람들 중에 돈 있고 힘
있는 사람들이 힘없고 연약한 사람들을 벌레만도 못하게 여기고 길
가의 잡초나 무명초처럼 짓밟고 꺾으려고 하지 않는 세상이 되었으
면 좋겠습니다. 삼대 부자 없고 삼대 가난뱅이 없고 쥐구멍에도 햇
볕 들 날이 있다는 옛 성인들의 말씀이 있습니다. 단 하루를 살더라
도 보람되고 알차게 살고 싶은 게 저의 꿈이고 소망이고 희망사항입
니다.

그런데 제가 살아오면서 겪어본 사람 중에는 악한 사람보다는 착

7
일하는 개미의 슬퍼할 시간
불법의 힘

하고 어진 사람이 더 많다는 사실을 저는 터득했습니다. 선한 사람도 어쩔 수 없이 환경에 지배를 받아 악하게 되기도 합니다. 만 71살이 되도록 겪어 본 사람 중에 선한 사람이 많다는 걸 체험하고 알게 됐습니다. 그러나 악인들이 많은 세상이기도 합니다.

그 악마의 소굴 같던 오성근 비뇨기과를 나와서 경기도 파주시 주내읍 오가리줄에 있는 불쌍한 아버지의 집 방 한 칸에 들어가서 이 한 몸을 의지하려고 했습니다. 그러나 아버지에게는 이미 20살이나 어린 미망인이 아버지의 부인으로 들어와 살고 계신 지 몇 년이 지난 때였습니다.

그분에게는 석일이라는 아들이 하나 있었는데, 석일이 오빠는 참 기가 막히게 착하고 어질고 인물도 참 좋았습니다. 그런데 우리 아버지에게 재혼해서 들어온 부인은 성격이 너무나 괴팍해서 저는 참 힘들었습니다. 자기 성격에 안 맞으면 말도 없이 무조건 집어 던지니 기가 막히고 코가 막혔습니다.

어느 날은 아무 잘못도 없는 제게 막 난리를 치고 죽여 달라고 저에게 매달리더랍니다. 저는 그때 나이 20살 때였죠. 그분이랑 싸우기도 싫어서 경기도 파주시 주내읍에 저의 8촌 오빠가 살고 계시는 정해만 씨 댁에 가서 자고 왔습니다. 그 못된 분은 제가 오밤중에 밖에 나가서 처녀가 외박하고 왔다고 동네방네 소문을 내서 동네 사람들은 나만 보면 어젯밤에 외박했다고 수군거리곤 했습니다.

툭하면 저를 때리고 양동이를 집어 던지고 그것도 모자라서 20살 먹은 제가 오밤중에 밖에 나가서 외박하고 들어왔다고 소문을 낸 의붓엄마. 그 엄마는 현재 경기도 어느 곳에 있는 양로원에서 93세로 살아계십니다.

저는 그래도 그 엄마 인생이 불쌍해서 2017년 4월달에도 경기도 파주시 문산읍에 살고 있는 정인요 조카에게 돈 20만 원을 송금하면서 할머니께 과일이나 사다 드리라고 했습니다. 그랬더니 할머니는 93세라 노령으로 치매가 와서 대소변도 제대로 가리지 못한다고 제게 말했습니다.

그 시절 너무나 나를 미워하고 때려서 내가 아버지에게 엄마가 나를 학대한다고 고자질을 했더니 아버지는 저에게 서울로 가라면서 차비 천 원을 주셨습니다. 갈 곳도 없고 오라는 사람도 없는 저는 옷가지 몇 개를 보따리에다가 싸가지고 정처 없이 서울역에 내렸습니다. 돈도 없고 당장 갈 곳도 없어서 서울역에 우두커니 서 있다가 오가는 사람들을 붙잡고 저 좀 식모로 보내 달라며 다시 사정했습니다.

제가 만 4살 때, 6.25 시절 제 동생을 분만하시고 먹을 것이 없어서 굶어 돌아가신 이후, 어미 없는 저는 모진 풍파와 세파에 흔들리면서 길가의 돌멩이처럼 아무나 차면 굴러가는 그런 신세였습니다.

당신이 낳은 딸 정해숙이 멀건 보리죽도 배불리 못 먹고 자라 의 지할 곳 없이 이렇게 서울역에서 오가는 낯선 사람들에게 구걸하며 아무 데나 식모로 보내달라고 애원하고 있는 걸 하늘나라에서 보셨을까요? 어디 한번 물어보았습니다.

'어머니! 어머니! 어머니여! 왜 이 세상에서 누구 하나 반겨주는 이 없는 야박한 하늘 아래 저 어느 집으로 가야 한단 말입니까? 오늘은 또 날이 저물기 전에 어느 집으로 흘러가야 한단 말입니까? 어머니! 왜 저를 낳아놓고 다시는 돌아올 수 없는 강으로 그 먼 여행을 떠나셨나요? 어머니! 배는 고프고 갈 곳은 없고 막막하고 초조하게 서울역에서 속으로 가슴을 치며 이 밤을 지낼 곳을 찾아야 한단 말입니까? 어머니! 왜 갈 곳 없고 서러움에 눈물도 메말라 버렸습니다. 어머니! 가슴을 치며 통곡을 하며 불러 본들 어머니는 듣기나 하고 계신가요? 어머니! 돈 한 푼 없지만 배고픈 줄도 모르고 그저 멍하니 서울역에 서서 오가는 사람들의 얼굴만 쳐다보는, 갈 곳 없이 망망대해에 있는 저의 초라하고 불쌍한 모습이 보이지도 않나요?'

그때의 저의 심정이 지금도 생생합니다. 오가는 인파 속에 날은 저물고 배는 고픈 줄도 모르고 그저 멍하니 서 있는데 어느 아줌마의 친절한 도움으로 서울특별시 보문동 어느 부잣집의 식모로 들어가서 월급은 한 달에 600원 받기로 하고 일을 시작했습니다. 빨래도 그렇게 많이 쌓아 놓은 집은 처음 보았습니다.

주인 할아버지는 어떻게나 사납고 무서운지, 사사건건 간섭하고 심지어 수돗물까지 아껴 쓰라고 아우성이셨지요. 세상에서 그렇게 인색한 욕심쟁이 할아범은 아마 찾아보기 힘들 것 같습니다. 없는 사람을 너무나 깔보고 우습게 판단하고, 무엇을 보고 무엇을 먹고 성장했는지 그렇게 놀부 같은 영감탱이는 세상에서 처음 보았답니다.

저는 노예 생활이 힘들어도 한 달은 채우고 그만두겠다니까, 월급은 10원도 주지 않았답니다. 힘없는 저는 노예 생활을 하면서도 돈 한 푼 받지 못하고 빈손으로 서울특별시 보문동에 있는 그 집을 나왔습니다. '그래, 잘 먹고 잘살고 죽을 때는 돈을 안고지고 잘 가거라.' 마음속으로 외치면서 노예 생활의 종지부를 찍고 서울특별시 보문동의 돌산 옆에 있는 동산미장원을 운영하고 있는 나의 피붙이 해자 언니를 찾아갔습니다.

썰렁하니 먹을 것도 없고 손님도 없어 불쌍한 언니는 바싹 말라가지고 하루에 두 끼, 점심은 굶고 생활하면서 돈을 모았습니다. 저도 하루에 2번씩 밥을 먹었습니다. 그 흔해 빠진 하얀 쌀 한 번 실컷 먹어보는 것이 저의 간절한 소원이었습니다. 왜 이렇게 우리나라는 빈부의 차가 심한지 한심하기만 했습니다. 거기서 며칠 있다가 서울특별시 보문동에 있는 동산미장원 앞집 선생님의 소개로 서울특별시 종암동에 있는 제법 넓고 큰 제일유치원에 급사로 들어갔습니다.

이 글은 2017년 9월 18일 새벽 2시에 충북 청주시 서원구 수곡1동

대림 아파트 나동 403호에 살고 있는 제가 모질게 삶을 영위하며 살아왔던 지난날을 되새기면서, 하염없이 흐르는 눈물을 수건으로 닦으면서 한 자 한 자 옮기고 있습니다.

지금쯤 경기도 파주시 월롱면 능산리 1구 아가메의 하늘에는 무수한 별들이 총총히 떠 있겠지요? 착하시고 너무나 인정 많으신 아버지별, 엄마별, 작은아버지별, 봉사로 평생을 고생하시며 삶을 살아야만 했던 작은할아버지별, 또 얼굴도 알 수 없는 조상님들의 별들이 옹기종기 모여서 반짝이며 말 없는 대지를 비추고 계시겠지요?

불러도 대답 없는 아버지여! 얼굴도 잊어버린 어머니! 평생을 굶주림에 허덕이며 살아야 했던 작은아버지! 부디 그곳에서는 굶주리지 마시고 하얀 쌀밥에 맛있는 반찬에 호의호식하시면서 건강하시고 행복을 추구하면서 이 우주의 어느 곳에서 모든 사람들의 모범이 되어 주십시오! 이렇게 이 밤이 새기 전에 저는 두 손 모아 본존님 부처님께 간절히 기원합니다.

서울특별시 홍암동 제일유치원 급사로 있으면서, 찬바람과 눈보라 휘날리는 한겨울, 태산 같은 눈은 쌓이고 저에게는 잘 방도 없고 이불도 없었습니다. 60여 명이 낮에는 뛰어놀며 공부하던 그 넓은 강당에서 저는 떨면서 등가죽 깔고 뱃가죽 덮고 긴 밤을 지새웠습니다. 20살의 그 시절을 생각하면 제가 이렇게 살아남은 게 다행이라고 여겨집니다.

서울특별시 보문동에 있으면서 먹을 것이 없어서 10원짜리 빵 한 개로 허기진 배를 채우며 살아 있습니다. 지금 생각해도 10원짜리 빵 한 개로 하루를 산다는 것은 불가능할 것 같은데 그 시절에는 그렇게 굶으면서 냉수로 배를 채우며 살았습니다.

서울특별시 동대문구 창신동에 이종사촌 언니가 괜찮게 살았지만 제가 가면 싫어하는 기색이 역력하여 언니 집에는 가기가 싫었습니다. 10원짜리 찐빵 한 개로 하루를 살았지만 자꾸만 밥을 얻어먹으러 가는 저를 이종사촌 언니는 싫어했기 때문에, 저는 길가에서 굶으면서 살아가는 게 더 깨끗하고 좋았습니다. 그 당시 육영수 여사가 운영하는 집에서 주는 도시락 한 개가 40원이었지만 저는 돈 40원이 없어서 10원짜리 찐빵 하나로 하루를 넘기며 살았습니다.

20살 때 서울특별시 종암동에 있는 제일유치원에 급사로 처음 들어가던 날 저녁때가 되니 그렇게 두더지같이 시커멓게 생긴 원장이라는 사람은 하느님을 믿는다고 성경책은 집에다 보관해 놓고 인간 이하의 행동을 했습니다.

서울특별시 종암동에 있는 제일유치원 급사로 들어간 제게 유치원에 들어간 지 몇 시간도 되지 않았는데 돈이 없어졌다고 훔쳐간 돈을 내놓으라고 저를 다그쳤습니다. 저는 들고 간 옷 보따리를 다 보여주면서 돈이 있나 찾아보라니까 원장은 가만히 앉아서 곰곰이 생각하더니 자기 집 다락으로 올라갔다 내려오더군요. 그리곤 돈을 찾았는지 슬그머니 꼬리를 내리고 뻔뻔스럽게 제게는 미안하단 말도 없었습니다. 하느님을 믿으며 낮에는 60명이 넘는 원아들을 앉혀 놓고 하느님께 기도하라던 철면피 같던 원장은 지금은 잘 먹고 잘사나 모르겠습니다.

이렇게 살아남아 불법 강의를 들으니 새삼 교학의 중요성을 깨닫게 됩니다.

법화초심성불초(法華初心成佛抄)
강성한 기원으로 자타 함께 불성을 불러 깨우자!

[배경과 대의]

〈법화초심성불초〉는 1277년, 니치렌(日蓮) 대성인이 쉰여섯 살 때 쓰신 편지로 누구에게 주셨는지는 자세히 알 수 없습니다. 아미타(阿彌陀) 신앙의 정토관(淨土觀)을 파절하고 여인성불을 언급하신 것으로 보아 예전에 염불을 부른 여성 문하나 아직도 염불에 미련이 있는 여성에게 법화경 신앙의 기본을 가르친 글이라고 짐작합니다.

이 어서는 문답형식으로 여러 종교의 정사(正邪)를 논한 뒤 법화경이야말로 부처의 본의를 밝힌 경전이고, 법화경 28품의 간심(肝心)인 '남묘호렌게쿄(南無妙法蓮華經)'야말로 악세 말법에 넓혀야 하는 성불의 근본법이라고 밝히셨습니다.

이어서 '좋은 스승', '좋은 단나', '좋은 법' 이 세 가지가 모여야

비로소 기원이 이루어지고 국가의 대난(大難)도 없앨 수 있다고 말씀하셨습니다.

또 불법(佛法)에 무지한 사람도 오직 법화경에 따를 때 성불할 수 있으므로 강성하게 홍교에 힘쓰라고 격려하고 "어떻게 하든 법화경을 굳이 설해 듣게 할지어다(어서 552쪽)." 하고 말씀하셨습니다. 그리고 불법을 들은 상대가 순수하게 믿는다면 성불의 경애를 얻을 수 있고, 일단은 반대하는 사람도 '독고(毒鼓)의 연(緣)'으로 반드시 성불의 인(因)을 새길 수 있다고 말씀하셨습니다.

그리고 말법에 법화경을 수지하고 넓히는 사람에게는 삼류강적(三類强敵)이 출현해 박해한다고 밝히셨습니다. 대성인은 삼류강적이 다투어 일어나는 일은 경문에서 설한 그대로이므로 고난을 두려워하지 말고 더욱 신심에 힘쓰라고 격려하셨습니다. 그리고 삼류강적을 만나 홍교를 관철하는 사람이야말로 진실한 법화경 행자라고 가르치셨습니다.

끝으로 남묘호렌게쿄의 창제행으로 마음속의 불성(佛性)이 불리어 나타난다고 밝히고, 아만편집(我慢偏執)의 마음을 버리고 강성한 신심으로 창제에 힘쓰라고 말하고 이 어서를 끝맺으셨습니다. 이번 연찬 범위는 이 어서의 결론 부분으로, 말법의 일체중생이 성불하는 법은 법화경의 간심인 남묘호렌게쿄 이외에 없다고 밝히셨습니다.

[본문] 어서 전집 557쪽 6〜9행

나의 기심의 묘호렌게쿄를 본존으로 숭앙하고 나의 기심 중의 불성 남묘호렌게쿄라고 부르고 불리어서 나타나심을 부처라고 하느니라. 비유컨대 새장 속의 새가 울면 하늘을 나는 새가 불리어서 모이는 것과 같고, 하늘을 나는 새가 모이면 새장 속의 새도 나가려고 함과 같으니라. 입으로 묘법을 봉창하면 나의 몸의 불성도 불리어서 반드시 나타나시고.

[통해]

내 마음속의 묘호렌게쿄를 본존으로 존숭하고 내 마음속의 불성이 남묘호렌게쿄라고 부르고 불리어서 나타남을 부처라고 한다.

비유하면 새장 속의 새가 울면 하늘을 나는 새가 불리어서 모이는 이치와 같다. 하늘을 나는 새가 모이면 새장 속의 새도 나가려고 함과 같다. 입으로 묘법을 부르면 내 몸의 불성도 불리어서 반드시 나타난다.

[어구해설]

불성(佛性): 일체중생이 갖춘 부처의 성분, 불계(佛界)를 가리킨다.

창제하는 사람이 승리자

제2대 회장 도다 조세이(戶田城聖) 선생님은 '그대 자신이 남묘호렌게쿄'라고 말씀하셨습니다. 자신의 위대한 가능성을 깨달으면 어떠한 어려움에도 맞설 수 있습니다. "기심의 묘호렌게쿄"를 용현해 가슴속에 영원히 무너지지 않는 행복경애를 확립하는 일이 우리가 신앙하는 목적입니다.

배독어서의 첫 부분에서 니치렌 대성인은 삼세 제불의 깨달음의 법인 묘호렌게쿄를 부름으로써 마음속의 불계를 불러 나타내어 성불할 수 있다고 말씀하셨습니다. 즉 대성인이 도현하신 어본존을 신수하고 창제함에 따라 자기 가슴속에 내재한 불성이 불리어 나오는 것을 성불이라고 말씀하셨습니다. 게다가 우리는 그 어본존을 생명 속에 갖추고 있습니다.

이어서 대성인은 그 모습을 새가 서로 부르는 비유를 들어 가르치셨습니다. 새장 속의 새가 울면 하늘을 나는 새가 불리어서 모입니다. 모인 새가 울면 이번에는 새장 속의 새가 밖으로 나가려고 합니다.

"부르고 불리어서"에서 '부르고'는 우리가 어본존에게 창제해 마음속의 불성을 부르는 행동입니다. '불리어서'는 그 창제로 마음속의 불성이 불리어 나오는 행동을 말합니다. 그리고 어본존에게 창제하면 '반드시' 자신의 위대한 불성이 나타나고 묘법의 무한한 공력을 자기 몸에 나타낼 수 있다고 단언하셨습니다. 창제근본으로 나아가는 한 우리에게 막힘은 결코 없습니다.

이케다(池田) 선생님은 이렇게 말씀하셨습니다.

"'창제하는 사람'이 '승리하는 사람'입니다. 끝까지 창제하는 사람에게는 제천이 속속 모여듭니다. 가장 행복한 방향으로 이끕니다. 제목보다 뛰어난 것은 아무것도 없습니다."

드디어 본격적으로 하반기를 시작했습니다. 우리는 낭랑하게 제목을 부르면서 눈앞에 놓인 과제에 도전하고 날마다 전진합시다. ―법련 2017년 9월호

[참고자료]

이케다 선생님의 어서 강의(법화초심성불초) 발췌

승리의 경전 '어서'에서 배운다

제28회 법화초심성불초(法華初心成佛抄)

낭랑한 창제가 전진의 활력

희망의 첫걸음은 내 생명의 변혁에서

[강의]

용기는 새로운 결의를 낳습니다. 새로운 결의에 찬 깊은 기

원이 바로 크게 승리하기 위한 희망의 첫걸음입니다.

불이(不二)의 제자가 '5·3'에서 새 출발

'창가(創價)의 5월'은 언제나 새로운 전진을 위한 결의에 찬 달입니다. 사제(師弟)의 혼백이 담긴 '5·3'은 우리가 불이의 서원에 선 원점의 날임과 동시에 새 출발을 위한 기점(起点)이며 다음 목표를 향해 떠나는 날입니다.

창가학회는 지금까지 새로운 결의에 찬 진지한 '기원'에서 새로운 도전을 시작했습니다. 일체는 창제에서 시작합니다. 우리는 어떤 대난에도 착실한 창제를 근본으로, 최고의 지혜와 최선을 다한 노력으로 승리했습니다.

시련을 계기로 신앙을 심화하고 제목의 공덕력을 낳게 하는 원천으로 하여, 소생의 체험을 무수히 빛내면서 광포개척의 길을 매진했습니다. 언제 어느 때라도 근본은 '창제행'입니다.

니치렌 대성인은 "고(苦)를 고라고 깨닫고 낙(樂)은 낙이라고 열어서 고락(苦樂) 함께 아울러 생각하여 남묘호렌게쿄(南無妙法蓮華經)라고 부르고 계시라(어서 1143쪽)."고 말씀하셨습니다. '고락 함께'입니다.

기쁠 때도 슬플 때도 괴로울 때도 제목을 꾸준히 부르는 일이 일생성불을 위한 엄한 길입니다. 창제만이 우리 가슴속에 있는 불계를 용현시키고, 마를 타파하고, 숙명을 극복하고, 경애를 변혁하는 유일한 방도입니다.

창제는 둘도 없는 자수법락(自受法樂)의 수행입니다. 살아 있는 그 자체가 즐겁다는 확고한 행복경애를 구축하는 데는 창제밖에 없습니다. 무슨 일이 있더라도 창제에 철저하면 아무 격정이 없습니다.

내 몸에 광대무변한 불계의 생명이 열리기 때문입니다.

이번 회의에는 불도수행의 근간인 창제행에 대해 〈법화초심성불초〉의 끝부분에 있는 대성인 말씀 한 단락을 배독하겠습니다.

이 어서에는 법화경이 바로 불의(佛意)를 밝힌 경전이며, 악세말법에 홍통될 성불의 법은 남묘호렌게쿄가 틀림없다고 밝히셨습니다.

이 어서를 언제 누구에게 주셨는지 자세히 알 수 없습니다. 특히 아미타신앙(阿彌陀信仰)의 정토관(淨土觀)을 파절하고, 여인성불(女人成佛)을 언급하셨습니다. 이런 사실로 보아 예전에 염불을 부르던 여성신도나 염불에 미련이 있는 여성에게 법화경신앙의 기본을 가르친 글이라고 짐작합니다. 그 신심지도의 결론으로, 법화경 신앙의 핵심인 창제의 깊은 뜻과 공덕을 가르치셨습니다.

창제는 끝없이 전진하는 활력을 낳습니다. 왜냐하면 어떠한 역경에서도 비약할 수 있는 지혜와 용기가 솟습니다. 왜냐하면

묘호렌게쿄는 생명력의 근본 이름이기 때문입니다.

어서근본으로 진실한 승리의 원천인 창제행의 의의를 배독하겠습니다.

[본문] 법화초심성불초 557쪽 6～10행

나의 기심(己心)의 묘호렌게쿄(妙法蓮華經)를 본존(本尊)으로 숭앙(崇仰)하고, 나의 기심 중의 불성(佛性), 남묘호렌게쿄(南無妙法蓮華經)라고 부르고 불리어서 나타나심을 부처라고 하느니라. 비유컨대 새장 속의 새가 울면 하늘을 나는 새가 불리어서 모이는 것과 같고, 하늘을 나는 새가 모이면 새장 속의 새도 나가려고 함과 같으니라. 입으로 묘법(妙法)을 봉창하면 나의 몸의 불성도 불리어서 반드시 나타나시고, 범왕(梵王)·제석(帝釋)의 불성은 불리어서 우리를 지키시고, 불보살(佛菩薩)의 불성은 불리어서 기뻐하심이라. 그러므로 '만약 잠시라도 가지는 자는 내가 즉 환희(歡喜)하며 제불(諸佛)도 또한 그러하니라.'고 설(說)하심은 이 심(心)이니라.

[현대어 역]

내 마음의 묘호렌게쿄를 본존으로 높여 우러러 받들고, 내 마음속의 불성이 남묘호렌게쿄라고 부르고 불리어서 나타나심을 부처라고 한다. 비유하면 새장 속의 새가 울면 하늘을 나는 새가 불리어서 모이는 이치와 같다. 하늘을 나는 새가 모이면 새장 속의 새도 나가려고 함과 같다.

입으로 묘법을 봉창하면 내 몸의 불성도 불리어서 반드시 나타난다. 범왕과 제석의 불성은 불리어서 우리를 지킨다. 부처와 보살의 불성은 불리어서 기뻐하신다. 그러므로 '만약 잠시라도 (법화경을) 지닌다면 나는 곧 기뻐하며 제불도 또한 그러하리라(법화경 견보탑품 제11).'고 하심은 이 뜻이다.

무너지지 않는 행복경애를 확립

모든 불성을 오직 한마디로 불러 나타내는 창제의 공덕이 얼마나 굉장한지, 여기서 그 위대함을 밝혔습니다.

맨 처음에 대성인은 "나의 기심의 묘호렌게쿄를 본존으로 숭앙하고"라고 말씀하셨습니다.

창제는 어본존을 향한 신심이 있어야 성불의 수행이 됩니다. 대성인은 자신의 마음에 현현한 묘호렌게쿄를 어본존으로서 도현하셨습니다.

우리는 이 어본존을 수지하고 거울로 삼으며 본보기로 삼아, 나도 대성인과 똑같은 관대(寬大)하고 존극한 경애를 갖추고 있어서 그것을 성취할 수 있다고 믿는다. 그것이 '나의 기심의 묘호렌게쿄를 본존으로 숭앙'이라는 뜻입니다.

몹시 탁하고 악한 시대에도 모든 사람을 가르쳐 육성하는 주사친(主師親) 삼덕(三德)을 갖추고 싸우신 대자대비한 대성인을 근본적인 스승으로 받들어 존경하며, 불석신명한 스승의 실천을 배워 계승하는 일이 어본존을 올바르게 숭앙하는 것입니다.

세상이 아무리 혼탁해도 스승의 마음을 내 마음으로 삼아 홀로 일어서서 모든 사람에게 희망이 되고 용기와 안심의 버팀목이 되어주는 일이 바로 어본존을 수지하는 근본자세입니다.

반대로 내 몸 밖에 있는 부처, 예를 들면 이전경의 권불(權佛)과 같은 초인적인 존재에 매달리는 듯한 신앙은 진정으로 '나의 기심의 묘호렌게쿄를 본존으로 숭앙'하는 것이 아닙니다.

〈니치뇨부인답서〉에서는 "이 어본존을 결코 타처에서 구하지 말지어다. 다만 우리 중생이 법화경을 수지하고 남묘호렌게쿄라고 봉창하는 흉중의 육단에 계시느니라(어서 1244쪽)."고 말씀하셨습니다.

대성인이 "니치렌의 혼(어서 1124쪽)"인 자신의 불계(佛界)를 한 폭의 만다라로 나타내신 이유도 우리 한 사람 한 사람이 흉중의 어본존을 나타내게 하기 위함입니다. 어본존은 그 명경입니다.

우리가 어본존을 수지하고 제목을 부르는 이유는 내 흉중의 어본존을 용현해 '기심의 묘호렌게쿄'를 약동시키기 위함입니다. 이 점을 잊으면 자신에게서 동떨어진 절대자에게 '매달리는 신앙'이 됩니다.

도다 선생님은 "그대 자신이 남묘호렌게쿄다. 그러므로 부처가 병이나 경제고에 질 리가 없지 않은가."라고 자주 지도하셨습니다. 자신의 위대한 가능성에 눈뜨면 어떠한 괴로운 역경에도 맞설 수 있습니다.

그런 강한 자신을 만들려는 신앙입니다.

선생님은 확신하지 않고 체념하거나 나약한 자세를 보이는 회원에게는 참으로 엄하게 지도하셨습니다.

어려움을 극복하고 승리한 보고를 들었을 때는 웃음을 띠며 함께 기뻐하셨습니다.

"위대한 자신에게 눈떠라.", "자기답게 살아라."고 늘 강조하셨습니다. 어디까지나 '기심의 묘호렌게쿄'를 용현해 영원히 무너지지 않는 행복경애를 흉중에 확립하는 일이 우리 신앙의 목적이기 때문입니다.

창제행은 우주와 생명의 교류

이 어서에서는 '나의 기심의 묘호렌게쿄'를 본존으로 숭앙하고 남묘호렌게쿄의 창제행을 실천하면 "나의 기심 중위 불성, 남묘호렌게쿄라고 부르고 불리어서 나타나심을 부처라 하느니라."고 말씀하셨습니다.

이 위대한 불계가 용현하는 모습을 '새장 속의 새'에 비유해서 참으로 알기 쉽게 설명하셨습니다. 다시 말해 새장 속의 새가 울면 하늘을 나는 새가 불리어서 모입니다. 하늘을 나는 새가 모이면 새장 속의 새도 나가려고 합니다.

여기서 '새장 속의 새'는 범부인 우리 자신의 불성입니다. 여기서 말하는 새장은 근본적인 무명(無明)이나 여러 가지 번뇌, 여러 가지 고뇌에 속박된 일체중생의 본디 상태를 나타냅니다. 그 '새장 속의 새'가 신심을 일으켜서 제목을 부릅니다.

'하늘을 나는 새'는 모든 중생의 불성입니다. 우리는 자신이 부르는 제목소리로 불성, 다시 말해서 자기 내면에 있는 묘호렌게쿄를 부르고 있습니다. 그리고 그뿐 아니라 실은 모든 중생의 불성도 부르고 있습니다.

왜냐하면 앞에 있는 어서에서 배독했듯이 모든 부처, 모든 보살을 비롯해 십계(十界) 일체중생의 불성도 또한 묘호렌게쿄입니다. 그 모든 불성을 불러 나타내는 힘이 우리가 한 번 묘호렌게쿄라고 부르는 제목에 있기 때문입니다. 다시 말해 우리 창제 소리는 전 우주 중생의 불성을 눈뜨게 하는 대음성입니다.

그리고 '새장 속의 새'의 소리에 불리어서 '하늘을 나는 새'가 모이면 '새장 속의 새'도 새장 밖으로 나가려고 합니다. 그때 무명과 고뇌의 새장이 없어지고 속박에서 해방되어 자유로운 ⑥ 법성(法性)의 대공(大空), 즉 천공(天空)처럼 광활하고 자유로운 깨달음의 경지를 마음대로 날아다닐 수 있습니다.

남묘호렌게쿄라는 제목을 부르며 진지하게 기원하면 대우

주에 편만한 묘법과 공명하여 자기 생명을 둘러싸고, 이번에는 자기 무명을 타파하는 힘을 용현시킵니다. 말하자면 창제행은 우주와 자신이 교류하는 위대한 드라마라고 할 수도 있습니다.

"입으로 묘법을 봉창하면 나의 몸의 불성도 불리어서 반드시 나타나시고", '반드시'라고 잘라 말씀하셨습니다. 제목을 부르면 '반드시' 묘법의 무한한 공력(功力)을 내 몸에 열어 나타낼 수 있습니다. 강성한 신심으로 그 광대무변한 공력을 더욱더 맛볼 수 있습니다.

도다 선생님은 강의하실 때 "내가 받은 공덕을 이 공회당 크기라고 한다면 여러분은 새끼손가락만큼이다."라고 자주 말씀하셨습니다. 또 퐁퐁 솟아 나오는 샘물처럼 퍼내도 퍼내도 끝이 없다고 말씀하셨습니다. 지금도 선생님 강의가 그립습니다. 모든 불, 보살, 제천의 불성이 약동하는 우주만큼 큰 공덕력을 마음껏 만끽하려고 우리는 나날이 신심하고 있습니다.

'제천의 수호'와 '제불의 환희'

이어서 범천, 제석 등 제천의 불성은 불리어서 우리를 지키고, 불보살의 불성은 불리어서 기뻐하신다고 말씀하셨습니다.

여기서는 우리가 창제로 얻은 공덕을, 제천의 가호와 불보살의 환희라는 두 가지 관점에서 받아들입니다.

먼저 제천의 가호에 대해 "범왕(梵王) 제석(帝釋)의 불성은 불리어서 우리를 지키시고"라고 말씀하셨습니다. 우리가 묘법의 제목을 부르면 제천선신이 반드시 나타나 우리를 수호한다는 뜻입니다.

제천선신의 수호는 묘법의 역용(力用)이 나타난다는 뜻입니다. 그것은 자신의 불성을 불러 나타내는 창제의 실천으로 일어납니다. 불법에 '내훈외호(內薰外護)'라는 법리가 있습니다. 내훈은 생명 안에 있는 불성이 밖으로 드러난다는 뜻입니다.

그리고 외호는 내훈에 이끌려서 다른 생명의 불성이 작용하기 시작해 밖에서 지키는 작용으로 나타난다는 뜻입니다. 즉 불성의 내훈이 있으면 제천의 수호를 불러일으킬 수 있습니다.

바꾸어 말하면 어디까지나 우리 신심의 일념(一念)이 제천선신을 움직이는 힘입니다. 그 이유는 강한 신심의 일념으로 무명을 타파했을 때, 불성이 밖으로 드러나기 때문입니다.

그러므로 대성인은 묘락대사의 "반드시 마음의 견고함에 따라서 신(神)의 가호가 즉 강함이라."는 해석에 따라 "사람의 마음이 견고하면 신의 가호도 반드시 강함이라(어서 220쪽)."고 말씀하셨습니다.

제천선신을 감동시키는 것은 어디까지나 한결같은 우리의 창제입니다. 우리 생명을 변혁해야 제천선신이 움직입니다. 내 생명을 변혁하지 않고 부처나 제천의 가호를 바라는 자세는 불법의 올바른 기원이라고 할 수 없습니다.

불계, 보살계의 약동이 바로 환희

이 어서에서는 제천의 수호와 함께 '불보살의 환희'를 밝혔습니다. "보살의 불성은 불리어서 기뻐하심이라."고 말씀하셨습니다. 그 문증(文證)으로서 법화경 견보탑품 제11을 인용, "법화경을 잠시라도 수지한 사람이 있으면 석존 한 사람뿐 아니라 제불이 찬탄하며 환희한다."고 설하셨습니다.

여기서 부처와 보살이 환희한다는 말은 창제로 얻은 진실한 공덕을 뜻합니다. 다시 말하면 넓고 커서 일체를 포용할 수 있는 불계의 경애, 그리고 어디까지나 묘호렌게쿄를 추구하며 타인에게도 전하는 보살계의 자비 넘치는 생명이 생기발랄하게 나타나고 약동합니다.

〈어의구전〉에는 "처음으로 나의 마음이 본래의 부처라고 아는 것을 즉 대환희라고 이름한다. 소위 남묘호렌게쿄는 환희 중의 대환희이니라(어서 788쪽)."고 있습니다. 자기 불성이 나타나서 내 흉중에 있는 불계가 약동하는 일처럼 큰 환희는 없습니다.

'내 몸이 본디 부처라고 아는 기쁨'이라고 해도 현실생활에 허덕이는 자신에게는 인연이 먼 이야기라고 생각하는 사람도 있을지 모릅니다. 그러나 많은 학회원이 불의불칙(佛意佛勅)인 광선유포의 투쟁에 몸담고 애쓴 동안에 이미 그러한 경애를 체득했습니다.

예를 들면, '설마'가 실현된 저 오사카 투쟁(1956년)이 그렇습니다. 또 생활이 어려운 서민이 입회한 지 얼마 되지 않아 지금까지 인생에서 경험하지 못한 환희를 맛보며 투쟁하는 그 자체가 즐겁다고 이구동성으로 말하며 창제에 면려하고, 절복행에 매진했습니다.

지용보살의 절복행을 일관하면 저절로 환희로운 생명이 넘쳐흐릅니다. 그리고 한 사람 또 한 사람의 벗이 소생하는 모습, 역경을 이겨내는 모습, 도전하는 모습을 보고, 자신이 '부처의 사자(使者)'로서 자타(自他) 함께 행복의 길을 걸으며 내 생명이 약동함을 실감하는 일은 많은 학회원이 체험한 사실입니다.

"자타 공히 기뻐하는(어서 761쪽)"이라고 있듯이 자비의 발로(發露)로 사람들을 위해, 그리고 사회를 위해 하는 행동은 바로 부처나 보살의 행동입니다. 모든 불보살이 환희하며 상찬(賞讚)하지 않을 리가 없습니다.

지금 이 제불의 환희를 불러일으키는 것이 우리 창가학회의 실천이며, 국제창가학회(SGI) 전진입니다.

세계 어느 곳에서도 지용보살이 부르는 광포서원의 창제 소리가 울려 퍼지고 있습니다. 세계평화와 일체중생의 행복을 기원하며 행동하는 힘찬 제목의 소용돌이가 지구 전체를 장대하게 둘러쌀 시대가 되었습니다.

생명 변혁의 가능성을 믿는다면, 인간은 어떠한 역경도 헤쳐 나갈 수 있습니다. 그러한 인간의 진실한 강인함과 풍요로움을 체현하면서 좋은 시민, 좋은 사회인으로서 사람들을 위해, 평화를 위해 활동하는 멤버가 전 세계에 출현하고 있습니다.

인간의 가능성을 믿어 마지않는 희망에 찬 연대가 탄생한 자체가 인류사적(人類史的) 의의가 있다고 평가되고 있습니다. 창제를 근본으로 한 우리의 전진과 승리를 세계가 바라고 기다리는 시대가 되었습니다(이하 생략).

이케다 선생님 지도에서

◆ "나의 기심(己心)의 妙法蓮華經를 본존으로 숭앙하고, 나의 기심 중의 불성(佛性). 南無妙法蓮華經라고 부르고 불리어서 나타나심을 부처라고 하느니라. 비유컨대 새장 속의 새가 울면 하늘을 날으는 새가 불리어서 모이는 것과 같고, 하늘을 날으는 새가 모이면 새장 속의 새도 나가려고 함과 같으니라. 입으로 묘법을 봉창하면 나의 몸의 불성도 불리어서 반드시 나타나시고, 범왕 제석의 불성은 불리어서 우리들을 지키시고, 불보살의 불성은 불리어서 기뻐하심이라. 그러므로 「만약 잠시라도 가지는 자(者)는 내가 즉 환희(歡喜)하며 제불(諸佛)도 또한 그러하니라」고 설(說)하심은 이 심(心)이니라(어서557)."

南無妙法蓮華經라고 부르는 것은 니치렌 대성인이 도현하신 어본존을 최고로 찬탄하는 일입니다. 그것은 동시에 내 마음속의 어본존을 찬탄하는 것이며, 자기 자신의 불계의 생명을 찬탄하는 것입니다. 그렇게 하면 자신의 이름을 찬탄하며 불리어진 불계의 생명이 나타납니다. '부르고 불리어서'라는 말씀이 그것입니다. 부르는 쪽도 자신이고, 불리어진 쪽도 자신입니다. 밖에서 깨닫게 하는 것이 아니라 자신이 불러서 깨닫는 것입니다. 그것은 어본존과 나 자신의 감응(感應)입니다. 그 소리의 울림에 응해서 전 우주의 제천선신이 움직입니다. 그리고 우리의 생명을 지켜줍니다. 또 모든 부처와 보살도 매우 기뻐하십니다.

"환희(歡喜)란 법계(法界) 동시의 환희이니라(어서 735쪽)."입니다. 우주 전체가 환희에 가득 차게 됩니다. 그것이 바로 불계의 용현입니다. 우주 근원의 법도 妙法蓮華經이고, 자신의 실상도 妙法蓮華經입니다. 부처의 생명은 妙法蓮華經가 인격상으로 현현한 모습입니다. 그 부처가 설하는 구극의 법인 성불의 법도 妙法蓮華經입니다. 그러므로 부처가 도현하신 南無妙法蓮華經의 어본존을 명경으로 하여, 내 마음속의 어본존을 깊이 확신하고 자행화타에 걸쳐 南無妙法蓮華經를 부르면, 妙法蓮華經와 妙法蓮華經가 공명해서 자신의 생명 속에 불계가 용현하게 됩니다. 그것이 관심의 성취입니다. 대성인께서는 〈관심의 본존초〉에서 수지즉 관심의 법문을 밝힌 후에 경문은 인용해서 관심을 성취한 모습을 말씀하셨습니다. — 어서의 세계

일하는 개미의 슬퍼할 시간
불법의 힘

◆ 대성인은 남묘호렌게쿄라고 부르는 창제의 뜻에 대해 "나의 기심의 묘호렌게쿄를 본존으로 숭앙하고, 나의 기심 중의 불성 남묘호렌게쿄라고 부르고 불리어서 나타나심을 부처라고 하느니라(어서 557쪽)."고 말씀하셨습니다.

이 '부르고 불리어서'라는 표현에 묘법의 깊은 뜻이 있습니다.

이 원리를 알기 쉽게 나타내기 위해 대성인은 유명한 비유를 설하셨습니다.

"새장 속의 새가 울면 하늘을 나는 새가 불리어서 모이는 것과 같고, 하늘을 나는 새가 모이면 새장 속의 새도 나가려고 함과 같으니라."

여기서 '새장의 새가 울면'이란 무명과 번뇌에 속박당한 중생이 신심을 일으켜 부르는 제목입니다. 이때, 제목의 힘으로 모든 중생의 불성을 부르고 있는 것입니다. 그러면 범천 제석 불보살 등의 불성이 나타나고 동시에 봉창한 중생도 무명의 속박을 타파하고 스스로 불성을 나타낼 수 있습니다. 다시 말하면 삼라삼천(森羅三千)에 편만하고 있는 '묘법'과 '우리 중생'을 결부하는 것이 제목의 힘입니다.

또 대성인은 〈니이케어서〉에서 어미 새와 알의 비유를 통해 창제의 뜻을 설명하셨습니다. 이것도 유명한 비유입니다.

이 어서에서 대성인은 남묘호렌게쿄의 제목은 "창제라는 어머니(어서 1443쪽)"라고 말씀하셨습니다. 새 알의 알맹이가 처음에는 수분밖에 없는 것 같지만 어미 새가 품으면 부리와 눈, 날개 등이 생깁니다. 그리고 드디어 껍질을 깨고 어미 새와 똑같이 하늘을 날 수 있습니다.

여기서 말하는 알은 '중생의 불성(佛性)', 어미 새는 '부처의 생명'을 나타내는 것으로 배견할 수 있습니다. 남묘호렌게쿄의 창제는 중생이 신심하고 있는 목소리인 동시에 부처의 생명 작용이기도 합니다.

이 창제를 통한 성불을 실현하기 위해 가장 중요한 훈계가 "기심(己心)의 밖에 법(法)을 찾으면 안 된다."라는 것입니다. 기심의 밖에 법이 있다는 사고방식은 모든 것을 이전경에 '단절된 세계'로 환원하기 때문입니다. ― 일생성불초 강의(제7회 일생성불의 신심)

8

살아남은 자의 목표

- 불법은 승리의 희망입니다

추운 늦가을 밤새도록 찬 서리와 찬 이슬이 맺힌 밤을 지새웠던 한 떨기 국화는 오늘도 이 밤에 무슨 생각을 하고 있을까? 충북 청주시 서원구 수곡1동 대림 1차 나동 403호에 살고 있는 저는 2017년 9월 18일 밤 11시 반에 일어나서 32평의 아파트 대청소를 하고 냉수마찰을 했습니다. 제가 만 71살인데 냉수마찰을 한다는 건 예전엔 상상도 못 한 일인데요. 저 자신도 깜짝 놀랐습니다. 다 본존님 부처님 덕택인 것 같습니다.

충북 청주시 서원구 수곡 2동 사단지 숙골에 있는, 20년도 더 넘게 방치되어 있던 배수로를 깨끗하게 단장했습니다. 각종 오물과 잡풀을 다 정리하면서 소나무 뿌리, 적색 목련, 꽃나무 뿌리, 석류, 대추, 상황버섯, 운지버섯, 인삼, 살구나무 뿌리, 뽕나무 뿌리, 쑥 뿌리 등을 채취했습니다. 주전자에다 넣고 푹 삶아서 수곡1동 동사무소 직원들에게 갖다 주고 또 노래교실 사람들에게 약을 페트병에 넣어서 한 통씩 갖다 주고 산에서 배수로를 말끔히 단장하는 데 도움을 주신 80이 다 된 어르신에게도 페트병 1되들이 통에 한 통 갖다 드렸습니다.

노래교실에 나와서 즐겁게 노래하시는 이름 모를 분에게도 한 되들이 통에 한 통 갖다 드리고 200원을 받았습니다. 또 제가 세상에서 제일 좋아하는 성항례 형님에게도 수시로 드리고 노래교실 가수 선생님인 이상준 씨에게 보약물을 갖다 드렸습니다. 송윤옥 친구에게 보약물을 한 통씩 100원 받고 갖다 주고, 충북 청주시 서원구 수곡 1동에 있는 대림 1차 아파트 최장인 문인호 씨에게도 200원을 받고 보약물 한 되들이 한 통을 드렸습니다. 또 충북 청주시 가경동 복대시장 건너편에 있는 혜원 한의원에 근무하는 간호사들에게도 보약을 한 잔씩 주었습니다.

제가 20살 때 서울특별시 종암동 제일유치원 급사로 있을 때 잘 곳이 없어서 60명이 있는 원아들이 공부하고 뛰어놀던 강당에서 저는 비참하게 생활했습니다. 눈보라 치고 칼바람 부는 한겨울 하얀 눈은 태산같이 쌓이고 온 세상이 하얀 백색으로 깨끗하게 장식된 세상에서 잘 곳도 없고 이불도 없어 그 큰 대강당에서 등가죽 깔고 뱃가죽으로 덮고 긴긴밤을 지새우면서 얼마나 울부짖었겠습니까? 아아, 그 무섭던 세월, 원망스럽고 이기적이고 권위적인 세상 사람들 틈에서 한 떨기 국화가 되어 찬 서리 맞으며 울어야만 했습니다.

저는 충북 청주시 서원우 수곡1동 대림 1차 아파트 나동 403호에서 이 글을 옮기면서 눈물이 범벅이 되어 도저히 글을 쓰지 못할 정도지만, 2017년 9월 19일 새벽 4시 35분에 이 글을 쓰면서 수건으로 눈물을 닦으며 지면을 메우고 있습니다.

'간밤을 울어 산 자 아니면 서광의 빛을 볼 수 없다'는 옛 성인들의 말씀을 저는 가슴에 새기면서 이 글을 씁니다. 불러도 대답 없는 어머니여! 당신은 지금 어느 곳에서 어느 하늘 밑에서 계신가요? 어머니! 어머니! 정해숙이는 벌써 머리는 하얗게 파 뿌리가 되었고 만 71살이 되었지만, 어머니의 따뜻한 품이 사무치게 그립습니다.

당신의 딸은 벌써 만 71살이 되어서 얼마나 많은 수모와 멸시를 받으며 살아왔는지 당신은 보셨나요? 상상을 초월한 배고픔을 겪으며, 배우지 못하고 못생기고 한 푼 없는 거지 신세로 울면서 이놈의 세상을 살아왔단 말입니다. 어머니! 어머니! 어머니! 당신은 어디에 계십니까?

그곳은 왜 한 번 가면 두 번 다시 만날 수가 없단 말입니까? 과연 어머니의 품은 얼마나 푸근한지 따뜻한지 정말로 알고 싶어 답답하기만 합니다. 엄마는 어떻게 생겼을까요. 목이 메어 이 글을 쓰면서 목메게 불쌍한 엄마를 생각하면서 본존님 부처님께 엄마의 왕생극락 성불을 두 손 모아 간절히 기원하고 또 기원합니다. 저 높은 하늘의 이름 없는 별이 되신 어머니! 당신의 딸은 이 밤도 이렇게 울면서 긴 밤을 지새우고 있다는 사실, 당신은 생각해 보셨나요!

그리움이 사무치는 가을입니다. 저는 이렇게 부지런히 글을 써서 완성이 되면 책으로 만들어서 팔고 싶습니다. 그리고 그 돈으로 자선 사업가가 되고 싶습니다. 그러면 청주권 문화회관에 기부할 것입니다. 그래서 돈이 없어서 병원에 못 가는 사람들, 불치의 병을 앓고 있는 환자들, 독거노인들, 소녀 가장들에게 제가 조금이나마 도움이 되었으면 합니다.

저는 이 글을 쓰는 2017년 8월 25일, 모두가 잠든 밤에 저의 연인이자 외로워서 못 살겠으니 함께 살자고 했던 김억년 씨를 생각합니다. 제가 그 경기도 파주의 아가메에 살았을 때 그는 옆 마을 내포리에 살았었습니다. 저는 6학년 2반, 억년이는 6학년 1반이었지요. 함께 같은 월롱초등학교를 졸업하고 나서 각자의 삶을 살다가 60년 가까이 지난 후에 다시 만나게 되었습니다.

그리고 그는 제가 70 평생 처음으로 사귄 남자 친구였습니다. 그가 결혼을 했든 안 했든 그와의 인연은 제 생애에서 한 여자로서 한 남자를 정말 좋아하게 된 좋은 추억이라고 생각합니다. 부디 그가 행복하게 잘 살았으면 좋겠습니다.

제가 치료를 받고 있는 충북대학교 대학병원 신경과에 계신 김시경 박사님은 저의 과거 이야기를 들으시고는 간단한 진료를 하셨습니다. 진료 결과 저는 뇌에 이상이 없다고 하셨습니다. 천만다행이라는 생각과 더불어 저는 더욱더 제가 하는 신앙생활에 전념하고, 이렇게 글을 쓰면서 지난 일을 돌이켜 보고 현재의 제 생활을 다시 한번 정립하는 기회가 되어 너무나 행복합니다.

지난날들은 돌이켜 생각하면 아름답습니다. 그 질긴 삶을 영위할 수 있었던 저의 힘이 무엇이었던가 하는 생각을 하게 됩니다. 그 경기도 파주시 월롱면 능산리 1구 아가메의 여름은 제 인생에서 가장 추억이 많은 곳입니다. 더불어 가난하지만 어린아이로서의 천진난만한 삶을 살 수 있었던 행복의 순간이었습니다. 초등학교에서 공부를 잘했으며 비록 중학교에 못 갈 형편이라 나물과 버섯 장사를 하면서 살았지만 제 마음의 영원한 고향이기에 이렇게 그 시절의 일들이 떠오르는 것만 같습니다.

여름이 되면 지루한 장마가 시작되면서 앞 강에는 무서운 강물이 넘실거리고 앞산과 뒷산에는 말 버섯, 기와버섯, 갓 버섯 등 온갖 버섯들이 넘쳐났습니다. 무서운 뱀들이 우글거리고 독거미와 온갖 모기들이 기승을 부리는 숲에서 어린 저는 다 떨어진 옷에 검정 고무신을 신고 그 야산을 돌아다니며 버섯을 땄습니다. 그리고는 60리가 넘는 길을 걸어서 허기진 배를 안고 문산 시내를 돌며 버섯을 팔았던 그 시절이 제게 주마등처럼 스쳐 지나갑니다.

배고픈지도 모르고, 창피한 줄도 모르고 버섯을 팔아서 어려운 가정 형편을 조금이나마 도우려고 했던 어린 시절의 제가 어쩐지 애처로우면서도 대견하다는 것이 칠순을 넘긴 저의 상념입니다. 아침 해는 오늘도 여전히 떠오릅니다. 봄비는 앞산에 사는 살구꽃 나무를 흐드러지게 꽃으로 덮히게 하고 여름이 되면 물안개가 피어나는 그 어린 시절 제 고향에는 오늘도 푸른 하늘을 나는 새들과 뭉게구름이 평화롭게 떠다니고 있겠지요. 새벽에 저는 제 고향을 그리며 꿈에 젖습니다. 그리고 가슴 저리게 목메어 불러보아도 대답 없는 아버지, 어머니. 지금은 어느 곳에서 맘 편히 계실는지, 그리움에 사무칩니다.

언제나 그렇듯이 새벽에 일어나는 저는 본존님께 기원을 하고 매봉산으로 올라가면서 길가의 쓰레기들을 치웁니다. 그러다가 우체국 앞에서 우연히 해병대 중사님을 만났습니다. 25년 전에 부산에서 1992년 음력 10월 23일에 뇌진탕으로 돌아가신 제 남편도 해병대 출신이기 때문에 저는 마치 고향 사람을 만난 것 같은 들뜬 기분이 되었습니다. 그는 전직이 해병대 중사였고 지금은 택시 기사로 생활하신다면서 자신의 이름을 소개해 주셨습니다.

김지훈 씨, 사람의 표정이 굉장히 좋고 진실성이 있어 보였습니다. 그분과 악수를 하고 산에 있는 나무의자에 앉아 종교에 대한 이야기를 나눴습니다. 사람은 항상 생로병사에 시달리고 탐진치라는 욕심과 분노와 어리석음을 행한다고 말했습니다. 그리고 언제나 이 세상을 떠날 때는 무소유, 빈손으로 간다는 이야기를 나누며 서로 동감했습니다. 김지훈 씨는 제가 다니는 회관에 와서 좀 더 많은 이야기를 듣겠다고 하셔서 58세인 그의 손을 잡고 회관으로 갔습니다.

김지훈 씨는 바쁜 관계로 아쉽게 일터로 가긴 했지만 다음에 다시 만날 것을 굳게 약속하셨습니다. 이렇게 종교의 진리를 나눌 수 있는 것도 제가 사는 보람이라는 생각을 했습니다.

즐거운 마음으로 동네의 육거리를 걸어가는데 '진안과'라는 곳이 보였습니다. 제가 요즘 눈이 좀 침침해져서 안과에 들어가 검사를 받았습니다. 백내장에 걸린 제 눈을 확인하고 의사 선생님과 며칠 후에 수술을 예약했답니다. 그러고 나니 저에게 태산 같은 걱정이 몰려들었습니다. 수술이라는 것 자체가 무서웠던 거지요.

다음 날은 작은아들 성훈이와 '괴산 고추 축제'에 구경 가서 재밌게 구경을 하고 저는 신나는 음악에 맞추어 춤까지 추었습니다. 그러고는 살림에 필요한 것들을 사러 돌아다녔습니다. 길가엔 코스모스가 흐드러지게 피어 있었습니다.

20년 전에 부산에 살 때 서울에서 알고 지내던 이봉자가 저를 찾아온 적이 있었습니다. 우리는 태종대에도 놀러 가고 범어사도 구경 갔습니다. 그리곤 얼마 후에 제가 이봉자를 만나러 서울에 들른 적이 있습니다. 함께 덕수궁의 돌담길을 걸었던 기억이 납니다. 그때도 지금처럼 코스모스가 피어 있고 가을 향기를 풍기는 낙엽들이 뒹굴고 있었습니다.

가을이라 그런지 불현듯이 김억년 씨 생각이 납니다. 괴산의 축제 거리가 온통 젊은 남녀들의 청춘 사업장이 되어버린 것을 보면서 말입니다. 또 20년 전에도 이봉자와 함께 거닐던 덕수궁의 돌담길에서 본 청춘 남녀들의 애정행각을 보면서, 수줍지만 칠순을 넘긴 제가 최근에 사랑했던 그리운 김억년 생각이 자꾸 나는 건 뭘까요!

집으로 와서 지친 몸을 침대에 쉬게 하고 나서 열무김치에 밥을 비벼 먹고 나니 잠이 들었나 봅니다. 꿈속에서도 이젠 아무 사이가 아닌 그 김억년과 포옹하는 꿈을 꿉니다. 저도 여자이니까요.

그리고 다시 새벽에 일어나 매봉산으로 향했습니다. 그전에 제가 막힌 배수로를 청소하라고 시의원님 댁에 찾아가 사모님께 말씀드린 일이 기억났습니다. 그래서 배수로도 가보니 그곳에는 그전보다 더 많은 쓰레기로 아예 배수로가 꽉 막혀 버렸습니다. 저는 산책하려고 신고 나온 운동화와 모자를 벗어서 길가에 놔뒀습니다. 그리고 나무 꼬챙이를 들고 20년도 더 됐을 배수로에 겁 없이 붙어서는 무성하게 자란 풀과 막힌 흙들과 쓰레기를 치웠습니다. 연약하고 나이든 제가 무슨 힘이 있으면 얼마나 있었겠습니까? 저는 다리에 힘이 빠져 땅바닥에 털썩 앉아서 맨손으로 그곳을 치웠습니다. 한 시간도 넘게 그곳을 치우고 나니 맑은 물이 보였습니다. 저는 그저 행복했습니다.

묘이치니부인어소식(妙一尼夫人御消息)

신심(信心)을 관철하면 반드시 승리의 봄이 온다!

[배경과 대의]

〈묘이치니부인어소식〉은 1275년 5월, 니치렌(日蓮) 대성인이 쉰네 살 때 미노부에서 쓰시어 가마쿠라에 사는 묘이치니에게 보내신 편지입니다.

1271년, 대성인이 다쓰노구치법난과 사도유배라는 대난을 당하고 나아가 가마쿠라의 문하들도 거센 탄압을 받았습니다.

그런 상황에서도 묘이치니는 남편과 함께 법화경(法華經)의 신앙을 관철했습니다. 그러나 법화경을 수지한다는 이유로 남편이 소령을 몰수당하는 등 난을 만났습니다. 게다가 대성인이 사도유배에서 사면되었다는 소식을 듣기도 전에 남편은 세상을 떠났습니다.

남편을 여읜 묘이치니는 어리고 병든 자식들과 함께 매우 어려운 생활을 했으리라 추측됩니다. 그러나 그런 힘겨운 상황에서도 묘이치니는 사도와 미노부에 사람을 보내 대성인을 섬기게 하는 등 순수한 신심을 관철하며 스승을 지키려고 했습니다.

이 어서에서 대성인은 '법화경 행자의 대확신에서 보면 겨울이 반드시 봄이 되는 것처럼 법화경의 신심을 관철한 사람은 반드시 성불할 수 있다며 소령을 몰수당했지만 신심을 관철한 묘이치니의 남편도 틀림없이 성불했다.'고 단언하셨습니다.

나아가 대성인은 생사를 넘어 묘이치니의 어린 자식들을 보살펴주겠다는 말씀과 함께 묘이치니 부인의 가족을 감싸 안고, 사람을 보내준 점에 깊이 감사하며 이 어서를 끝맺으셨습니다.

[본문] 어서 전집 1253쪽 16행~17행

법화경을 믿는 사람은 겨울과 같다. 겨울은 반드시 봄이 되느니라. 아직도 옛날부터 듣지 못하고 보지 못했노라. 겨울이 가을로 되돌아간 것을. 아직도 듣지 못했노라. 법화경을 믿는 사람이 범부가 되었음을. 경문에는 '약유문법자 무일불성불'이라고 설해져 있느니라.

[통해]

법화경을 믿는 사람은 겨울과 같다. 겨울은 반드시 봄이 된다. 예부터 지금껏 '겨울이 가을로 되돌아간다'고 들은 적도 본 적도 없다.

(마찬가지로) 지금껏 '법화경을 믿는 사람이 부처가 되지 못하고 범부인 채로 있다'고 들은 적이 없다.

경문에는 '만약 법을 듣는다면 성불하지 못하는 사람은 한 사람도 없다'고 씌어 있다.

[현대어 역]

법화경을 믿는 사람은 겨울과 같습니다. 겨울은 반드시 봄이 됩니다. 옛날부터 지금까지 들은 적도 본 적도 없습니다. 겨울이 가을로 돌아갔다는 것을. 또 지금까지 들은 적도 없습니다. 법화경을 믿는 사람이 부처가 되지 않고 범부 그대로 있다는 것을.

경문에는 '만약 법을 들을 수 있었던 자는 한 사람도 성불하지 않은 자는 없다(법화경 방편품).'라고 설해져 있는 것입니다.

[어구해설]

약유문법자 무일불성불(若有聞法者 無一不成佛): 법화경 방편품 제2에 나온다. "만약 법을 듣게 된다면 성불하지 못한 자는 한 사람도 없느니라(법화경 137쪽)." 하고 읽는다. 법화경을 들은 사람은 한 사람도 빠짐없이 성불할 수 있다는 의미다.

[포인트 강의]

행복을 쟁취하는 불법

아주 추운 겨울도 이윽고 따뜻한 봄을 맞이하듯이 신심을 관철하는 사람은 반드시 승리한다는 니치렌 대성인의 대확신을 나타내신 어서입니다.

학회에서도 초창기 이후 많은 동지가 시련과 고난을 이겨내는 '용기의 원천'으로 이 성훈을 마음에 새겼습니다.

대성인은 '법화경을 믿는 사람은 겨울과 같다.'고 말씀하셨습니다. 봄을 맞이하려면 반드시 겨울을 넘어야 합니다. 마찬가지로 자신의 일생성불을 바라며 광포를 위해 사는 인생에는 숙명전환의 투쟁이 있고 삼장사마(三障四魔)와 삼류강적(三類强敵)이 다투어 일어납니다.

법화경을 수지하는 사람에게 '시련 같은 겨울' 다시 말해 난은 필연입니다. 그 난을 이겨내 반드시 '승리의 봄'이라고도 할 성불을 향한 궤도를 걸을 수 있다고 나타내셨습니다.

또 자연법칙으로 겨울은 반드시 봄이 되고 가을로 되돌아갈 수 없듯이, 성불의 대법인 묘법(妙法)을 끝까지 수지한 사람이 부처가 되지 못하고 하물며 범부의 미혹 그대로 끝날 리 없습니다.

"아직도 듣지 못했노라. 법화경을 믿는 사람이 범부가 되었음을." 하고 씌어 있듯이, 대성인은 묘법을 듣고 신수(信受)한 사람은 '무일불성불(無一不成佛)' 다시 말해 한 사람도 빠짐없이 성불한다는 법화경 방편품의 구절을 배독하고, '이 신심으로 반드시 행복해질 수 있다.'고 격려하셨습니다.

이케다(池田) 선생님은 이렇게 말씀하셨습니다.

"눈바람이 아무리 세차게 부는 겨울이라도 봄은 반드시 찾아옵니다. 법화경을 믿는 사람은 한 사람도 빠짐없이 부처가 됩니다. 가장 괴로워한 사람이 행복을 쟁취하기 위한 불법(佛法)입니다. 그리고 민중이 어떠한 고난도 이겨내 희망이 넘치고 승리의 인생을 만끽할 봄을 맞이하도록 우리는 행동해야 합니다.”

학회는 ‘난을 극복하는 신심’으로 전진하며 ‘행복의 대도’를 열었습니다. 우리는 ‘이 신심으로 반드시 행복해질 수 있다.’는 확신을 갖고 인생을 승리로 장식합시다.

― 법련 2017년 3월호

[참고자료]

이케다 선생님의 희망의 경전 ‘어서’에서 배운다

(제6회 묘이치니부인어소식 ― “겨울은 반드시 봄이 되느니라”)

[강의]

“불전(佛典)에 있는 매우 훌륭한 말씀을 들었습니다.”

오랫동안 우리 부부와 교분을 쌓고 있는 사이펠트 오스트리아 전 문부차관이 환한 웃음을 지으며 이렇게 이야기하신 적이 있습니다. 바로 니치렌 대성인의 어서에 나오는 “겨울은 반드시 봄이 되느니라.”라는 구절이었습니다.

오스트리아에도 “비가 온 후에는 반드시 태양이 빛난다.”라는 말이 있다고 합니다. 사이펠트 여사는 그렇듯 사람들을 희망의 빛으로 감싸는 '태양'과 같은 삶의 방식을 눈이 불편하신 부모님에게 배웠다고 말씀하셨습니다.

대성인 말씀은 전 세계 사람에게 용기를 줍니다. 그 용솟음치는 자애와 강한 확신을 접하고, 얼마나 많은 사람이 힘차게 소생의 인생을 걸었는지 모릅니다.

도다 선생님은 법화경 강의에서 28품 가운데 한 군데라도 완벽하게 색독(色讀: 몸으로 실천하여 실증으로 보여 주는 것)할 수 있으면, 나머지는 모두 이해할 수 있다고 자주 말씀하셨습니다. 마찬가지로 어서에서 어느 한 구절이라도 자기 것으로 체득하고, 실증하며, 확신할 수 있는 사람은 강합니다.

물론 오대부(五大部)를 비롯해 중요 어서를 철저히 배독하며 대성인 법문을 여러 각도에서 접근하고, 연찬하는 일도 중요합니다. 특히 청년은 왕성한 구도심을 불태우며 도전하기 바랍니다. 그리고 어느 구절이라도 좋습니다. 괴로운 문제와 씨름하고, 어려움에 맞서 싸우며 마음에 깊이 새기고 기원하며, 철저히 몸으로 읽는 일이 바로 창가학회 '실천 교학'의 진수입니다.

"이 어서 말씀이 내 인생을 바꿨다!", "이 한 구절을 숙독하고, 나는 승리했다!"

세계 SGI 동지를 항상 격려하고 용기를 고무하는 대성인의 대표적 금언 중에 〈묘이치니부인어소식〉의 "법화경을 믿는 사람은 겨울과 같다. 겨울은 반드시 봄이 되느니라(어서 1253쪽)."라는 구절이 있습니다.

이 말씀에 니치렌 대성인 불법의 진수인 희망의 철학이 응축해 있다고 해도 과언이 아닙니다. 이번에도 대성인 마음에 한 걸음 더 깊이 다가가는 자세로 배독하며 함께 배웁시다. ㅡ중략ㅡ

겨울은 반드시 봄이 - 범부는 반드시 부처가 된다

"법화경을 믿는 사람은 겨울과 같다."라고 말씀하셨습니다. 봄을 맞기 전에는 반드시 '겨울'을 극복해야 합니다. 일생성불하는 과정에는 숙명전환의 격투가 있으며, 삼장사마와 삼류의 강적이 다투어 일어납니다. 신심으로 봄을 향해 크게 비상하려면 반드시 시련이라는 겨울을 극복해야 합니다.

"법화경을 믿는 사람은 겨울과 같다." 이 말씀은 모든 숙명과 투쟁해 극복하고, '엄연한 성불의 궤도'를 걸어가라는 엄부(嚴父)의 자애로운 말씀(慈言)이라고 볼 수 있습니다. 이 성불의 궤도를 "겨울은 반드시 봄이 되느니라." 하고 나타내셨습니다.

겨울은 봄이 된다. 가을로 되돌아가는 일은 없다…. 이것은 누구도 부정할 수 없는 자연의 법칙입니다. 마찬가지로 성불의 대법(大法)인 묘법을 끝까지 수지한 사람이 부처가 되지 못하고, 더구나 미혹하는 범부의 상태로 끝날 리가 없습니다. 묘법을 듣고 신수한 사람은 '무일불성불(無一不成佛)', 즉 한 사람도 빠짐없이 성불한다는 것이 법화경에 설한 부처의 약속입니다. 생명의 대법칙입니다.

부처의 눈으로 보면 누구나 행복해질 권리가 있습니다. 누구나 큰 기쁨에 넘친 인생을 보낼 수 있습니다. 하물며 니치렌 불법을 수지한 우리는 가슴속에 묘법을 솟아나게 하는 방도를 알고 있습니다. 그러므로 우리에게는 행복해질 권리뿐 아니라 모든 사람에게 참된 행복을 열어줄 큰 사명도 있습니다.

"겨울은 반드시 봄이 되느니라."는 '신심의 시련을 극복하고 승리한 범부는 반드시 부처가 된다.'라는 말씀입니다. 본디 누구나가 가슴속에 부처의 생명을 지니고 있습니다. 그것을 열어 나타내는 인생 궤도에 들어간 대성인 문하가 성불하지 못할 리 없다는 대성인의 사자후가 울려 퍼집니다.

시련의 겨울이 승리의 꽃을

여기에서 중요한 점은 겨울이 있으므로 봄의 기쁨이 있다는 사실입니다. '겨울과 같은 신심의 투쟁'이 있기에 '승리의 봄'이 열리는 법입니다. 예를 들어 봄에 피는 벚꽃의 '꽃망울'은 여름에 만들어지고, 가을에는 일단 '휴면(休眠)' 상태에 들어갑니다. 이 '꽃망울'이 잠에서 깨어 개화(開花)를 향해 본격적으로 생장을 시작하려면 추운 겨울을 겪어야 합니다.

이것을 '휴면타파'라고 말합니다. 겨울철 낮은 기온이 자극

이 되어 '꽃망울'의 생장을 촉진합니다. 그리고 잠에서 깬 '꽃망울'은 이른 봄 기온이 오르면서 더욱 부풀어 올라 드디어 활짝 꽃을 피웁니다.

'겨울'에는 본디 지닌 힘과 잠들어 있던 가능성을 눈뜨게 하는 작용이 있습니다. 인생도 불도수행도 원리는 마찬가지입니다. 중생의 생명은 '불성(佛性)'이라는 '부처의 종자'를 품고 있습니다. 우주만 한 크기와 가능성을 지닌 그 종자를 '휴면 타파'하는 것은 바로 겨울 같은 법화경의 신심, 즉 불도수행의 도상에서 다투어 일어나는 '난'과 투쟁입니다. '삼장사마', '삼류의 강적'과 맞서는 투쟁입니다.

올바른 법에 따라 시련의 겨울을 견디며 끝까지 투쟁해야 비로소 승리의 꽃을 활짝 피울 수 있습니다. 반대로 겨울이라는 힘든 때에 신심 향상을 위한 싸움을 피하거나 신심을 의심해 퇴전하면 모두 흐지부지되고 맙니다. 벚꽃도 '휴면 타파'의 시기가 충분하지 않으면 꽃이 늦게 피고, 고르게 피지 않는다고 합니다. 무엇보다 겨울 동안 어떻게 투쟁하고, 얼마나 충실히 보내는지, 반드시 찾아올 봄을 확신하고 얼마나 깊이 있는 인생을 사는가, 여기에 승리의 핵심이 있습니다.

법화경의 신심은 '겨울'과 같습니다. 그 엄한 숙명전환의 투쟁이 있어야 비로소 '봄'을 맞아, 복운을 구축할 수 있습니다. 그러므로 시련의 겨울을 피하지 말아야 합니다. 단련의 겨울에 도전하는 용기가 있으면, 우리는 성불이라는 '위대한 봄'을 향해, 광선유포라는 '최고의 봄'을 향해 무한히 전진할 수 있습니다.

"법화경은 겨울의 신심이다!" 그리고 "겨울은 반드시 봄이 된다!"

이 '겨울에서 봄으로!'라는 실천을 꾸준히 반복하고 지속하는 일이 인생을 가장 충실하게 만들고 향상시켜 가는 근본의 궤도가 됩니다. 이 생명의 궤도를 힘차게 나아가는 속에 일생성불의 길이 열리고, 무량한 복운에 빛나는 '무르익은 봄과 같은 대경애'를 삼세 영원히 마음껏 누릴 수 있습니다.

이케다 선생님의 소설『신 인간 혁명』및 스피치에서

◆ 야마모토 신이치는 재기를 바라며 기원하는 듯한 심정으로 호소해 갔다. "하룻밤 사이에 재산을 잃어버린 분도 많이 계시리라 생각됩니다만, 어본존님만 수지하고 있으면 앞으로 그 몇 배, 몇십 배의 공덕과 복운을 쌓아 가실 수가 있습니다. 어서에는, 신심을 하고 있으면서 이러한 재해를 만나는 것은, 미래의 큰 어려움이 금생(今生)의 작은 괴로움으로 되어 나타난 것이라는 말씀이 있습니다. 즉 죄장소멸의 증거라고 할 수 있습니다. 언젠가 그것을 실감할 날이 반드시 옵니다.

'법화경(法華經)을 믿는 사람은 겨울과 같도다. 겨울은 반드시 봄이 되느니라(어서 1253쪽).'입니다. 미래의 행복은 틀림없습니다.

　인간의 진가는 가장 힘들고 괴로울 때 어떻게 살았는가로 결정됩니다. 또한 용기의 사람, 희망의 사람이 있다면 주위의 사람도 힘을 낼 수 있습니다. 학회원인 여러분에게는 가족을 비롯해 가까운 벗을 격려하고 용기를 북돋워 주어야 할 사명이 있는 것입니다. 모든 것을 신심의 도약대로 삼아 훌륭하게 변독위약(變毒爲藥)해 주십시오. 그리고 신심 승리의 실증을 끝까지 보여 주시기 바랍니다." 신이치는 이후, 재해를 입은 동지를 위문하기 위해 미에(三重)의 욧카이치(四日)방면으로 향했다. ─ 『신 인간 혁명』 2권(제2장 연마(鍊磨))

◆ 신이치는 여기서 어서 한 구절을 배독했다.

　"법화경을 믿는 사람은 겨울과 같다. 겨울은 반드시 봄이 되느니라. 아직도 옛날부터 듣지 못하고 보지 못했노라. 겨울이 가을로 되돌아간 것을(어서 11253쪽)."

　이 어서의 의미는 그대로 아쓰타무라의 정취에 통합니다.

　아쓰타는 '북해 얼어붙은'이라고 시에서도 읊었듯이 확실히 북풍이 부는 고장이고 엄한의 땅일지도 모릅니다. 그러나 법화경은 겨울과 같은 신심입니다. 거기에 제가 은사의 고향인 아쓰타의 천지를 사랑하는 이유가 있습니다.

인간의 '진실한 가치'는 그 사람의 생명적 경애에 있습니다. 온화무풍의 환경에서 아무런 불편 없이 살며 오로지 안일만을 탐하면 인간적인 성장은 없습니다. 그러면 경애혁명하기는커녕 오히려 타락하고 맙니다. 그것에 비해 '역경이 바로 경애혁명의 어머니'라고 말할 수 있겠지요.

아무리 가난하고 엄한의 환경이어도 절대로 좌절하지 않고 희망의 불꽃을 불태워 내 생명을 활기차게 발동하는 속에 바로 진정한 인생의 가치가 있습니다.

그러므로 저는 이 동해의 거센 파도가 날뛰는 엄한의 아쓰타를 인생의 원점이 되는 땅으로 삼아 신심의 자세를 늘 확인하자고 다짐하고 있습니다.

'생사즉열반'의 불법입니다. 고뇌의 어둠이 깊을수록 눈부신 큰 환희의 빛이 내리쬡니다. 엄한의 땅에 찾아오는 봄은 다른 곳에서는 맛볼 수 없는 크나큰 희망과 기쁨이 있습니다.

'법화경은 겨울과 같은 신심이다. 겨울은 반드시 봄이 된다'고 강하게 확신하고 거듭해서 고난에 끈질기게 도전하기 바랍니다. 거기에 인생을 가장 풍요롭고 충실하게 하는 근본 법칙이 있습니다. —『신 인간 혁명』 26권(제1장 아쓰다)

◆ '존귀한 부인부'입니다. 부인부에게는 '존귀하다'는 말이 어울립니다.

부인부 이상으로 절복한 분들은 없습니다. 절복을 한 사람은 부처입니다. 세계를 비추는 희망찬 출발을 한 부인부 여러분에게 '축하합니다!' 하고 말씀드립니다(큰 박수).

도다 선생님은 "부인부가 믿음직해요." 하고 말씀하셨습니다.

가마쿠라시대에 묘이치니라는 여성 신도가 있었습니다. 이 신도의 남편은 신심 때문에 소령을 몰수당하고, 대성인이 사도에 유죄 중일 때 임종했습니다. 묘이치니는 남편을 여읜 후 병든 자식을 키웠습니다.

니치렌 대성인은 고생을 많이 한 '어머니' 묘이치니에게 편지를 보내셨습니다. 그 편지에는 "법화경을 믿는 사람은 겨울과 같다. 겨울은 반드시 봄이 되느니라(어서 1253쪽)."라는 유명한 구절을 쓰셨습니다.

그리고 "법화경 때문에 박해받은 고(故) 성령(죽은 남편)에게는 불법을 위해 목숨을 던진 설산동자나 약왕보살과 같은 공덕이 있습니다." 하고 진심을 다해 격려하셨습니다. 아무리 혹독한 고난의 겨울에도 지지 않고 '인생의 봄'을 맞기 위한 묘법입니다.

또 대성인은 십자어서에서 정월에 공양을 한 순진한 여성 신도에게 "복은 마음에서 나와서 나를 빛나게 하느니라(어서 1492쪽)." 하고 말씀하셨습니다. ― 신시대 제14회 본부간부회*광포제2막 제1회 부인부간부회(2008.1.10)

◆ 어서와 함께 〈6〉 이케다 SGI 회장의 지침을 드린다

겨울은 반드시 봄이 된다

"법화경을 믿는 사람은 겨울과 같다. 겨울은 반드시 봄이 되느니라. 아직도 옛날부터 듣지 못하고 보지 못했노라. 겨울이 가을로 돌아간 것을, 아직도 듣지 못했노라. 법화경을 믿는 사람이 범부(凡夫)가 되었음을(어서 1253쪽)."

동지에게 보내는 지침

아무리 매서운 풍설이 몰아치는 겨울이라고 해도 반드시 봄은 찾아온다. 법화경을 믿는 사람은 한 사람도 빠짐없이 부처가 된다. 가장 고통받은 사람이 행복해지는 불법(佛法)이다. 그리고 민중이 어떤 고난도 극복하고 희망과 승리라는 인생의 봄을 열기 위해 우리는 행동하고 있다.

— 화광신문 제938호(2011.8.26.) —

◆ 니치렌 대성인 불법은 '희망'입니다. "법화경을 믿는 사람은 겨울과 같다. 겨울은 반드시 봄이 되느니라(어서 1253쪽)."라는 성훈으로 상징되듯이 묘법에 사는 사람의 인생에는 결코 막힘이 없다. 어떤 난관도 반드시 타개해 더욱더 큰 희망으로 향해 갈 수 있습니다. '더 호프'입니다. '희망'이 있는 사람은 늘 젊고 싱싱하게 생명이 약동한다. 불전에도 "희망은 신체를 장양(長

養)하고 수명을 연장하는 힘이 있다."라고 설합니다.

　병이 있는 사람도 희망을 갖고 사는 것이 중요합니다. 설령, 지금 병상에 누워 있더라도 져서는 안 됩니다. 노고가 큰 것은 그만큼 사명이 크기 때문입니다. 병에 걸린 것도 사명이 있기 때문입니다. 대성인은 "이 병은 부처의 계책이신가(어서 1480쪽)."라고도 말씀하십니다. 현재, 병과 싸우고 있는 분은 부디 불법의 위대한 힘을 증명할 대 사명이 있다는 것을 확신하고 단호히 승리해주세요. ― 생로병사와 인생을 말한다.

9

내 한 많은 인생과 어머니

– 이체동심의 힘

흙 속에 뻗어 있는 나무뿌리를 보았습니다. 그 나무뿌리를 뽑아내야만 배수가 잘될 것 같아서 저는 그 나무뿌리를 뽑아내려고 용을 썼습니다. 다행히 잘 뽑혀서 저는 시원하고 뿌듯한 마음으로 집으로 돌아왔습니다. 이런 것이 자원봉사하는 사람의 심정인 듯합니다.

2004년에 저는 청주시 대표로 뽑혀서 영문도 모르고 표창장을 받은 적이 있습니다. 아마도 새벽마다 마을 청소를 하는 걸 보곤 자원봉사상을 주신 듯합니다. 그때 상금으로 받은 10만 원으로 제가 사는 수곡동 동사무소 사무장님과 복지사님에게 어려운 사람들을 위해 써 달라고 드렸던 기억이 납니다.

드디어 진안과에서 수술을 받는 날이 되었습니다. 두렵고 무서웠지만 제 인생의 경험으로 볼 때 정말이지 아무것도 아닌 일인 듯했습니다. 그리고 수술을 받고 나니 침침하던 눈이 개운해졌습니다. 저는 다시 매봉산으로 가는 길에 언제나 그렇듯이 주변 청소를 하고 있는데 지나가시던, 팔순가량으로 보이시는 노인분이 저를 덥석 안아 주셨습니다.

그분은 제가 일하는 모습을 보고 칭찬의 의미로 그러셨겠지만 저는 이상하게도 그분에게서 돌아가신 언니, 혹은 어머니의 온정을 느꼈습니다. 그래서 오랜만에 복받친 눈물을 흘렸습니다. 항상 제 방에서 몰래 흘리던 눈물이 아닌 언니 같고 엄마 같기도 한 분의 품에 안겨 울고 나니 마음이 푸근해졌습니다. 사람의 온정을 느낀다는 것이 이렇게 따뜻하고 행복한 것인지, 혼자 산 지 오래된 제가 오랜만에 느껴보는 포근함이었습니다.

요즘엔 제가 믿는 종교를 사람들에게 알리는 일과 자원봉사하는 일에 푹 빠져 있습니다. 새벽에 일어나 불단 앞에 정좌하고 앉아 본존님께 근행을 하고 나서 매봉산 자락을 산책하며 주변을 정리합니다. 그리고 청주문화회관에 가서 신앙 활동을 합니다.

제가 부산에 살 때는 차비가 없어서 추운 겨울에 걸어 다닌 적이 많았습니다. 그때 오른쪽 귀가 동상에 걸려서 찬바람 부는 계절만 되면 오른쪽 귀는 진물이 흐르고 쑤셔서 저는 그 고통을 없애 달라고 본존님께 기원하곤 했습니다. 그랬더니 얼마 지나지 않아 30년을 넘게 저를 괴롭혔던 동상이 정말 거짓말처럼 다 나았습니다. 그래서 본존님께 감사의 근행을 올렸습니다. 그리고 회관으로 공양금을 5만 원 보냈습니다. 또 꿈에도 그리운 어머니를 생각나게 하는 글귀를 읽었습니다.

어머니는

아름답고

확고한 마음을 지녔다.

어머니의 존귀함은

모습이나, 옷차림이 아니다.

집이 얼마나 큰지도

정원이 얼마나 넓은지도 아니다.

어머니는 태양이다.

무엇보다도 밝다.

어머니는 대지다.

한없이 풍요롭다.

어머니는 행복의 깃발이다.

언제나 명랑하게

고개를 들고 가슴을 편다.

정의로운 어머니는

어떠한 질투나

짓궂은 박해를 받아도

조금도 동요하지 않는다.

학력이 없어도

심술궂은 짓을 당해도

험담을 들어도

유명인처럼

화제가 되지 않아도

현명한 어머니는

미동도 하지 않는다.

선조나 친척 중에

아무리

위안이 있어도

저명인이 있어도

다정한 어머니의 싸움에

견줄 만한 사람은 없다.

불법에서는

마음만이 중요하니라.

복은

마음에서 나와서

나를 빛나게 하느니라.

마음이

행복의 근원이다.

지위에도

재산에도 얽매이지 않고

내 신념대로

어머니는 착실하게

오늘도

모두를 위해 기원한다.

오늘도

사람들을 위해

이리저리 뛰어다닌다.

연륜을 많이 쌓아온 여성들.

어머니들은

무명의 존재다.

그러나

고귀하고 용감하며

고명 부사한 정신을 지닌

건전한 사람들이다.

국가에서도

세계에서도

잊어서는 안 되는

위대한 힘이다.

맞는 말이다.

설사

우리의 성실한 행동을

모두가 멸시하는

분한 날들이 계속돼도

태연하게

정의의 길

행복의 길

평화의 길을

걷는 사람이

어머니다.

어머니여!

어머니라는

글자를 보아도

나는 울었다.

어머니라는

말을 들어도

내 가슴은 시리고

그리고

또

마음은 설렜다.

이것은

어느 철학자가 한 말이다.

그 철인은

이렇게도 말했다.

세계 사람들이

9
내 한 많은 인생과 어머니
이체동심의 힘

한 사람도 빠짐없이

어머니를 소중히 한다면

자연스럽게

평화로운 세계가 된다.

행복의 길이 만들어진다.

기쁨의 보조를 맞춰 간다.

그렇다.

어머니를 소중히 해야 한다.

— 이케다 다이사쿠 —

보리죽도 배불리 못 먹고 남루한 옷에 죽어도 신기 싫은 까만 고무신이 다 떨어져도 돈이 없어 못 사 신고 살아왔던 제가 이제는 70이 넘어서 세상의 부러움 없이 살고 있습니다. 알코올 중독자였던 남편과 25년, 남부럽지 않은 두 아들을 키우며 힘들게 살아왔던 제 인생을 정리하며 이 글을 씁니다. 신심의 힘이 되었던 글을 소개합니다.

생사일대사혈맥초(生死一大事血脈抄)
광선유포 신심의 혈맥은 이체동심의 학회에 맥맥이 흐른다

[배경과 대의]
〈생사일대사혈맥초〉는 1272년 2월 11일, 니치렌 대성인이

쉰한 살 때, 유배지 사도 쓰카하라에서 쓰시어 사이렌보에게
주신 어서입니다.

사이렌보에 관해 상세히 알 수는 없지만 본디 천태종의 학승
이었습니다. 그런데 대성인과 같은 시기에 어떠한 이유로 사도
에 유배되어 1272년 2월에 대성인에게 귀의했습니다.

이 어서는 사이렌보가 불법(佛法)의 극리인 '생사일대사혈맥'
에 관한 중요한 문제를 질문한 데에 대한 답변입니다.

'생사일대사'는 생과 사를 반복해 유전(流轉)하는 생명의 근본
적인 대사인 만인성불의 법을 뜻합니다. 또 '혈맥'은 부처에게
서 중생에게로 법이 전해지는 모습을 부모에게서 자녀에게로
이어지는 핏줄에 비유해 표현했습니다. 따라서 '생사일대사혈
맥'은 부처가 중생에게 전하는 근본법으로 성불하는 데 중요한
법입니다.

대성인은 어서 첫머리에서 생사일대사혈맥의 법은 묘호렌
게쿄라고 말씀하셨습니다.

이어서 중생이 그 혈맥을 이으려면 어떻게 신심을 해야 하는
지 세 가지 자세를 들어 설명하셨습니다.

첫째, 부처와 법 그리고 중생의 생명에는 차이가 없다, 즉 묘
법(妙法)의 당체인 중생의 가슴속에 가장 존귀한 부처의 생명이
있다고 믿고 제목을 부르는 실천입니다.

둘째, 삼세에 걸쳐 어본존에게서 멀어지지 않는 불퇴전의 신

심입니다.

셋째, 광선유포를 목표로 이체동심하여 남묘호렌게쿄라고 부르는 곳에 생사일대사의 혈맥이 있다고 가르치셨습니다.

그리고 대성인과 사이렌보의 사제 관계에는 깊은 숙연(과거세부터 맺은 인연)이 있다고 말씀하셨습니다. 그리고 사이렌보가 생사일대사혈맥을 질문한 일은 전대미문이라고 기뻐하시고는 대성인 자신이 상행보살의 역할을 떠맡았다고 암시하셨습니다.

끝으로 생사일대사의 혈맥은 '신심의 혈맥'이라고 결론짓고 더욱 강성한 신심을 일으키도록 격려하면서 이 어서를 끝맺으셨습니다.

[본문] 어서 전집 1337쪽 12~14행

총하여 니치렌(日蓮)의 제자 단나 등은 자타피차(自他彼此)라는 마음 없이 수어(水魚)라고 생각을 해서 이체동심(異體同心)이 되어 남묘호렌게쿄(南無妙法蓮華經)라고 봉창하는 바를 생사일대사(生死一大事)의 혈맥(血脈)이라고 하느니라. 더구나 지금 니치렌이 홍통하는 바의 구극은 이것이니라. 만약 그렇다면 광선유포(廣宣流布)의 대원도 이루어질 것이니라.

[통해]

총해서 니치렌의 제자 단나들은 '자신과 타인', '이쪽과 저쪽'

이라는 차별하는 마음 없이 물과 물고기처럼 하나가 되어 이체동심으로 남묘호렌게쿄라고 부르는 데에 생사일대사의 혈맥이 있다. 게다가 지금 니치렌이 홍통하는 법의 핵심은 이것이다. 만약 제자 단나들이 이대로 실천한다면 광선유포의 대원도 반드시 성취될 것이다.

[어구해설]

[이체동심(異體同心)] 모습이나 처지, 사회적 지위 등이 달라도 뜻, 목적을 같이하는 것을 말한다.

[포인트 강의]

신심의 단결로 위대한 공력

"총하여 니치렌(日蓮)의 제자 단나(檀那) 등은"이라는 말씀처럼 광선유포를 목표로 하는 진정한 사제(師弟), 즉 '화합승(불법자의 모임)'이 배독해야 할 지침입니다. 니치렌 대성인은 화합승의 세 가지 요건을 드셨습니다.

먼저 첫째, "자타피차(自他彼此)라는 마음 없이"입니다.

'자타피차라는 마음'은 자신과 타인 사이에 차이를 두고 차별하는 마음입니다. 타인을 무시하는 자기중심적인 마음이나 이기심 등을 물리치는 일이 중요합니다.

둘째, "수어(水魚)라고 생각을 해서"입니다.

9
내 한 많은 인생과 어머니
이체동심의 힘

'수어의 마음'은 떼어놓을 수 없는 '친밀한 정'을 나타낸 것입니다. 물고기와 물은 떼어놓을 수 없는 관계이듯이 각자가 서로 존중하고 소중히 여기는 일을 말합니다.

셋째, "이체동심이 되어"입니다.

'이체'는 한 사람 한 사람이 가진 개성이나 특질, 처지가 다른 것을 뜻합니다. '동심'은 목적관이나 가치관이 같은 것을 말합니다. 즉 사람들 각자가 모습은 달라도 같은 마음을 갖는 것을 가리킵니다.

이체동심으로 전진하면서 남묘호렌게쿄라고 불러야 비로소 생사일대사의 혈맥이 흐른다는 말씀입니다. 그리고 대성인이 홍통하는 데 있어 핵심은 이체동심의 실현에 있다고 가르치셨습니다. 또 "광선유포의 대원도 이루어질 것이니라."는 말씀처럼 사제불이의 신심과 동지를 존경하는 마음을 같이하는 이체동심의 실천이 부처의 대원인 광선유포를 실현합니다.

이케다 선생님은 이렇게 말씀하셨습니다.

"한 사람 한 사람이 스승과 마음을 맞추어 광선유포를 위해 전진하자고 결의를 깊이 다질 때, 비로소 이체동심의 단결은 견고해집니다. 거기에 묘법의 공력이 찬연히 발휘됩니다."

창가학회는 지금까지 '이체동심의 단결'로 승리했습니다. '세계광포 신시대 청년확대의 해'인 올해도 우리는 신심근본으로 단결해 나아갑시다. ― 법련 2017년 2월호

1. 승리의 경전 어서에서 배운다('5.3' 기념, 생사일대사혈맥초 강의, 2014년 7월)

이번 회에 배독하는 〈생사일대사혈맥초〉의 한 구절

총(總)하여 니치렌(日蓮)의 제자단나(弟子檀那) 등은 자타피차(自他彼此)라는 마음 없이 수어(水魚)라고 생각을 해서 이체동심(異體同心)이 되어 남묘호렌게쿄(南無妙法蓮華經)라고 봉창(奉唱)하는 바를 생사일대(生死一大事)의 혈맥(血脈)이라고 하느니라. 더구나 지금 니치렌이 홍통(弘通)하는 바의 구극(究極)은 이것이니라. 만약 그렇다면 광선유포의 대원도 이루어질 것이니라. 더군다나 니치렌의 제자 중에 이체이심(異體異心)의 자가 있다면 예컨대 성(城) 안에 있는 자가 성을 파괴(破壞)하는 것과 같으니라(어서 1337쪽 12~14행).

찬란한 민중 승리의 대서사시를

우리가 늘 배독하는 어서입니다. 그리고 우리 창가학회의 사제만이 올바르게 배독하는 가장 중요한 금언(金言)이라 해도 좋습니다.

오늘날 우리가 세계 192개국·지역에까지 묘법을 넓히고, '광선유포 대원'을 실현했다는 사실이 최고의 증명입니다.

이 어서에는 "니치렌의 제자단나 등"이라고 씌어 있습니다. 니치렌 대성인에게 직결하는 사제의 중심축이 일체의 근간입니다.

'생사일대사의 혈맥'은 일체중생에게 계승시켜 만인을 성불시키려는 혈맥입니다.

니치렌 대성인은 석존(釋尊)으로부터 상행보살(上行菩薩)에게 맡겨진 묘법의 혈맥을 만인에게 펼치셨습니다.

이 "부처가 되는 혈맥(어서 1337쪽)"을 이으려면 광선유포를 향한 '사제불이의 신심'이 필요합니다. 사제의 행동 이외에 달리 신비적인 혈맥은 결코 없습니다.

그와 더불어 한 인간의 신심을 확립하기 위해 그 숙명전환의 드라마, 인간 혁명의 드라마를, 세계로 미래로 무한히 넓혀나가려면 '이체동심의 신심'으로 맺어진 조직이 반드시 필요합니다.

광포의 스승과 '같은 마음' 즉 스승과 동심인 제자들이 단결해 '이체동심'의 행동을 지속함으로써 '생사일대사의 혈맥'을 만인이 이어받게 됩니다. 그러므로 '사제불이의 실천'과 '이체동심의 조직'이 있어야 '광선유포 대원'은 실현되는 것입니다.

금강불괴(金剛不壞)의 혼의 기둥을 중심축으로 삼아 동심원(同心圓)을 그리듯이 동지들의 아름다운 단결이 겹겹이 펼쳐나가야 합니다.

우리는 사제불이라는 '날실'과 이체동심의 '씨실'을 가지고 찬란한 민중승리의 대서사시를 엮어내고 있습니다.

'니치렌 일문'의 화합승(和合僧)

우리 '창가'의 모임이 불법상 얼마나 소중한 존재인가.

초대 회장 마키구치 쓰네사부로(牧口常三郞) 선생님은 법난으로 투옥당한 옥중에서 검사의 신문에 대답하여, 창가교육학회는 이른바 승려가 운영하는 사원이 아니라, 독립된 "어엿한 하나의 재가적(在家的) 신앙단체입니다."라고 잘라 말씀하셨습니다.

학회를, 말법악세(末法惡世)의 한복판에서 묘법을 광선유포하고, 현실사회의 변혁을 떠맡아 풍요로운 가치 창조를 이루어나가는 단체라고 구상하셨던 것입니다.

그러나 당시 국가권력의 격렬한 탄압을 견디지 못해 대부분 간부는 퇴전해 버렸습니다. 전란의 비참함 속에서 회원들은 뿔뿔이 흩어지고 조직은 괴멸상태가 되고 말았습니다.

패전 직전인 1945년 7월, 도다 선생님은 홀로 옥중 투쟁을 극복하여 출옥하자마자 곧바로 학회조직 재건에 착수하셨습니다.

"이제 두 번 다시 실패하지 않으리라!"

선생님은 전쟁 중 쓰라린 교훈에서, 어떠한 박해가 있어도 광선유포를 위해 불요불굴의 정신으로 싸우는 민중조직을 구축하려고 하셨습니다.

사제불이의 신심으로 홀로 서는 사자(師子)가 있으면 시대 차이나 물리적인 거리를 뛰어넘어서 광선유포의 돌파구가 반드시 열립니다.

그 사람의 주위에는 반드시 대성인 직결의 '니치렌 일문'의 화합승이 만들어진다고 선생님은 통찰하셨습니다.

사제의 길을 남겨두다

나는 도다 선생님으로부터 직접 〈생사일대초혈맥초〉 강의를 들었습니다. 특히 잊을 수 없는 때는 선생님의 사업이 최악의 어려움에 빠진 시기, 즉 1950년 12월입니다.

선생님은 학회를 지키기 위해 이사장직에서 물러나 다시 대사명의 실에 서는 날을 기약하셨습니다. 그런 선생님의 마음도 모르고 내외에서 선생님에 대한 악구매리가 들끓는 속에서 열린 강의였습니다.

그리고 이듬해 1월, 나는 〈생사일대사혈맥초〉어서를 나의 생명에 새겨놓듯이 일기에 적었습니다.

제2차 세계대전 후, 학회를 재건하기 위해 일어선 창가 사제가 다시 대난의 폭풍을 극복할 수 있느냐 어떠냐 하는 갈림길에 선 순간이었습니다.

그러한 나날 속에 나는 맹세했습니다.

"사제의 길을 학회 영원히 남겨둘 것"

구원의 스승으로부터 구원의 제자에게 묘법유포의 서원과 사명을 부촉하는 일은 법화경의 가장 중요한 주제입니다.

사제의 원리를 말법 금시에 옮겨 석존 그리고 니치렌 대성인의 유명(遺命)이신 광선유포 대원을 수행하기 위해 출현한 단체가 우리 창가학회입니다.

대난을 승리로 극복하여 은사는 제2대 회장에 취임함과 동시에 가장 중요한 포석을 놓으셨는데, 그것이 학회조직의 쇄신이었습니다.

이때 창간된 지 얼마 안 된 세이쿄 신문에 "인류구제의 조직이 결성되다"라는 선명한 표제가 실렸습니다.

당시 겨우 3,000명에 불과한 학회였습니다. 그러나 인원수의 많고 적음은 관계없습니다.

광선유포를 목표로 하는 '이체동심의 결합'은 반드시 인류사적인 대사명을 다하리라는 것을 도다 선생님은 깊이 확신하셨습니다.

인도 독립의 아버지 마하트마 간디의 신념이 생각납니다. "그 사명에 대한 억누르기 어려운 신념으로 불이 붙은 결연한 사람들로 이루어진 작은 단체는 역사의 흐름을 바꿀 수 있다."

'광선유포 대원'이라는 존귀한 사명에 불타서 싸우는 '억누르기 어려운 신념'으로 구성된 '민중 승리를 위한 조직'은 실로 '역사의 흐름'을 바꿔왔습니다.

2. 이케다 선생님의 생사일대사 혈맥초 강의(제8회 이체동심)

광포의 대원의 유대로 맺은 화합승에 진정한 혈맥이 통한다

[어문]

총(總)하여 日蓮의 제자(弟子) 단나(檀那) 등은 자타피차(自他彼此)라는 마음 없이 수어(水魚)라고 생각을 해서 이체동심(異體同心)이 되어 南無妙法蓮華經라고 봉창(奉唱)하는 바를 생사일대사의 혈맥이라고 하느니라. 그리고 지금 日蓮이 홍통하는 바의 구극(究極)은 이것이니라. 만약 그렇다면 광선유포의 대원(大願)도 이루어질 것이니라. 더군다나 日蓮의 제자 중에 이체이심(異體異心)의 자가 있다면 예컨대 성 안에 있는 자가 성을 파괴하는 것과 같으니라(어서 1337쪽 4~9행).

후반의 주제는 '화합승'과 '사제'

광선유포를 위해 싸우는 '사제의 실천'이 없으면 '생사일대사의 혈맥'은 올바르게 통하지 않습니다. 그리고 그 사제정신이 맥동하는 확고한 '이체동심의 화합승'이 없으면 부처와 마의 싸움인 '말법(末法) 광선유포'는 승리할 수 없습니다.

대성인은 "총하여 니치렌의 제자 단나 등은 자타피차(自他彼

此)라는 마음 없이 수어(水魚)라고 생각을 해서 이체동심이 되어 남묘호렌게쿄라고 봉창하는 바를 생사일대사의 혈맥이라고 하느니라(어서 1337쪽)."고 단언하셨습니다.

여기서 먼저 '총하여'라고 하고 이어서 '니치렌의 제자 단나 등'이라고 말씀하셨습니다. 이것은 말법의 어본불 슬하에 모여 광선유포를 지향하는 참된 '사제'와 '화합승'을 의미합니다. 그리고 화합승의 요건으로 '자타피차라는 마음 없이', '수어라고 생각을 해서', '이체동심이 되어'라는 세 가지를 들었습니다. 이 요건을 기본으로 자행화타(自行化他)에 걸친 '남묘호렌게쿄'라고 봉창하는 실천이 있는 곳에 '생사일대사의 혈맥'이 흐른다고 분명히 말씀하셨습니다.

"자타피차라는 마음 없이"

'자타피차'라는 마음은 무엇인가. '자신'과 '타인', '그것'과 '이것'으로 분리해서 마음이 통하지 못하게 하는 '대립', '차별', '자기중심적'인 마음입니다. 이와 같이 살벌하고 이기적인 마음에는 당연히 부처의 혈맥이 통하지 않습니다.

인간은 자칫하면 권력과 명예와 이해관계에 마음을 빼앗기고, 지위와 자신의 위치 등에 강하게 집착하며 명문명리로 흘러 '자기중심'이 되기 쉽습니다. 결국 신심은 이 '자기중심적'인 마음과 싸우는 것입니다.

9
내 한 많은 인생과 어머니
이체동심의 힘

어떤 간부라도 이런 마음에 사로잡혀 신심을 잃으면, 아무리 훌륭한 말을 해도 광선유포의 대원(大願)을 동심(同心)으로 하는 비할 데 없이 청정한 화합승과 함께할 수 없습니다. 그뿐 아니라 대성인은 어서에서 '이체이심(異體異心)'의 자에 대해 "성 안에 있는 자가 성을 파괴하는 것과 같으니라."고 말씀하셨습니다.

다시 말하면 광선유포를 위해 성 안에 있으면서 광선유포를 파괴하는 '사자신중(師子身中)의 충(蟲)'이 되고 맙니다. 그래서 대성인은 "자타피차라는 마음 없이"라고 엄하게 훈계하셨습니다.

"수어라고 생각을 해서"

이어서 "수어라고 생각을 해서"라고 말씀하셨는데, '수어라고 생각'한다는 말은 물과 물고기의 관계같이 떼어놓을 수 없는 '친밀한 생각'을 뜻합니다. 서로 다른 처지이지만 존경하고 이해하고 돌보아주며 소중히 여기는 마음입니다. 단적으로 말하면 '사이좋게!'입니다.

사제를 근본으로 같은 목적을 위해 서로 한마음으로 격려하고 도우면서 전진하면 자연히 사이가 좋아집니다. 전진하는 기세가 넘치는 조직은 모두 동지 간에 사이가 좋습니다.

중국 〈삼국지〉에 등장하는 유비와 제갈공명이 서로 존중하는 사이를 '수어의 관계'로 칭찬한 것은 유명합니다.

광선유포의 대원이라는 '부처의 마음'을 '내 마음'으로 하여,

모든 사람의 행복과 광선유포를 위해 기원하고 행동하며 '여래(如來)의 행(行)'에 온 정성을 다하는 동지는, 다 같이 최고의 사명을 위해 사는 존귀한 존재입니다. 대립이나 차별과 무연(無緣)하며, 화합하고 격려하는 관계가 생생하게 성립됩니다.

이체동심의 혈맥

그리고 셋째로 '이체동심'이라는 요건을 들었습니다. 이것이 생사일대사혈맥의 근본입니다. 앞에 언급한 두 가지도 여기에 포함됩니다.

'이체'는 사람 각자의 개성과 특질, 처지 등이 다른 것입니다. '동심'은 목적관이나 가치관이 같은 것을 말하며, 특히 대성인 불법에서는 '묘법에 대한 신심'과 '광선유포의 대원'을 같이하는 것입니다.

이를테면 법을 중심으로 '개인'과 '전체'가 조화하는 모습이 불법이 '이체동심'입니다. 이 말에는 다채로운 인재군(群)이 서로 격려하며 광선유포를 향해 전진하는, 약동적인 모습의 결정체라는 뜻입니다.

대성인은 이체동심으로 전진하면서 남묘호렌게쿄라고 봉창해야 비로소 '생사일대사혈맥'이 흐른다고 결론을 내리셨습니다.

'이체동심'에 대해서 대성인이 주신 교훈을 간추려 보면, 첫

내 한 많은 인생과 어머니
이체동심의 힘

째, 이체동심은 만사에 '일을 성취하는 열쇠', '승리의 요체(要諦)'라고 강조하셨습니다.

둘째, 특히 부처와 마(魔)가 싸우는 말법 광선유포에서는 '이체동심의 단결'이 반드시 필요하다. 그리고 광선유포를 방해하는 악의 세력이 아무리 강해도 '이체동심의 단결'이 있으면 반드시 승리할 수 있다고 강하게 확신하셨습니다.

마음을 하나로 해서 기원하다

'이체동심'은 궁극적으로 보면 '법화경의 병법'이라고 할 수 있습니다. '법화경의 병법'은 요컨대 '기원'입니다. 특히 이체동심은 '마음을 하나로 해서 기원하는 것'입니다. 이체동심으로 기원하지 않으면 아무리 방책과 방법론을 세워도 광선유포는 되지 않습니다. 근본적인 이체동심으로 강하게 기원하면 거기에서 커다란 힘이 생겨, 가령 '이체이심'인 자가 나타나도 흔들림 없이 전진할 수 있습니다. 또 '동심'은 '광선유포의 대원'입니다. 광선유포는 만인성불을 지향하는 부처의 대원입니다. 그 '부처의 대원', '스승의 대원'을 '내 서원'으로 하여 용감하게 광선유포를 실천하는 것이 '동심'입니다. '광선유포를 원하는 마음에서 우러나는 기원'이 바로 '동심'의 진수(眞髓)입니다. 이 기원이 맥동하는 조직이 창가학회입니다.

완벽한 승리의 리듬

광선유포를 위한 기원을 근본으로 하는 이체동심의 전진에는, 기세가 있고 승리하고자 하는 힘이 있습니다. 또 그런 분위기에서 전진하는 사람들은 사이가 좋고 고생을 해도 즐겁습니다. 그 승리하는 리듬, 약동하는 리듬을 만드는 데 중요한 것은 오로지 '동심'입니다. 즉 '광선유포의 대원'이라는 '부처의 마음'에 모든 사람의 마음이 함께하기 때문에 묘법의 리듬이 생깁니다. 존귀하기 그지없는 부처의 마음에 공명하기 때문에 성장이 있고 전진이 있고 환희가 있으며 승리가 있습니다. 그리고 세간적 동료 의식과 유대보다 높은 차원의, 무너지지 않는 '인재의 성', '행복의 성', '평화의 성'을 구축할 수 있습니다. '부처의 대원', '스승의 마음'에 자신의 마음을 합하면 이체동심이 됩니다. 그런 의미에서 이체동심의 핵심도 '사제불이(師弟不二)'입니다.

이 어서에서 대성인은, 결국 불법을 홍통하는 목표가 '이체동심'을 실현하는 데 있다고 중요하게 가르치십니다. 이것은 오직 이체동심의 조직이 되어야 부처의 혈맥이 흐르기 때문입니다. 사제불이를 한없이 크게 넓혀 언제까지나 오래 통하게 하는 힘을 지니게 하는 실천이 이체동심의 화합승입니다. 예를 들면 대성인 멸후에 대성인을 직접 만나 뵙지 못한 사람이라도, 대성인의 정신이 맥동하는 이체동심의 조직이 있으면 대성인과 사제불이를 실천할 수 있습니다. 그래서 성불의 혈맥이 오래 흐릅니다. 그러므로 이체동심의 화합승이 있으면 "광선유포의 대원도 이루어질 것이니라."입니다. 이체동심의 조직이 있으면 부처의 광포 대원이 끊임없이 계승되어, 반드시 광선유포는 성취된다고 단언하십니다. '이체동심'은 광선유포 대원을 성취하는 근본적 요건입니다.

창가학회도 초대 회장과 제2대 회장이 이끈 싸움으로 이체동심의 조직을 구축하여 완벽하게 승리하는 리듬을 만들었습니다.

나도 그 사명을 계승하고 완수하기 위해 몸을 내던져 싸웠습니다. 그리고 이제 세계에 광선유포 할 기반이 되는 반석 같은 이체동심의 화합승을 이루었습니다.

지금 내가 원하는 것은, 이 존귀한 이체동심이라는 승리의 리듬을 후계 청년들이 완벽하게 이어받는 것입니다. 그리기 위해 승리의 관건인 '동심'에 대해 몇 가지 그 뜻을 확인해 두겠습니다.

'동심'이란

① 광포대원

첫째, '동심'이란 '광선유포의 대원'입니다. 아쓰하라 법난의 와중에 대성인은 젊은 난조 도키미쓰에게 "원컨대 나의 제자 등은 대원을 세워라(어서 1561쪽)."고 호소하셨습니다. "같은 일생이라면 광선유포를 위해 목숨을 바쳐라!" 하고 대성인은 열렬히 외치셨습니다.

'광선유포의 대원'은 대성인 직결로 광선유포를 계승한 초대, 제2대, 제3대 사제의 마음 그자체입니다. 3대에 걸친 사제는 이 대원을 잠시도 잊지 않고 불석신명의 행동을 관철했습니다. 이것이 바로 이체동심의 핵심입니다.

그리고 이것은 광포를 파괴하는 악과 철저히 싸우는 정신입니다. 지금까지 '이심'의 무리는 명문명리에 빠져 광선유포를 잊고 오직 아집(我執)을 위해 날뛰고 화합승을 교란했습니다. 이런 악을 두려워하지 않고 단호히 싸우는 것이 법화경의 진수이고 학회 정신입니다.

② 동지를 존경하는 마음

둘째, '동심'은 '동지를 존경하는 마음'이어야 합니다. 법화경의 광선유포 정신은 '만인성불'을 확신하는 데 기본을 두고 있습니다. 그 광선유포를 위한 이체동심의 화합승은 만인에게 불성(佛性)이 있다는 법화경의 철학을 반영한 세계입니다. 불경보살은 일체중생에게 불성이 있으며 법화경을 수지하면 반드시 성불할 수 있다고 확신하고 만인을 존경하는 예배행을 맹세했습니다. 법화경을 수지하지 않은 사람도 존경했습니다. 하물며 본존님을 수지하고 광선유포를 위해 싸우는 동지는 반드시 부처가 됩니다. 법화경 보현보살권발품 제28에서는 법화경을 수지한 사람을 "부처를 공경하듯이 할지어다(법화경 677쪽)."라고 설했습니다. 이체동심은 만인을 존경하는 불법 철학에 바탕을 둔 사람과 사람의 유대입니다. '동심'은 동지를 서로 존경하는 마음입니다.

③ 사제불이 신심

셋째, '동심'이란 '사제불이의 신심'입니다. 이체동심의 핵심은 자기 마음을 부처의 마음, 광선유포 지도자의 마음인 광포대원과 함께하는 '사제불이의 신심'입니다. 닛코 상인은 사제불이를 관철해서 '대성인 직결'의 화합승단을 구축하셨습니다. 이와 반대로 오노승(五老僧)은 권력이 두려워 사제를 잊어버렸기 때문에 광선유포의 대도(大道)에서 벗어났습니다. 참으로 사적대(師敵對)는 이체이심 그자체입니다.

'창가학회불(佛)'

사제 삼대가 보여 준, 광선유포를 위해 싸우는 근본정신이 이체동심 조직에서 맥동할 때, 창가학회는 민중을 구제하는 부처의 생명력을 영원히 지속할 수 있습니다.

그 힘은 민중이 고뇌하는 암흑을 타파하고 민중에게 용기와 희망을 주는 '자비의 큰 빛'으로 빛납니다. 악을 타도하고 정의를 끝까지 외치는 '사자후'가 되어 울려 퍼집니다. 숙명을 전환해서 자타가 함께 행복을 이룩하는 '대확신'이 한 사람 한 사람의 가슴속에 열립니다. 그리고 그런 부처의 힘을 갖추면서 어떤 삼장사마의 대난도 극복할 수 있는 '이체동심의 화합승', '금강불괴와 같은 사제의 대성(大城)'으로 우뚝 솟아오르는 조직이 창가학회입니다.

그러므로 도다 선생님은 "미래의 경전(經典)에는 '창가학회불'이라는 이름이 기록된다"고 예견하셨습니다. 대성인에게 직결하며 광선유포를 수행하는 화합승단인 창가학회는 그 자체가 부처입니다. 이것을 도다 선생님은 확신하셨습니다.

도다 선생님은 여러 번 "도다의 생명보다 소중한 조직"이라고 말씀하셨습니다. 나도 무엇보다 소중한 불의불칙의 화합승단을 도다 선생님의 생명으로 삼아 맡아 왔습니다. 그리고 창가학회를 '이체동심'을 기본 지침으로 하여 크게 발전시켜 광선유포를 추진해 왔습니다. 앞으로 '이체'를 '동심'으로 하는 신심의 노력과 성실한 행동으로, 사제 삼대가 이룩한 불의불칙의 화합승단을 확대합시다. 그 자체가 광선유포의 길이고 세계평화를 향한 확고한 전진이기 때문입니다.

이케다 선생님의 지도에서 대성인은 이렇게 말씀하셨습니다.

9
내 한 많은 인생과 어머니
이체동심의 힘

"자타피차(自他彼此)라는 마음 없이 수어(水魚)라고 생각을 해서 이체동심(異體同心)이 되어 남묘호렌게쿄라고 봉창하는(어서 1337쪽)"

"자타피차라는 마음"은 자기와 남을 차별해 대립하는 마음입니다.

그 대극(對極)에 있는 "수어라고 생각을 해서"는 물과 물고기처럼 하나가 되어 사이좋게 나아가는 동지애입니다. '삼국지'에 나오는 제갈공명과 유비현덕의 유대(수어지교)에서 유래한 말입니다. '삼국지'는 뜻을 같이하는 영웅들이 펼치는 단결의 드라마입니다.

도다 선생님은 수호회에서 공부할 때도 유명한 도원의 결의로 맺어진 유비, 관우, 장비의 단결을 말씀해주셨습니다.

"세 사람이 서로의 단점을 잘 알고 부족한 부분은 채웠기 때문에 단결할 수 있었다."

"무엇이 단점이고 무엇이 장점인지를 아는 것이 상대방 인물을 이해하는 데 기본이 된다."

더구나 신심을 하는 우리의 단결은 사제정신을 근간으로 하기에 최강무적입니다.

— 어서와 사제(제15회 지용의 단결)

〈생사일대사혈맥초〉의 글을 함께 배독하겠습니다.

"총하여 니치렌의 제자 단나 등은 자타피차(自他彼此)라는 마음 없이 수어(水魚)라고 생각해서 이체동심(異體同心)이 되어 남묘호렌게쿄(南無妙法蓮華經)라고 봉창하는 바를 생사일대사(生死一大事)의 혈맥이라고 하느니라, 더구나 지금 니치렌이 홍통하는 바의 구극(究極)은 이것이니라. 만약 그렇다면 광선유포의 대원(大願)도 이루어질 것이니라. 더군다나 니치렌의 제자 중에 이체이심(異體異心)의 자가 있다면 예컨대 성 안에 있는 자가 성을 파괴하는 것과 같으니라(어서 1337쪽),"

아무쪼록 세계 제일가는 이체동심의 스크럼으로 새로운 인재를 육성하고 청년을 격려하며 승리해 위대한 광선유포의 역사를 열어주십시오. 그리고 완벽하게 진용을 이룬 한국SGI 본부를 중심으로, 당당하고 자랑스럽게 정의와 용기 넘치는 훌륭한 인간승리의 드라마를 크게 전개하시기 바랍니다.

자, 이체동심으로 전진하는 한국SGI의 동지여!

지금 다시 광선유포의 서원을 불태우며 전진합시다!

— ㈜ 제1회 본부간부회 이케다 SGI 회장 부부메시지(2010.12.12)

10

인생지사 새옹지마

- 고난 극복과 더 나은 사회를 향해

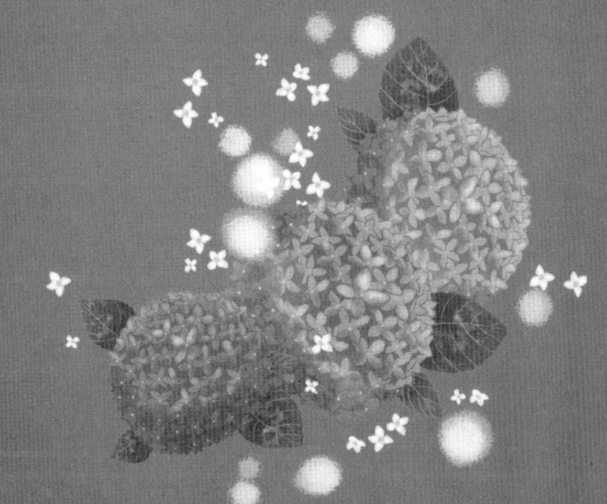

인생은 새옹지마라 했던가요? 이 세상을 더 좋은 세상으로 만들고 싶습니다. 돈이 좀 있으면 그저 뻐기고 돈 없고 힘없으면 이내 기죽어 하면서 살아야 하는 세상이지요. 동사무소 2층에 있는 노래 교실에 가서 슬픈 노래를 배우면서 왠지 슬퍼서 음악 시간에 많이 울었습니다.

'서울 블루스 명동을 갈까 강남을 갈까 발길이 떨어지질 않아 빗속을 혼자 거닐며 추억에 젖어 보네 포장마차 한구석에 나 홀로 앉아 술잔을 기울이네 오늘도 우네. 오늘도 울어 서울의 블루스여!'

새벽 1시에 일어나서 본존님 부처님 앞에 단좌합니다. 하루라도 빨리 남북통일 되고, 정해숙의 48살 먹은 작은아들 성훈이 하루라도 빨리 충북 청주시 용암동에 있는 남묘호렌게교를 믿는 사람들이 모여서 인생 공부하며 자신을 연마하는 SGI 문화회관에 가서 재교신하고 청구권 여자부와 결혼을 빨리 하게 해달라고 기원합니다.

제가 그토록 목숨 걸고 하늘만큼 땅만큼 사랑하고 보고 싶은 김억년의 사업번창과 청주교대에서 정교수로 계시다가 지금은 정년퇴임하신 양 교수님의 소원성취를 기원합니다. 김명수 의학 박사님의 무궁무진한 사업번창을 본존님께 간절히 기원했습니다.

충북 청주시 서원구에 있는 청주교대 운동장에 맨발로 뛰어가서, 저는 마음껏 동심의 세계에서 몇 시간을 보내며 얼마 전에 청주교대 양 교수님도 이 운동장을 거닐었을 생각을 합니다. 너무나 멋있고 유머 있고 정말로 미남이신 양 교수님을 생각하면서 본존님 하루라도 빨리 양 교수님의 억울함을 들어주시고 소원성취하게 해달라고 캄캄한 밤하늘을 응시하면서 넓고 넓은 운동장을 맨발로 뛰어다니면서 본존님 부처님께 간절히 기원했습니다. 착한 양 교수님이 왜 억울함 속에서 고전해야 하는지 저는 너무나 마음이 아픕니다.

청주에 있는 청주교대 운동장을 약 2시간쯤 맨발로 뛰어다니다 좀 피곤해서 운동장 가에 있는 금잔디 밭에 누워 높고 높은 하늘을 보았습니다. 별들이 있나 하고 캄캄한 밤하늘을 응시하며 자세히 아무리 찾아보아도 정해숙의 눈에는 별들이 보이지 않습니다.

경기도 파주시 월롱면 능산리 1구 아가메에 살 때는 한여름에 제가 살았던 양지말에 아담하게 있었던 방 두 칸의 아담한 초가집을 그리워합니다. 그 평화로움이 깃든 아가메의 봄이 되면 아지랑이 가 물거리고 개나리, 진달래, 살구꽃, 앵두꽃이 흐드러집니다.

여름이 되면 낮에는 효순, 정자, 용자, 능록에 살았던 유경자, 나이렇게 5명이 빨가벗고 강가에서 멱을 감았지요. 저녁에는 정해숙의 방 두 칸짜리 초가집 봉당에다 모깃불을 피워놓고 마당 앞에 있는 논에서는 맹꽁이 개구리들의 합창하는 노랫소리가 만 71살 먹은 저의 귓전을 울리는 듯합니다. 아! 그리워 못 잊을 그 평화로움이 깃든 아가메의 여름이 되면 정해숙의 집 마당 가에 있는 논에서 평화롭게 날아다니며 반짝반짝 빛나는 귀여운 반딧불들은 춤을 추며 노래하고 있겠지요?

꿈엔들 잊을 수 있을까요! 다시는 돌아갈 수 없는 고향. 낮에는 뭉게구름, 새털구름이 파란 하늘에 그림을 그리겠지요? 너무나 가고 싶은 내 고향이 만 71살 먹은 제게 향수를 불러일으킵니다. 청주교대 잔디밭에 누워 캄캄한 밤하늘을 보면서 대구에서 고전하시는 양 교수님의 평안을 본존님께 마음속으로 간절히 너무나 간절히 기원합니다. 김명수 내과 원장님의 무한한 사업번창을 저는 두 손을 가슴 앞에 모으고 구수한 흙 내음을 맡으며 간절히 기원했습니다.

틀림없이 저의 소원 기원은 본존님 부처님께서 알아서 해결해 주실 거라 믿습니다. 믿음과 소망은 제가 살아가는 데 중요한 힘이 됩니다. 청주교대 운동장 가에 있는 잔디밭에 일자로 누우니 감개가 무량합니다. 제가 15살 때 130원을 들고 친구 복순이와 무작정 서울로 도망가서 얼마나 많이 굶고 노예 생활을 했었습니까? 만 71살이 되어 남묘호렌게교를 믿고 이렇게 행복을 만끽하면서 평화롭게 청주교대 운동장을 맨발로 심심하면 거닐고 잔디밭에 누워 있다니, 형용할 수 없는 그 무엇이 목젖을 타고 넘어옵니다. 요새는 건강한 몸으로 행복의 언덕에서 무지개 꿈을 가슴에 담뿍 품고 생활합니다.

　제2의 고향 태종대에 살았을 적에는 비릿한 냄새가 진동하는 자갈치 시장 억센 자갈치 아줌마들의 경상도 사투리의 음성이 지금도 귓전을 때립니다. 부산시 영도구 태종대에 살았을 적에는 고생도 정말로 많이 했습니다. 그 고생한 것을 어떻게 말할 수 있고 옮기겠습니까?

　전 재산 무일푼에 일수로 2만 원을 얻어서 태종대에 있는 정말로 사납고 술주정뱅이 제주 할머니 집에 살면서 괄시와 멸시, 수모, 온갖 참을 수 없는 모욕적인 언사를 보통으로 받아들여야만 했었습니다.

　배우지 못한 알코올 중독자인 남편과 부산시 영도구 동삼동에 있는 동삼초등학교에 1학년으로 다니는 8살 먹은 어린 혁이와 6살 먹은 작은아들 성훈이에게 하얀 쌀밥 한 번 먹이지 못하고 부잣집 개도 안 먹는 정부미 쌀로 어린 새끼들을 보살폈습니다.

　그 당시 제 남편의 한 달 월급은 2만 6천 원이었고, 그것으로 살림을 꾸렸습니다. 저는 오로지 어린 새끼들에게 하얀 쌀밥 한 번 질리도록 배불리 먹여 보는 게 저의 소원이었습니다. 남편 월급 한 달에 2만 6천 원 받아서 무엇을 어떻게 해서 살아야 하겠습니까? 그 당시 저의 남편은 변변한 직장도 없이 떠도는 인생이었습니다. 어디 가서

10
인생지사 새옹지마
고난 극복과 더 나은 사회를 향해

술은 그렇게 많이 퍼먹었는지 밤에는 자면서 옷이 흠뻑 젖도록 오줌을 쌌습니다. 쌀이 없어서 밀가루를 한 포대 사놨는데, 밤새도록 오줌을 싸서 밀가루 포대가 푹 젖어 있던 적도 있었답니다.

화장실이 너무 멀어서 방에다 요강을 놔두고 생활했는데 술주정뱅이 남편이 자면서 잠결에 요강을 발로 차서 요강이 깨져 요강에 있던 오줌이 흘러 방바닥으로 흘러나온 적도 있었지요. 정말이지 지옥이 따로 없었지요. 믿을 수 없는 현실에 저는 어떻게 하면 빨리 죽어 없어지나 하는 생각뿐이었습니다.

그 당시 만약에 아이들이 없었다면 자살을 해도 백 번은 더 했을 것입니다. 어느 날은 라면 살 돈이 없어서 라면 하나를 끓여 놓으니 8살 먹은 큰아들 혁이와 6살 먹은 성훈이가 서로 라면을 많이 먹겠다고 울며 싸우다가 6살 먹은 어린 성훈이가 맨발 상태에서 연탄아궁이에 발을 헛디뎌 발바닥이 화상을 입었으니 말입니다. 그 한 많은 돈이 어디 가서 있는지, 불쌍한 어린 새끼들 라면 하나 가지고 서로 많이 먹겠다고 다투게 한단 말입니까? 6살 먹은 작은아들 성훈이는 그 무서운 연탄불을 밟았으니 그 고통은 또 어떻겠습니까? 6살 먹은 성훈이의 울부짖는 고통의 울음소리가 아직도 저의 귓전에 메아리쳐 들려오는 듯합니다.

술주정뱅이 남편은 술집에서 3일 동안 지내며 전세를 뺀 돈을 다 쓰고 나서 단돈 400원을 다시 집으로 찾아 돌아온 것을 생각하면 지금도 저는 남편을 죽이고 나도 같이 죽으려고 했던 기억이 납니다.

하지만 차마 어린 자식이 무슨 죄가 있다고, 부모 없는 자식을 만들 수는 없었습니다.

사는 게 정말이지 힘들었던 시절이었습니다. 연탄 살 돈이 없어서 매일 연탄을 한 장씩 사서 살았습니다. 그 당시 가을에 술주정뱅이 주인 할머니 밭에 심어 놓은 배추 다섯 포기를 밤새 누가 몰래 훔쳐 갔는데 술주정뱅이 주인 할머니는 그 시퍼런 배추를 훔쳐다 김치를 담갔다고 온갖 욕과 멸시와 참을 수 없는 모욕적인 언사는 보통이었습니다. 누군가가 한 일을 가난한 저에게 탓하시는 그 주인 할머니가 원망스러워 눈물 흘리던 날들이 있었습니다.

목에 칼이 들어와도 저는 주정뱅이 주인집 밭에 있는 시퍼런 배추 다섯 포기를 훔치지 않았습니다. 저는 거짓말도 할 줄 모르고 도둑질은 더더욱 안 했습니다. 제가 비록 못살아서 전세 2만 원짜리 방 한 칸에서 어린 새끼들과 살고 있지만 도둑질은 안 했습니다. 제가 없이 산다고 훔치지도 않은 배추 다섯 포기를 뽑아서 김치를 해서 어린 새끼들을 먹이겠습니까?

지금 저는 피눈물을 흘리면서 이 글을 쓰고 있습니다. 저는 어릴 적 초등학교에 다닐 때 아침에 깡깡 보리밥을 먹고 하루 종일 굶고 집에 돌아가곤 했습니다. 너무나 배가 고프고 허기지고 걸을 힘이 없어서, 강가에 있는 무밭에서 먹음직스럽게 생긴 무를 얼른 한 개

뽑았습니다. 옆 도랑물에 대충 씻어서 무를 먹으며 허기진 배를 달 랜 적은 있습니다. 그러나 주인집 배추 다섯 포기는 훔치지 않았습 니다. 절대로 저는 배추 다섯 포기를 훔치지 않았습니다. 억울하고 또 억울했습니다.

빈부의 차가 너무나 심한 대한민국. 그 당시 박정희 대통령은 잘살 아보겠다고 하면서 꺼떡거리면서 자기 아니면 대한민국은 누구도 지 도자가 될 수 없다고 독재자로 군림했습니다. 박정희 대통령 밑에서 내일의 희망이 없는 대한민국의 국민들은 생로병사의 고통 속에 허덕 였습니다. 탐진치에 눈이 멀어 돌아갈 때는 빈손으로 간다는 걸 깨닫 는 사람이 과연 몇 명이나 되겠습니까? 그저 극소수에 불과했겠지요.

의식주에 허덕이다 보니 그저 서로 할퀴고 싸우는 인생들로 전락 하였겠지요. 없이 살고 돈이 없어 학교도 못 간 저처럼 남의 집 식모 로 하루하루 살아가는 인생들을 박정희 대통령은 과연 알까요? 18년 동안 독재하고 군림하면서 알게 모르게 선량한 사람들을 많이도 죽 이면서 대한민국의 우두머리가 되어서 과연 박정희 대통령은 무엇 을 얻었는지 무척 궁금합니다. 탐진치가 얼마나 무서운지 모르고 박 정희 대통령은 오직 욕심 때문에, 그놈의 욕심 때문에 육영수 여사 는 북한에서 보낸 간첩에게 총 맞아 죽고 본인은 자기 부하였던 김 재규의 총에 맞아서 그 자리에서 죽었으니까요. 그분의 딸 둘과 아들 지만은 어떻게 살아왔습니까?

저는 확실히는 모르지만 대충은 압니다. 돈이 많다고 행복한 것은 아닙니다. 그저 하루 세끼 걱정 없이 먹고 살면 행복하다고 생각합니다. 그리고 마음에 죄가 없는 것이 가장 중요하다고 믿습니다. 마음의 평화가 중요한 것 같습니다.

밤에 일어나서 본존님 부처님께 하루라도 빨리 남북통일이 되게 해달라고 간절히 기원하면서 제가 바라는 모든 소원을 하나씩 하나씩 본존님께 부탁했습니다.

어머니! 그 흔한 쌀밥과 미역국이 없어서 그걸 못 잡수고 굶어 죽다니요. 어머니! 이 새벽에도 당신의 딸은 가슴을 적시는 형용할 수 없는 참담한 심정으로 연필을 들었습니다.

어머니! 어머니! 어머니! 어디선가 들려오는, 아니 메아리쳐 들려오는 저 풍경 소리는 당신의 딸의 가슴을 울리고 있습니다. 어머니! 어머니! 어머니! 어머니가 계신 그곳은 도대체 얼마나 멀고도 험한가요? 천 리라도 만 리라도 되는가요? 어머니! 어디 한번 물어나 봅시다. 어머니! 당신의 딸은 이렇게 사무치게 당신을 그리면서 목이 메서 이렇게 당신의 모습을 그리워합니다. 어머니! 부디 내세에는 행복하게 태어나서 부잣집에서 금덩이로 온몸을 장식하고 좋은 옷에 다복한 가정에서 덕이 있는 부잣집 마나님으로 살아가십시오. 부탁입니다.

10
인생지사 새옹지마
고난 극복과 더 나은 사회를 향해

저는 20년 넘게 방치되어 있던 배수로를 말끔하게 호미로 파내 와서 이제는 거의 마무리 단계입니다. 새벽 5시 반에 저는 대나무 빗자루를 들고 가서 지저분한 잣나무 낙엽과 밤나무 낙엽, 아무렇게나 땅에 떨어져 뒹구는 밤송이들을 대나무 빗자루로 깨끗하게 쓸고 있습니다. 너무나 깨끗해서 보기 좋다고 지나는 사람들마다 저보고 인사하였습니다. 참으로 오랜만에 보람을 느꼈습니다.

새벽 5시가 넘어서 장대같이 쏟아지는 비를 맞으며 아무렇게나 방치되어 있는 배수로 위의 온갖 잡풀들을 제거한 게 엊그제 같은데 벌써 3달이 다 되어 갑니다. 티끌 모아 태산이라더니 혼자서 시작한 것이 오가는 사람들의 작은 도움도 받아가면서 마무리 단계가 되어 갑니다.

충북 청주시 서원구 수곡 2동 사단지 숙골에서 대나무 빗자루로 아무렇게나 떨어져 뒹구는 낙엽들과 흙들을 깨끗하게 치운 후 가벼운 마음으로 저는 호미를 들고 배수로 위에 20년 넘게 방치되어 있고 쌓여 있는 단단한 흙들을 호미로 파내어서 힘들게 일하니까 저 자신도 모르게 배가 몹시 고파왔습니다.

참고 호미질을 하고 있으니까 아낙네가 지나가다 말고 앉아서 일하고 있는 제게 다가오더니 좋은 일을 한다며 오이를 한 개 주면서 말을 걸었습니다. 그래서 나도 배수로 치우는 것도 마무리 단계라서 일하다 말고 호미 자루를 내던지고 일어나서 그 처음 보는 아낙네와 주거니 받거니 하면서 대화했습니다.

　말을 하다 보니 그 아낙네는 충북 청주시 서원구 수곡1동 25통의 통장이면서 남편 없이 3남매를 잘 키우시고 가르친 장한 어머니고 동갑내기였습니다. 너무나 반갑고 기뻐서 그녀와 손을 잡고 웃으며 이야기했는데, 그녀는 살기가 매우 곤궁하고 병원 생활도 많이 했다면서 현재도 돈을 벌어야 하는 신세라고 저에게 하소연을 하면서 넋두리를 늘어놓았습니다.

　저는 속으로 '나에게 돈이 있다면 1억을 얼른 주고 싶다'는 충동을 느끼면서, 하루라도 빨리 제 수필이 출판되길 바랍니다. 전국에서 베스트셀러 톱이 되어 돈을 많이 벌면 이렇게 곤궁하게 살아가는, 이름도 모르고 성도 모르는 처음 만난 여인을 도와주고 싶습니다.

　너무나 시장하고 배가 고파서 대나무 빗자루를 깔고 앉아 쉬고 있으니 느닷없이 또 다른 아낙네가 가지를 밭에서 대여섯 개 따갖고 가다 말고 나를 보더니 어디 사는 누구냐고 묻습니다. 저는 충북 청주시 서원구 수곡1동 대림 1차 아파트 나동 403호에 살고 있고 현재 아파트 반장으로 일하고 있다고 대답하니까 그 처음 보는 아낙네는 들고 가던 가지를 3개나 나에게 주었습니다. 나는 돈도 없고 해서 받을 수 없다고 하니까, 돈은 안 받을 테니 걱정 말고 받으라고 이야기합니다.

　저는 힘들게 농사지어 거둔 가지를 돈도 안 주고 공짜로 받기가 뭐해서 받지 않겠다고 하니까 그 아낙네는 이렇게 배수로를 깨끗하게 치우는 사람에게 무슨 돈을 받느냐고 합니다. 들고 가던 가지 대여섯 개와 오이고추를 몽땅 다 주어서, 너무나 배가 고팠던 저는 땅바닥에 털썩 앉아서 가지를 몇 개 먹었습니다.

아낙네는 자기 집으로 가다 말고 다시 밭으로 가더니 시퍼렇게 잘 크고 있는 고추밭으로 들어갔습니다. 고추를 많이 따 갖고 와서 제게 주면서 이건 오이고추라 맵지 않고 먹기 좋으니 집에 갖고 가서 반찬으로 먹으라고 해서 고맙지만 미안했습니다.

힘들게 봄부터 씨앗 뿌려 여름 내내 힘들게 가꾼 고추와 가지를 돈도 안 받고 주시는 고마운 마음씨에 저는 너무나 감동했습니다. 세상에 이렇게 착하고 순박한 사람들이 있나 하고 말입니다.

저는 그렇게 오래 살지는 않았지만 이렇게 착한 사람들이 있다는 걸 처음으로 느끼고 체험했습니다. 배가 너무나 고파서 싱싱하고 맛있게 생긴 고추와 가지를 생으로 허겁지겁 먹고 있으니, 고마우신 아낙네는 자기 집에서 제가 제일 좋아하는 따뜻한 커피를 한 잔 타 갖고 와서 제게 주셨습니다. 저는 정말로 이렇게 선한 사람들이 다 있나! 하고 생각했습니다. 부족하고 한이 많고 내놓을 것이 하나도 없는 제가 앞으로 살아가면서 그 아낙네의 착한 마음씨를 많이 배워야 하겠다고 생각했습니다.

사람들은 하나둘 자기 집으로 돌아가기 시작해서 하던 일을 마무리하고 호미와 끼고 있던 다 떨어진 고무장갑을 벗어서 풀숲에 숨겨 놓고 콧노래를 부르며 집으로 갔습니다. 힘들지만 보람된 하루였습니다.

그다음 날도 저는 배수로 청소를 나갑니다. 그러면서 불현듯 떠오르는 남편을 생각하며 눈물을 흘렸습니다. 혁이 아버지가 1992년 음력 10월 22일에 가셨습니다. 그는 25년이 넘도록 수혈을 하며 힘들게 살았습니다. 가끔 남자 친구였던 김억년 씨를 생각하면 얼굴이 붉어집니다. "본존님, 이 바람났던 정해숙을 용서해 주십시오." 하면서 죄의식에 빠져서 장대같이 쏟아지는 비를 맞으며 펑펑 울면서 청소를 했습니다.

충북 청주시 서원구 수곡2동 사단지에 있는 숙골 배수로 위의 온갖 쓰레기와 널려 있는 깡통 잡병들을 정리하였습니다. 본존님 부처님, 이 부정한 정해숙을 용서하여 주십시오! 하면서 대답 없는 본존님을 소리쳐 불러도 보았습니다.

70이 넘은 늙은이인 제가 과연 남은 인생을 어떻게 잘 정리하면서 살아야 하는지 모르겠습니다. 시간을 되돌릴 수만 있다면 정숙하고 착한 정해숙이 되고 싶었습니다. 하지만 이미 물은 쏟아졌고 버스도 지나갔습니다. 아무리 제가 후회해 보고 자책해 본들 그 누가 알아주겠습니까? 돌이킬 수 없는 죄 저질러 놓고 늦었다는 걸 한이 많고 배우지 못하고 못생긴 제가 후회해본들 무슨 소용이 있겠습니까?

이 글을 쓰면서 생각해보니 제가 그토록 사무치게 좋아하는 김억년 씨는 어쩌면 제가 그냥 어릴 적의 친구로만 보였을 수도 있습니다. 제가 그냥 혼자 가슴 설렜던 것 같습니다. 혼자 지낸 지가 너무나 오래되었으니까요.

배수로를 깨끗하게 정리하면서 호미로 굳은 땅을 얼마나 팠는지 양쪽 무릎이 너무나 쑤시고 아파서 한번은 충북 청주시에 있는 가정동 복대시장 건너편에 있는 배성한 의학 박사님이 운영하시는 혜원한의원에 가서 치료를 받았습니다.

그날은 너무나 피곤해서 오전 7시까지 자고 일어나서 매봉산에서 만난 노신사께 드리려고 금강산에서 캔 뽕나무, 소나무 뿌리, 닥나무 뿌리, 목련 나무뿌리 등등 20가지가 넘게 약을 만들어서 20리터 병에 넣어서 걸머지고 매봉산으로 갔더니 그 노신사는 보이지 않았습니다.

약통을 매봉산 풀 속에 숨겨놓고 배수로 위에 20년 넘게 단단하게 쌓여 있는 흙을 저는 호미로 파서 둔덕으로 던졌습니다. 충북 청주시에 있는 충북 대학 병원에 현재 근무하시는 김시경 의학 박사님의 아버님과 절친한 친구 사이라는 그 노신사는 어제 제가 1시간 반을 배수로 위에 있는 흙을 호미로 파서 둔덕으로 버리며 기다렸지만 오시지 않았습니다.

그날 새벽 2시에 일어나서 몸이 아파도 약을 못 사 먹는 사람들을 주려고 채취한 뽕나무, 상황버섯 등 20가지가 넘게 들어간 한약을 정성을 다해 달이면서 불쌍한 사람들을 빨리 도와주고 싶었습니다. 떠오르는 밝은 태양의 빛을 가슴에 안고 오늘도 내일도 전진하고 밝은 내일의 희망의 나래를 펴가면서 비상하고 싶습니다. 높은 창공과 저 푸른 초원을 마음껏 누비면서 멋지게 아름답게 살아가고 싶은 마음입니다.

　세상에는 착하게 살아가는 마음씨 고운 사람들이 많습니다. 또 악인도 많습니다. 그래서 상부상조가 필요한가 봅니다. 그 착한 노신사를 만나게 되면 몸이 불편한 그를 위해 정성스레 달인 약을 드릴 것입니다.

　제가 20살 때의 모습이 다시 생각납니다. 힘들었던 그 시절이 떠오릅니다. 서울특별시 돈암동에 있는 제일유치원에 급사로 있을 때 저는 너무나 많은 멸시와 학대를 받았습니다. 제일유치원에 김 선생님이라고 오셨는데 전문대학교를 나오시고 피아노도 아주 수준급이고 얼굴이나 몸매 또한 나무랄 데 없는 미인이었습니다. 하지만 첫인상과는 달리 입이 방정을 떨고 교회는 나간다면서 저의 험담을 못해서 안달인 사람이었습니다.

　저를 노예처럼 부려먹으며 원장에게 제 험담을 하는 아주 교양 없는 사람이었지요. 제일유치원 원장님에게 정해숙의 단점과 험담을 고자질하는 것이 육체적으로 힘든 저를 정신적으로도 힘들게 하는 일이었습니다.

　저는 제일유치원에서도 한 달에 월급을 1,500원 받았고 정말 열심히 일했는데 결국 그 김 선생님 때문에 제일유치원 원장의 눈 밖에 나서 결국 쫓겨났습니다. 아무 잘못도 없고 갈 곳도 없는 저는 또 어느 곳으로 가야 할지 막막했습니다. 당장 갈 곳도 없고 먹을 것도 없는 저를 그 누가 보살펴 주겠습니까? 갈 곳 없는 저는 정처 없이 하염없이 한숨 쉬며 옷 보따리를 싸 들고 이리 기웃 저리 기웃거리며 길에서 서성거리며 시간을 보냈습니다.

그러다 서울특별시 종암동에서 아주 부자로 잘살고 있는 구두쇠인 저의 고종사촌 오빠 집에 가서 잠만 자자고 사정했습니다. 앞뒤가 꽉 막힌 욕심쟁이 올케는 일언지하에 안 된다고 잘라 말했습니다. 저는 슬그머니 그 집 대문을 나오면서 정처 없이 갈 곳을 찾아서 걸었습니다.

그렇게 살던 제가 지금은 봉사의 기쁨을 느끼며 삽니다. 인생지사 새옹지마입니다. 교학을 들어 보니 마음에 와닿는 글이 있어 소개합니다.

단월모답서(檀越某答書)란

지혜를 내고 힘을 다해 고난에 계속 도전하는 일이 불법자(佛法者)의 삶입니다.

[배경과 대의]

〈단월모답서〉는 1278년 4월 11일, 니치렌 대성인(日蓮大聖人)이 미노부에서 쓰신 편지입니다.

제목이 '단월모'라고 씌어 있듯이, 어느 단나(=재가의 유력한 문하)에게 주신 편지이지만, 상세한 내용은 확실하지 않습니다.

단 어서의 내용으로 추측하건대 막부의 움직임을 알 수 있는 위치에 있는 문하로 관직에 올라 있던 점에 주군을 섬기는 무사라고 여겨집니다.

대성인은 1260년에 〈입정안국론〉을 저술해 국주간효를 하셨습니다. 그 뒤 숱한 박해를 받고 이즈유죄와 사도유죄를 당하셨습니다. 그리고 사도유죄에서 사면되고 4년이 지난 1278년에 막부는 세 번째 유죄를 획책하고 있었습니다. 그 소식을 듣고 이 어서를 쓰셨습니다.

이 어서에서 대성인은 실제로 세 번째 유배를 당하면 "백천만억 배의 행운(어서 1295쪽)"이고 자신이 바로 경문에서 설한 대로 '법화경 행자'라는 사실이 명백해진다고 말씀하셨습니다.

게다가 나찰(악귀)의 모습으로 나타난 제석천에게 자기 몸을 바쳐 법을 귀한 '설산동자'와 어떠한 박해에도 예배행을 멈추지 않고 상대방의 불성을 믿으며 꿋꿋이 불도를 걸은 '불경보살'처럼 대성인 자신도 정의를 위해 끝까지 싸우겠다는 결의를 말씀하셨습니다.

또 당시에는 역병이 만연해 많은 사람이 병에 걸려 쓰러지는 위험에 처해 당장 내일 살아 있으리라는 보장도 없었습니다.

그러한 상황을 바탕으로 대성인은 역병에 걸리거나 늙어서 죽는 일보다는 원컨대 국주의 박해를 받아 법화경을 위해 목숨을 바치겠다는 각오를 말씀하셨습니다.

끝으로 단월에게 어떠한 상황에 있더라도 지금 놓인 처지에서 마음을 정하고 주군을 섬기는 일이 법화경을 수행하는 일이라고 받아들여 현실사회에서 승리하는 결과를 내도록 가르치고 이 어서를 끝맺으셨습니다.

[본문] 어서 전집 1295쪽 7~8행

사관(仕官)을 법화경(法華經)이라고 생각하시라. "일체세간(一切世間)의 치생산업(治生産業)은 모두 실상과 서로 위배하지 않음"이란 이것이니라.

[통해]

주군을 섬기는 일이 법화경을 수행하는 일이라고 생각하시오.

경문에서 '일반 세간의 생활을 떠받치는 행위, 직업이 모두 실상(묘법)과 상반되는 일이 없다'고 설한 것은 이것이다.

[어구 해설]

사관(仕官): 귀인의 집에 종사하는 일이다. 주군, 주인을 섬기는 일을 뜻한다.

치생산업(治生産業): 생활을 꾸려나가고 지탱하는 행위, 직업을 뜻한다.

실상(實相): 있는 그대로 진실한 모습을 뜻한다. 궁극적 진리인 묘법(妙法)을 가리킨다.

지금 있는 장소에서 승리를!

일에 힘쓰는 자세를 가르치신 성훈으로 불법(佛法)에 정통한 사람은 직장과 사회에서 승리자가 된다고 말씀하셨습니다.

이 어서를 받은 제자가 어떠한 고경에 처했는지는 확실하지 않지만 법화경 신앙을 한다는 이유로 받은 고난을 견디고 있었다고 추측됩니다.

니치렌 대성인은 배독 어서 바로 앞부분에서 고난에 굴하지 않고 현실과 계속 싸우는 일이 법화경을 온종일 수행하는 일이라고 말씀하셨습니다.

그리고 '사관(=자신의 일)을 법화경의 수행이라고 생각하라'고 가르치셨습니다.

신심근본으로 현실사회에서 싸워서 이겨야 니치렌 불법(日蓮佛法)입니다. 불법은 사회나 생활에서 동떨어진 곳에 있지 않습니다. 일도 생활도 신심을 근본으로 할 때 법화경을 수행하는 존귀한 도량으로 자신을 연마하는 곳이 됩니다. 그런 까닭에 대성인은 '일반 세간의 모든 생활을 떠받치는 행위, 직업은 모두 실상(묘법)과 상반되는 일이 없다.'고 가르치셨습니다.

맞닥뜨리는 현실이 냉혹해도 신심을 근본으로 생명력을 분기해 지혜를 내어 도전하는 자세가 바로 불법자의 삶입니다. 그리고 신심근본으로 일과 생활에서 승리하는 일이 올바른 불법을 증명하는 일이기도 합니다.

이케다(池田) 선생님은 이렇게 말씀하셨습니다.

"어떤 일을 하든 어떤 경우든 제목을 부르는 자기 자신이 지혜를 내고 힘을 다해 세상을 위해, 남을 위해 성실하게 가치를 창조합니다. 이것은 모두 '마음의 재(財)'를 쌓는 불도수행이 됩니다. 일과 신심은 별개가 아닙니다. 오히려 일을 최대한 충실하도록 만드는 원동력이 신심이고 학회 활동입니다."

우리는 '신심즉생활', '불법즉사회'를 끝까지 철저하게 실천해 '지금 있는 장소'에서 반드시 승리하지 않겠습니까! ─ 법련 2017년 1월호

[참고자료]

1. 관련 어문에 대한 이케다 SGI 회장 선생님 스피치 모음

◆ 천태대사는 "일체세간(一切世間)의 치생산업(治生産業)은 모두 실상(實相)과 위배하지 않음"이라고 말했다. 치생산업은 사회생활이나 생산 활동 등 세간에서 사람들이 다양하게 영위하는 일을 말한다. 그것이 결코 불법과 별개가 아니라는 말이다.

그러므로 사회에서 일류의 인물이 삶을 살아가는 자세와 사고방식은 불법과 서로 통하는 법이다. ─ 『신 인간 혁명』 22권

◆ "사관을 법화경이라고 생각하시라. '일체세간의 治生産業(치생산업)은 모두 실상과 서로 위배하지 않음'이란 이것이니라(어서 1295쪽)."

자기가 하는 '일'을 '법화경'이라고 여기고 진지하게 몰두하라는 뜻이다. 단월모답서에 나오는 이 구절은 우리의 영원한 지침이다. 이 글은 이즈유죄, 사도유죄에 이어 세 번째 유죄를 당할지도 모르는 상황에서 쓰신 성훈이다. 대성인은 정의롭기에 받는 박해는 "백천 만억 배의 행운이로다(어서 1295쪽)."라며 영예로 여기셨다. 그리고 문하에게 직장을 인생의 主戰場(주전장)으로 정하고 반드시 승리하라라며 '사자왕의 마음'을 불어 넣으셨다. 내 스승인 도다 조세이 선생님도 일에 대해 엄격하셨다. "신심은 한 사람분, 일은 세 사람분"이라고 가르치셨다. 나는 이런 스승 슬하에서 사자분신(獅子奮迅)의 힘으로 일했다. 그것은 최악의 곤경에 빠진 사업도 법화경의 병법으로 반드시 타개할 수 있음을 보여주는 투쟁이었다. ― 여는 글(법련 0802)

2. 『신 인간 혁명』 22권에서

신이치가 모두에게 직장 일은 어떤지 상황을 묻자 회사를 그만두고 대회를 도우러 왔다는 청년이 있었다. 청년은 불만스러

위하는 얼굴로 이렇게 말했다.

"그 회사는 급여도 그다지 좋지 않은 데다, 제 능력을 인정해주지 않습니다. 상사도 제 근무 태도가 나쁘다는 식으로 트집만 잡습니다. 제목을 단단히 부르고, 이 대회를 열심히 준비해서 복운을 쌓으면, 더 좋은 곳에 취업할 수 있다고 확신합니다."

신이치의 표정이 어두워졌다. 진정한 신심은 어떠해야 하는지를 이야기해 줄 필요가 있다고 생각했다.

"그만둬 버린 일은 어쩔 수 없지만, 그런 생각은 옳지 않습니다. 물론 창제하고 학회 활동을 열심히 하는 일은 중요하지요. 그러나 열심히 일하지 않으면서 오직 신심에 힘쓰면 더 좋은 일자리를 찾을 수 있다고 여긴다면, 현실에서 도망치는 모습입니다. 그런 자세로 어디에 가서 일해도 결과는 마찬가지일 것입니다.

도다 선생님이 '신심은 한 사람 몫을, 직장 일은 세 사람 몫을 하라.'고 말씀하셨습니다.

또 대성인은 '사관(仕官)을 법화경이라고 생각하시라(어서 1295쪽).'고 가르치셨습니다. 직장 일을 법화경을 수행한다는 생각으로 온 힘을 다해 임하라는 말씀입니다. 직장에서 제일인자가 되어 신뢰를 얻고 신심에 힘쓰다 보면 성장도 하게 됩니다. 저도 그렇게 실천했습니다. 거의 날마다 심야까지 정말 열심히 일하며 도다 선생님의 회사를 떠받쳤습니다."

신이치는 멤버들이 안이하고 그릇된 신앙관에 빠지는 경우를 우려했다.

니치렌 불법은 인간 혁명을 하는 종교다. 자기 생명을 갈고 닦아서 강하고 현명하게 만들며, 어떤 어려움에도 용감하게 도전하고 승리하기 위한 신앙입니다.

신이치가 청년에게 이렇게 물었다.

"혹시 수영은 잘합니까?"

"아니요. 그다지 잘하지는 못합니다."

"그런데 만일 수영대회에 나가기로 한다면, 우승하기 위해 어떻게 하겠습니까."

청년이 신이치의 질문에 이렇게 대답했다.

"제 생각으로는 수영대회에서 우승하고 싶다면, 먼저 열심히 연습하겠습니다."

신이치는 고개를 끄덕였다.

"그리고?"

"그다음에는 좀 더 효율적으로 연습할 방법을 연구하거나 여러 가지로 대책을 세우겠습니다. 물론 제목도 열심히 부르며 승리를 기원하겠습니다."

"그렇게 노력해야 올바른 자세입니다. 신심을 하면 수영을 잘하지 못해도 우승할 수 있다고 생각해서는 안 됩니다."

"불법은 도리를 가르칩니다. 노력하지는 않으면서 성과를 바라는 일은, 불법을 믿고 실천하는 사람이 생활하는 태도는 아닙니다. 만일 불법이 그런 가르침이라면 인간을 게으르게 만들고 타락시키고 맙니다."

청년은 진지한 표정으로 신이치를 응시하며 이야기에 귀를 기울였다.

"학회원이라면 직장에서도 누구보다 더 열심히 일해야 합니다. 또 능률을 올리고 업무의 질을 향상하기 위해 깊이 생각하며 연구해야 합니다. 그렇게 될 수 있게 강한 생명력과 지혜를 용현하는 근본이 신심이고 창제입니다.

직장 일인 이상, 힘든 일도 해야 하고 인간관계에 관한 문제를 비롯해 고생이 많을 것입니다. 그러나 직장은 자신을 연마하는 인간 수행의 장이라고 받아들여야 합니다.

직장에서 끝까지 노력해서 제일인자가 되고, 주위 사람들에게 신뢰받는 일이 중요합니다. 그렇게 하면 회사에서 실적과 평가도 좋아지고 급여도 오릅니다. 그렇게 되면 자신이 근무하는 곳이 최고의 직장이라고 생각할 수 있게 됩니다.

또 날마다 아침근행을 하며 '오늘도 가장 일을 잘해서 직장에서 승리자가 되어 신심의 힘을 증명하겠습니다.' 하고 결의를 담아 기원해야 합니다. 그렇게 하면 자신이 지닌 힘과 지혜를 최대로 발휘할 수 있습니다. 새롭게 취업을 하게 되면, 그런 마음가짐으로 끝까지 노력해야 직장에서 승리하는 사람이 되어야 합니다. 그것이 학회 정신입니다."

"예!"

청년은 밝은 목소리로 대답했다. ―『신 인간 혁명』 22권(조류)

3. 어서 와 청년(일과 신심 〈2〉), 화광 제866호
기름과 땀으로 범벅이 되어

[SGI 회장]: 제2차 세계대전 중, 나는 가마타에 있는 니가타철공소에서 가름과 땀으로 범벅이 되어 해머를 휘두르거나 선반 작업을 했습니다.

계속 긴장해야 하는 힘든 작업이었습니다. 전쟁이 끝난 후에는 니시신바시에 있던 쇼분도 인쇄소에서 일을 하면서 야간학교에 다니며 공부했습니다.

매일 아침 6시 반쯤 집을 나섰던 것으로 기억합니다.

영업점을 돌며 인쇄물 주문을 받으면서 인쇄물의 교정까지 책임지는 일이었습니다. 온 힘을 다해 일에 매달렸습니다. 직장도 가족처럼 정겨운 분위기였지요.

한 선배가 "이케다 군, 인생은 말이야, 성패는 차치하고 과감히 부딪쳐 보는 거야. 용기가 중요하다고." 하고 격려해 준 일도 그럽습니다.

사장인 구로베 다케오 씨가 정말 아껴주셨지요.

미열과 각혈이 계속되어 아무리 노력해도 몸 상태가 좋아지지 않아 아쉽지만 퇴사했습니다. 그 후, 집 근처에 있던 가마타 공업회에 사무원 서기로 근무했습니다.

작은 직장이었지만 고향의 소규모 공장 등 중소기업을 부흥시키고자 설립된 중요한 기관입니다.

이윽고 도다 선생님을 만나 선생님이 경영하시는 출판사인 일본정학관에서 일하게 되었습니다. 그때 공업회의 직원분들 모두가 송별회를 열어 환송해주신 일도 잊을 수 없습니다.

어떤 일이든, 어느 직장이든 혼신의 힘을 다해 진지하게 일해서 신뢰를 얻었던 것이 내 청춘의 긍지입니다.

'사관'이라는 글월 뒤에는 법화경의 글을 천태대사가 해석한 "일체세간의 치생산업(治生産業)은 모두 실상(實相)과 서로 위배하지 않음."이라는 말이 씌어 있습니다(어서 1295쪽).

이는 법화경을 수지한 사람의 공덕을 설한 부분입니다.

사회의 모든 영위나 일상생활은 실상(묘법)과 상반되지 않습니다. 신심(信心)을 근본으로 한 행동은 수수해 보여도 전부 '묘법(妙法)'의 광채를 발하고 있습니다.

세상을 위해 일하는 것은 그 무엇보다도 존귀합니다.

직종이라든가 회사의 규모라든가 지위는 관계가 없습니다.

하루하루 묘법을 부르고 진지하게 행동하며 사회에 공헌하는 사람은 모두 부처가 되는 생명의 정도(正道)를 나아가는 것과 같습니다.

[다나노]: 선생님이 걸어오신 길을 저희도 이어가겠습니다.

"신심은 한 사람 몫, 일은 세 사람 몫"이라는 학회지도가 있습니다.

저희의 경우 이 지도를 어떻게 받아들여 실천하면 좋을까요?

[SGI 회장]: 한마디로 말하면 '노력'입니다. 남보다 세 배 노력하겠다는 마음가짐으로 회사나 사회가 발전하는 원동력이 되라는 뜻입니다. 신심은 그 원천입니다.

[다나노]: '신심하고 있기에 더더욱 노력이 중요하다.'는 말씀이군요.

[SGI 회장]: 그렇습니다.

기원하고 기원한 대로 행동하는 것이 진정한 '신심즉생활'입니다. 각각의 일에 각각의 수행과 단련이 있습니다. 도다 선생님도 엄격하셨습니다.

사원이 일 때문에 외근을 나가면, 선생님은 모르는 체하면서도 몇 시에 나갔는지 정확히 보고 계셨습니다.

만약 예상 시간을 초과해서 돌아오면 "늦었군. 어디를 들른

게야?" 하고 꾸지람하셨습니다.

나도 작가에서 원고를 받아 서둘러 돌아왔는데 선생님이 느닷없이 "원고를 읽은 감상을 말해 보게나." 하고 말씀하셔서 식은땀을 흘린 적이 있습니다.

전철 안에서도 재빨리 훑어보고 머리에 입력한다. 그런 기민함을 지녀라! 민첩해라! 하고 주입시켜주셨지요.

[구마자와]: 모든 것이 '훈련'이었군요.

[SGI 회장]: 선생님의 '엄격함'은 즉 '올바름'이었습니다.

'일'이 '인간'을 만든다. 청년에게 직장은 자신의 '인간 혁명'을 이루는 도량이기도 하다, 그렇게 결심하면 됩니다.

어서를 배독하면 대성인이 젊은 난조 도키미쓰에게 일하는 자세를 가르치신 사실을 알 수 있습니다.

예를 들면 다음과 같이 말씀하셨습니다.

"조금도 주군에게 떳떳하지 못한 마음이 있어서는 안 되며 숨은 신(信)이 있으면 나타나는 덕(德)이 있느니라(어서 1527쪽)."

조금도 떳떳하지 못한 마음이 있으면 안 된다. 누가 보고 있지 않아도 공명정대하게 성실을 다하라!

그런 청년이 반드시 승리한다는 말씀입니다.

어떠한 위치든 성심성의를 다해 일에 몰두한 청년이 인간으로서 최고의 재산인 '신용'을 쌓을 수 있습니다.

밑바닥에서 일어서서 모든 것을 변독위약

[다나노]: 최근 경제불황 속에서 일에 대한 고민도 천차만별입니다. 부도나 구조조정과 싸우는 벗도 있습니다.

또 인원감축으로 인해 떠안은 업무량이 급격히 증가한 멤버도 있습니다.

야근이 이어지거나 좀처럼 쉬지 못하는 등 상황은 여러 가지입니다. 그런 속에서 모두 '지지 않겠다는 정신'으로 분투하고 있습니다.

[SGI 회장]: 잘 알고 있습니다.

나도 도다 선생님의 사업 파탄을 경험했습니다.

전쟁이 끝난 후는 혼란기여서 중소기업의 도산이 속출하던 시대입니다. 불과 20대 초반이던 때였습니다. 회사가 쓰러진다는 것이 얼마나 괴로운 일인가.

나는 직접 겪어봤습니다. 그러한 밑바닥에서 일어서서 막대한 부채를 갚았습니다.

정신없이 분투했습니다. 그리고 모든 것을 변독위약해서 도다 선생님이 제2대 회장에 취임하실 수 있는 길을 열었습니다. 그것은 〈어의구전〉에 설한 대로 "일념의 억겁의 신로(辛勞)(어서

790쪽)"를 다해 용맹정진(勇猛精進)한 나날이었습니다.

[다나노]: 많은 벗이 선생님이 청춘 시절에 겪었던 고투를 거울삼아 역경에 도전하고 있습니다.

[SGI 회장]: 지금의 시대는 특히 젊은 여러분이 맞닥뜨린 사회 환경은 매우 혹독합니다.

비정규직 고용 증가 등 20년, 30년 전과는 상황이 크게 달라졌습니다.

개인의 노력과 아울러 사회 본연의 모습을 재인식해서 변화시켜야 할 면도 있습니다.

자영업을 하는 사람도 날마다 진가를 발휘해야 할 가장 중요한 고비겠지요.

제천선신이여, 지키고 또 지켜달라고 기원하고 있습니다.

금언에는 "쇠는 불에 달구어 두드리면 검으로 되고(어서 958쪽)", 또 "금은 태우면 진금이 된다(어서 1083쪽)."라고 씌어 있습니다.

지금 고생하는 것이 전부 자기에게 '최고의 보물'이 됩니다.

철저히 고생해야만 보검처럼, 진금처럼 자기 생명을 빛낼 수 있습니다.

어느 신문기자가 전화기 발명가로 유명한 미국의 그레이엄 벨 박사에게 일이 얼마나 힘든지 물어본 적이 있습니다.

박사는 "매우 힘들고 인내를 요하는 일입니다. 하지만 바로 그렇기 때문에." 하고 미소 지으며 "그것이 내 즐거움이기도 합니다." 하고 결론지었다고 합니다. 어떠한 문제이든 '이렇게 하면 모든 것이 잘될 것'이라는 마법 같은 해결책 따위는 없습니다.

기원하고 끝까지 노고해서 하나하나 극복하는 길뿐입니다. 일도 마찬가지입니다. 그리고 마지막은 일체가 대선(大善)으로 바뀌어 반드시 타개할 수 있는 것이 '절대 승리의 신심'입니다.

[구마자와]: 예, 유명한 〈교오전답서〉에도 "화(禍)도 전환되어 행(行)으로 되리라. 기필코 신심을 일으켜 이 어본존께 기념하시라. 무슨 일이든지 성취되지 않을손가(어서 1124쪽)."라는 말씀이 있습니다.

[SGI 회장]: 대성인 말씀은 절대로 틀림없습니다. 이 큰 공력(功力)을 여러분의 아버지와 어머니 등 많은 선배가 용기 있는 신심(信心)으로 실증해 오셨습니다.

[다나노]: 조금 전에 말씀한 "사관을 법화경이라고 생각하시라."는 글월은 대성인이 1278년에 쓰신 편지입니다. '아쓰하라 법난'이 본격화할 무렵이었습니다.

[SGI 회장]: 그렇습니다. 이 편지는 대성인이 이즈유배와 사도유배에 이어서 세 번째 유배를 당하실지 모른다는 움직임이 있던 때에 쓰셨습니다. 대성인은 만일 세 번째 유배를 당한다면 "백천 만억 배의 행운이로다(어서 1295쪽)." 하고 유연하게 말씀하셨습니다.

이것이 사자왕과 같은 어본불의 위대한 경애입니다.

그리고 자신은 대난을 각오한 후에 사회의 격류 속에 있는 문하 한 사람 한 사람의 신변을 깊이 걱정하셨습니다.

스승은 모든 대난에 정면에서 맞서 투쟁하고 있지 않은가.

'제자라면 자신의 사명이 있는 곳에서 용감하게 투쟁하십시오! 일어서서 반드시 승리하십시오!' 하는 열렬한 마음이 배견됩니다.

'겁쟁이', '못난이'는 니치렌 문하라고 말할 수 없습니다.

[구미자와]: 용기를 내어 '불법즉사회'라는 승리의 실증을 보이는 일이 스승에 대한 보은이 되는군요.

[SGI 회장]: 불도수행의 무대는 '현실 사회'입니다.

대성인은 "진실의 길은 세간의 사법(事法)입니다(어서 1597쪽).", "지자(智者)란 세간의 법 이외에 불법을 행하지 않는다(어서 1466쪽)." 하고 천명하셨습니다.

자신이 맡은 일이나 가정과 지역 속에서 성장하고 향상해 인간 혁명한다. '지금' '이곳에서' 최고의 가치를 창조한다. 그러기 위한 신심(信心)이다.

'언젠가' '어디엔가 있는' 이상향을 꿈꾸며 살아가는 방식은 묘법이 아닙니다. 이전경과 권경의 얕은 사고방식이자 관념론입니다.

대성인의 불법은 현실을 변혁하는 '살아 있는 종교'입니다. 따라서 부처의 이명(異名)을 세웅(世雄, 사회의 영웅)이라고 합니다.

창가학회는 대성인의 가르침대로 사자의 길을 관철해왔습니다.

불황 속에서 씩씩하게 분투한 사회부나 전문부 여러분의 활약은 존귀한 모범이라 해도 좋습니다.

4. 이케다 SGI 회장 대담, 젊은 그대에게, 제4회 사회 초년생에게 드린다(발췌)

一. 일 때문에 전혀 모르는 곳으로 이사하거나 기숙사에 들어가는 등, 생활환경이 크게 바뀌는 경우가 있습니다. 매우 바빠서 학회 활동은커녕 근행창제도 뜻대로 하지 못하는 경우도 있습니다.

[SGI 회장]

새롭게 출발한 여러분에게 말씀드리고 싶은 점은, 어떤 경우에도 '조급하게 굴지 마라'입니다. 또 '끈기 있게'입니다. 요령이 없어도 괜찮습니다. 남과 비교할 필요도 없습니다. 눈앞에 있는 하나하나의 과제에 최선을 다하며 토대를 만들어야 합니다. 스스로 해보고, 그다음에 혼자 할 수 없는 일이 있으면 다른 사람에게 솔직하게 부탁하거나 잘 모르는 부분을 솔직하게 물어보는 것도 사회인으로서 중요한 조건입니다.

'가르쳐주세요.' 하고 선배들에게 부딪히는 청년은 부쩍부쩍 실력이 붙습니다.

모두 그런 과정을 이겨내며 성장했기 때문에 걱정하지 않아도 됩니다. 무슨 일이 있으면 신뢰할 수 있는 선배와 상담하세요.

어서에 "도와주는 자(者)가 강하면 넘어지지 않는다(어서 1468쪽, 통해)."라고 씌어 있습니다.

학회는 가장 믿음직스러운 '선지식(善知識)'의 세계입니다.

바빠서 어쩔 수 없이 회합에 나가지 못하거나 마음껏 제목을 부르지 못해도, 동지와 연계를 취하는 일이 얼마나 힘이 되고 격려가 되는가.

정말로 복운(福運)이 넘치는 '행복의 안전지대'입니다.

그러므로 절대로 학회와 멀어지면 안 됩니다. 어떻게 해서라도 인연의 끈을 놓지 않겠다는 마음이 중요합니다.

지역의 여러분은 아무쪼록 사회 초년생을 따뜻하게 맞이하기를 부탁드립니다.

니치렌 대성인(日蓮大聖人)이 "사관(仕官)을 법화경이라고 생각하시라. '일체세간(一切世間)의 치생산업(治生産業)은 모두 실상과 서로 위배하지 않음'이란 이것이니라(어서 1295쪽)." 하고 말씀하셨습니다.

자기가 하는 일을 법화경의 수행이라고 생각하라, 현실사회의 모든 일은 전부 묘법(妙法)과 일치한다고 가르쳐주셨습니다.

어떤 일을 하든, 어떤 처지에 있든, 제목을 부르는 자신이 지혜를 짜내고 힘을 다해 세상과 남을 위해 성실하게 가치를 창조해야 합니다. 그 모든 것이 '마음의 재보'를 쌓는 불도수행이 됩니다.

일과 신심은 별개가 아닙니다. 오히려 신심과 학회 활동은, 일을 가장 충실하게 하는 원동력입니다.

一. 대성인이 문하에게 '사관을 법화경'이라고 가르쳐주신 때는, 대성인이 세 번째 유죄라는 박해를 당할지도 모르는 긴박한 상황이었습니다.

[SGI 회장]

그렇습니다. 대성인은 만일 세 번째 유죄를 당한다면 "백천만억 배의 행운이로다(어서 1295쪽)."라고 유연하게 내려다보며, 자기의 사명이 있는 직장에서 한 걸음도 물러서지 말고 단호히 승리하는 실증을 보이도록 제자들을 격려하셨습니다.

학회의 긍지 드높은 전통은, 이 성훈대로 투쟁하며 자신을 단련한 점입니다.

초창기 선배들은 직장에서 신심을 반대하는 경우가 많았기에 '신심은 한 사람 몫, 일은 세 사람 몫'이라고 말하며, 이를 악물고 양쪽 모두 힘썼습니다. '일에서 실증을 보이겠다!'고 철저히 기원하며 일에서 승리했습니다.

힘들기는 하지만 방법에 의존하지 않고 오히려 결심하고 정면으로 부딪치며 기원하며, 남보다 몇 배나 노력했습니다.

그리고 지금도 '불법즉사회', '불법즉승부'의 투쟁을 의연하게 계속하는 우리 사회부와 전문부 여러분이 승리한 체험을 나는 감명 깊게 들었습니다.

일하는 자세에는 그 사람의 인생관과 인간관이 나타납니다. '무엇을 위해 살아가는가'라는 일념이 나타납니다. 그중에서 신심이, 가장 깊고 강하며 올바른 일념입니다.

여러분에게는 광선유포 즉 '세계평화와 인류의 행복 실현'이라는 궁극의 위대한 목적이 있습니다. '광선유포'라는 세계 제일의 대원(大願)에 서서 날마다 자기 일에 온 힘을 다해 도전하는 일이 '사관을 법화경'으로 삼는 마음입니다.

'세계 제일의 대원'을 향해 투쟁하는, 한 청년으로서 "이 일에서 세계 제일의 직장으로 만들겠습니다. 세계 제일의 회사로 만들겠습니다."라고, 크고 강하게 기원을 해야 합니다.

신심은, 한 사람의 실력이 되어 발휘됩니다. 진지하게 철저히 기원하고, 공부하고, 정진하고, 창의적으로 궁리해 젊은 힘을 일에 쏟는다, 그렇게 해서 나온 그때의 결과가 최고의 결과입니다.

생각대로 잘되지 않으면 또 기원하고 도전해 개척하면 됩니다. 나도 그렇게 했습니다.

세계 제일의 스승에게 훈도를 받기 때문에, 세계 제일의 일을 해야 합니다. 나는 세계 제일의 도다(戶田) 선생님을 직장에서 선양해 보이겠다고 기원하고 일했습니다.

어쨌든 회사의 크고 작은 일이나, 직장의 환경이 자기 일과 인생의 승패를 결정하지 않습니다. 모두 자신입니다. 자신의 일념으로 결정됩니다.

(중략)

一. 실제로 일을 시작해보면 '내가 상상한 것과 다르다. 이대로 괜찮을까? 하고 의문을 품기도 합니다. '이 일은 내게 맞지

10
인생지사 새옹지마
고난 극복과 더 나은 사회를 향해

않아.'라고 정해 일찍이 그만두는 경우도 있는 것 같습니다.

[SGI 회장]

청년을 소중히 여기지 않는 나라는 미래가 없습니다. 청년이 희망을 품고 일할 수 있는 사회를 진지하게 만들어야 합니다. 이 점이 가장 중요한 과제입니다.

앞을 내다볼 수 없는 불안정한 상황에서 일해야 하는 괴로움은 가슴 아플 정도로 잘 알고 있습니다.

차원은 다르지만, 나는 제2차 세계대전이 한창이던 10대 후반에 철공소에서 선반공으로 일했습니다.

피 섞인 물집과 베인 상처 그리고 작은 화상 등은 일상다반사로 위험이 항상 뒤따르는 일이었습니다.

기름투성이에, 땀으로 흠뻑 젖고, 신경은 예민해져 긴장하는 속에서 열심히 일했습니다.

정말로 고된 일이었습니다.

그때 그 몸으로 체득한 기계공작의 기본적인 기술을 그 뒤에 직접 쓸 수 있는 기회는 없었습니다. 그러나 인생을 깊이 사색하는 데 또 고생하는 동료의 마음을 헤아리고 격려하는 데 얼마나 큰 도움이 되었는지 모릅니다. 나는 어떤 고생도 절대로 헛됨이 없다는 점을 분명히 말할 수 있습니다.

더군다나 여러분은 "사관을 법화경(어서 1295쪽)"이라고 정한 위대한 사명이 있는 청춘입니다. 지금 어디에서 어떻게 일하고 있어도 그 일은 반드시 광선유포로 이어집니다.

자기가 정한 곳이 자신이 펼치는 '사명의 무대'가 되고, '인간혁명 하는 도량'이 됩니다.

'발밑에 샘이 있다'는 말이 있습니다. 먼저 지금 있는 직장에서 '자기답게 끝까지 힘썼다'고 말할 수 있는 노력과 결실을 남겨야 합니다. 그래야 승리의 인생을 단호히 열 수 있기 때문입니다. 지켜보는 사람은 반드시 있습니다.

또 자영업의 가업을 잇기 위해 일하기 시작한 사람도 있을 것입니다.

'일하다'는 말은 '주위 편안함' 다시 말해 '주위에 있는 사람을 즐겁게 하는 것'이라고 합니다. 일해서 아버지와 어머니를 기쁘게 해드리는 일은 최고의 효도입니다. 사람의 도리를 다하는 최고의 행동입니다. 위대한 불법의 실천입니다.

우리의 식탁을 지키며 생명을 키우는 농업과 어업에 종사하는 우리 농어광부(農漁光部)의 믿음직스러운 청년들도 정말로 분투하고 있습니다.

냉엄한 사회정세 속에서 지역에 없어서는 안 될 '희망의 등대'로 빛나고 있습니다.

11

뿌린 만큼 거두는 삶이여!

- 꾸준한 광포의 힘으로

제 새엄마가 돌아가셨습니다. 젊은 시절 그렇게 성질을 부리시고 저를 구박하시던 새엄마가 93세라는 긴 생을 마감했습니다. 또 5촌 대 숙모가 새엄마가 돌아가시기 3일 전에 돌아가셨습니다. 그 소식을 전해 듣고 저는 많은 생각을 했습니다.

그리고 뇌진탕으로 세상을 떠난 아이들의 아버지이자 제 남편을 생각합니다. 제가 사랑했던 유일한 사람, 그 한 많은 시절에 아이들을 키우며 함께 살았던 내 남편이 유난히 생각나는 날입니다. 철없던 시절 부모가 되어 그 힘든 삶을 살아내고 두 아들을 장하게 키워냈던 우리 부부의 삶을 회상해 봅니다. 지금은 저 하늘의 이름 없는 별이 되어 떠나가신 멋있는 남편과 다시 만나 우리들의 자랑스러운 아들들에 대해 이야기하고 싶습니다.

당신의 흔적도 그림자조차 볼 수 없는 세월은 이미 25년이나 지났습니다. 사는 게 너무 힘들었던 그 시절을 다시 생각하는 것마저 힘들었던 걸 당신께 고백합니다.

1968년에 헐벗고 굶주림에 시달리며 그것보다도 더 사람의 정이 그리워 사랑하는 당신과 결혼을 했습니다. 당신을 따라 경남 남해군 주촌면의 시댁에 들어가면서부터 고추보다도 더 매운 시집살이가 시작되었습니다. 가진 것 없이 옷 한 벌 달랑 들고 결혼한 저를 시댁 식구들은 반가워하지 않았답니다. 열한 식구의 살림을 도맡아 하면서 저는 시댁의 냉대와 구박을 다 받아냈답니다.

제가 못생겼다고 온 시댁 식구들의 비웃음 속에서 치른 결혼식과 그 이후에 이어진 냉대를 당신은 다 알까요? 제가 첫 임신을 하게 되어 입덧이 심했답니다. 그 당시 하얀 쌀밥을 먹는다는 건 하늘의 별 따기 같았답니다. 그렇게 먹고 싶었던 쌀밥 몇 주걱을 시댁 식구들 몰래 떠 가지고 굴뚝 뒤에 숨어서 먹던 시절이 엊그제 같은데 벌써 50년이 지났습니다.

저는 벙어리 삼 년, 귀머거리 삼 년, 봉사 삼 년이라는 옛 어른들의 말씀을 항상 되새기고 참으며 열심히 일을 했습니다. 저를 물고 구마 같이 생겼다고 시누이가 놀려대도 못 들은 체했습니다. 밤만 되면 서러움에 날마다 눈물을 흘렸습니다. 더구나 시골집이라 빈대와 벼룩은 밤만 되면 인정사정없이 저를 물어뜯었습니다. 모기들도 극성을 부렸습니다. 힘들게 살다가 드디어 시댁에서 주는 간장 한 병과 돈 5,000원을 받아 만삭의 몸으로 부산행 버스를 탔습니다.

부산에 남편과 살면서 저의 고행은 다시 시작되었지요. 5,000원짜리 단칸 셋방에 살면서 어린 혁이를 낳았지요. 한겨울에 이불이 없으니 어린 혁이는 추워서 울면서 보챘습니다. 살기 힘든 시절, 남편은 술로 시간을 보냈습니다. 그러다가도 술을 안 먹는 날에는 시장에 가서 이불을 사다가 세 가족이 따뜻하게 잘 수 있도록 해 주었습니다. 힘든 시절을 술에 의지해 가는 제 남편을 저도 어쩔 수가 없었습니다.

낮에는 갈매기 떼 나는 끝없는 바다를 저는 너무나 좋아했었지요. 시원한 바다 위를 훨훨 날아다니는 갈매기들을 보면 저도 그들과 함께 날아다니고 싶었습니다.

돈을 좀 모아서 4만 원짜리 전세방으로 이사한 어느 여름밤에 혁이 아버지는 술에 취해 주인아주머니 방에 잘못 들어갔다가 오해를 받았지요. 그래서 주인아줌마 형제들에게 밤새도록 두들겨 맞고 전세금 한 푼도 되돌려 받지 못하고 쫓겨나 이웃집에 얹혀사는 신세로 전락하게 되었지요.

그런 상황에서도 남편의 분풀이는 제게 향했습니다. 술이 웬수였습니다. 술만 먹으면 평소에는 얌전한 사람이 이상하게 변하는 것이었습니다. 한번은 오밤중에 남의 집에 들어가서 자기도 신지 못할 구두를 훔쳐다가 방 안에 숨겨 두기까지 했으니까요. 일을 해서 돈을 버는 것보다는 복권에 당첨되기를 바라는 시간이 더 많아졌지요.

저는 자라면서 가족이나 친지들 중에 아내를 구타하거나 욕하는 사람을 본 적이 없어서 정말이지 어쩔 줄을 몰랐습니다. 그 시절은 남성이 더 우월한 시대였습니다. 여자는 단지 아이를 낳고 집안일을 하는 전통적인 한국 사회에서 남편의 폭력을 묵인하는 이상한 관습이 있었던 것 같습니다.

다행히 어린 혁이는 5살이 되던 해에 한글을 읽고 쓸 줄 아는 신동이었습니다. 집에 손님들이 와서 10원을 주면 그 돈을 모아서 주전부리는 안 하고 공책과 연필을 사다가 고사리 같은 손으로 글씨를 쓰는 걸 보면서 저는 행복을 느꼈습니다.

그래서 저는 부업으로 돈 되는 일은 무엇이든 했습니다. 어느 날 작은아들 훈이를 업고 시골길을 가는데 남편이 제 가슴을 느닷없이 때렸습니다. 저는 울면서 어린 혁이의 손을 잡고 훈이를 등에 업고 그냥 가던 길을 갔던 기억이 납니다. 시댁에서 제사 일을 할 때도 시숙이 제가 보는 앞에서 형님을 구타하시는 걸 본 적이 있습니다. 그래서 그 가족의 이력인가 보다 하고 저는 애써 체념하고 단념했지요. 그리고 오로지 아이들을 키우는 데 전념했습니다. 젖먹이 훈이를 등에 업고 혁이는 옆에서 걷게 하면서 내복을 머리에 이고 집집마다 돌아다니며 팔았던 때가 있습니다.

아마도 당시의 남편은 제가 그렇게 힘들게 일하는 걸 보고 화가 났었나 봅니다. 남편은 사람들을 때려서 상대방이 치아를 다치는 바람에 병원비를 물어주는 일도 허다했습니다. 어려운 살림살이였죠. 제가 내복을 팔아서 번 돈으로 정부미 쌀을 사고 초등학교에 다니던 혁이가 하루에 한 장씩 연탄을 사가지고 왔습니다.

그러던 중 옆집 아주머니가 제게 오셔서 일자리를 제안하셨습니다. 부산 태종대에 도로 공사를 하는데 같이 가서 일하는 게 어떠냐고 물으신 겁니다. 그래서 아주머니처럼 집에 있는 큰 고무 대야를 들고는 태종대 공원으로 아침 일찍 갔습니다.

현장 감독님은 저를 자꾸만 쳐다보더니 못마땅한 표정을 지으셨습니다. 처음엔 이해하지 못했지요. 그러나 막상 일을 해보니 알 수 있었습니다. 무거운 모래를 큰 대야에 담아 옮기는 작업이었으니까요. 작고 마르고 연약하게 생긴 제가 할 일은 아닌 거였어요.

아침부터 해가 질 때까지 무거운 모래를 나르고 공사 현장에 쏟아붓고 나서 다른 작업자들과 함께 맨손으로 모래를 단단하게 다독이는 일을 했습니다. 늦가을이라 무척 추웠지만 그래도 제가 돈을 벌어야 어린아이들 밥이라도 굶기지 않을 수 있었답니다.

일을 마치고 집에 돌아오면 어린 혁이와 훈이는 엄마를 보고 좋아하면서 달려와 안겼습니다. 하루 중에 가장 보람 있는 때였습니다. 사랑하는 아이들을 위해 저는 그 당시 힘들다고 불평할 시간도 없었습니다. 너무나 가난해서 먹고 살기 위해서는 어떤 일이라도 했습니다.

하루는 옆방에 사는 정화 엄마가 밀가루로 전을 부치는 걸 보고 어린 훈이가 먹고 싶다고 칭얼거렸죠. 그래서 저는 부끄러움을 무릅 쓰고 아이를 위해 조금만 달라고 부탁했는데 정화 엄마는 대뜸 화를 내면서 아이 교육을 그렇게 시키면 안 된다고 했습니다.

모두가 가난한 시절이라 다 제 입에 풀칠을 하기 바빴습니다. 저는 어린 훈이를 업고 바닷가로 가서 하염없이 울었습니다. 그 어린 것이 부모 잘못 만나서 먹고 싶은 것도 제대로 먹지 못한다는 생각으로 몹시 가슴이 아팠습니다.

어린 훈이는 영리해서 다른 아이들과도 잘 놀고 공부도 잘했습니다. 형과도 항상 선의의 경쟁을 하곤 했습니다. 다행히 아이들은 잘 크고 있었습니다. 남편이 벌어 오는 한 달 월급 2,600원으로 살아야 하는 삶은 너무나 가난했습니다. 그래서 아이들을 키우며 틈틈이 닥치는 대로 일을 해야 했던 시절이었습니다.

동네 주민인 김정숙 씨의 주선으로 저는 작은 회사에 들어가서 작은 기술을 배웠습니다. 점심때는 밥 한 그릇을 훈이와 나눠 먹으면서 말입니다. 도시락통을 살 여유가 없어서 집에서 먹는 밥그릇에 정부미를 담아 일터로 가져오곤 했습니다.

'일송정 푸른 솔은 늙어 늙어 갔어도
한 줄기 해란강은 천 년 두고 흐른다.
지난날 강가에서 말달리던 선구자
지금은 어느 곳에

거친 꿈이 깊었나.'

이 노래 '선구자'는 제가 부산에서 그렇게 힘든 시절 위로를 받기 위해 자주 불렀습니다. 그 당시에 저는 부산 영도구 대표 어머니 합창단에 들어갈 수 있게 되었습니다. 문성실 선생님의 지도를 받으며 열심히 노래를 해서 부산시민회관에서 하는 노래자랑에 나가 이 '선구자'를 부르곤 당당히 3등을 했습니다.

그리고 우연히 기회가 되어 그 당시 동남아에서 가장 권위가 있는 만호제장 주식회사에 들어갈 수 있었습니다. 회사 생활이 아주 엄하고 힘들었지만, 그곳에서 주는 월급으로 아이들을 위한 하얀 쌀밥과 맛있는 반찬을 장만할 수가 있었습니다. 더구나 매일 한 장씩 사던 연탄을 50장씩 창고에 쌓아두고 살 수 있게 되었습니다. 그리고 영어공부를 하기도 했습니다.

어린 혁이는 부산 동삼 초등학교에서 1학년 때부터 줄곧 1등을 했습니다. 주인집에는 텔레비전이 있었는데 저희 집에는 없으니까 어린 혁이와 훈이가 주인집 눈치를 보는 게 안타까웠습니다. 그래서 제가 돈을 모아서 텔레비전을 장만했습니다. 그때 아이들이 뛰면서 좋아하던 모습을 잊을 수가 없습니다.

매일 아이들에게 배불리 하얀 쌀밥에 맛있는 반찬을 먹이는 저는 힘든 일과는 다 잊어버리고 행복해서 세상이 다 내 것인 것 같았습니다. 아이들의 행복이 곧 저의 행복이었습니다.

그런 와중에도 남편은 여전히 술을 마시고 싸움질을 하고 다녔습니다. 저는 정말이지 그런 남편이 싫었지만 아이들 앞에서 싸우지 않으려고 참고 또 참았습니다. 당신은 월급만 타면 그 돈으로 술을 죽을 것처럼 마시고 집에 와서 제게 폭력을 휘두르곤 했습니다.

하루는 정말이지 견디기 힘들어서 새벽에 부산 해양대학교 앞에 있는 바닷가로 뛰어들었습니다. 그러나 차마 죄 없고 불쌍한 두 아이를 그렇게 남겨둘 수가 없다는 생각이 들어 다시 집으로 돌아간 적도 있었습니다.

한번은 남편이 동네 중국집에서 주인아저씨와 술을 마시다 싸웠는데 중국집 주인아주머니가 약을 먹고 죽는 일이 생겼습니다. 제 남편 때문에 일어난 일이라고 합니다. 이 무서운 일을 겪고도 남편은 여전히 술을 마시고 회사 일을 등한시했습니다.

너무나 힘들어서 저는 다니던 회사를 그만둘 수밖에 없었습니다. 퇴직금이 나왔지요. 그 돈을 가지고 남편은 술집에 가서 다 쓰고 집으로 돌아왔습니다. 저는 정말 자고 있는 남편의 머리를 망치로 내리치고 싶은 심정이었습니다. 그렇게 삶의 나락으로 떨어질 때 제가 변순연 씨를 만나고 '남묘호렌게쿄'를 만나게 되었습니다.

처음에 저는 그런 이상한 종교를 믿을 수 없다고 일언지하에 거절을 했습니다. 그러니 변순연 씨는 제게 한 100일만 속는 셈 치고 아침저녁으로 본존님께 기원을 올려보라고 권했습니다. 지푸라기를 잡는 심정으로 저는 부엌 바닥에 비료 부대를 깔고 앉아 그렇게 기

11
뿌린 만큼 거두는 삶이여!
꾸준한 광포의 힘으로

원을 해 보았습니다.

　큰아들 혁이는 초등학교에서 평균 98점을 받으며 전교 일등으로 졸업을 했습니다. 그리고 해룡 중학교에 입학을 했습니다. 저는 아이들이 잘 크는 그 보람으로 살았답니다.

　한번은 제 남편이 집에 뚱뚱하고 키가 큰 아주머니를 데리고 왔습니다. 저는 웃으면서 제가 물러날 테니 남편과 살면서 아이 둘을 잘 키워달라고 부탁을 했습니다. 그랬더니 그 여자는 다시 술집으로 돌아가겠다고 했습니다. 그래서 그녀에게 차비하라고 5,000원을 준 적도 있었지요.

　그리고 그 힘든 시절을 신앙생활을 하며 견뎌 냈습니다. 아이들을 키우고 일을 하며 남편의 주사를 받아내는 고통을 겪으면서도 신앙으로 마음을 다잡았습니다. 누구에게 하소연도 할 곳이 없는 상황에서 삶을 이어가는 힘이 되었습니다.

　낮에는 아이들을 돌보고 밤에는 부산 남포동의 한 음식점에서 부엌일을 한 적도 있었지요. 한 달 월급 10만 원을 받으며 룸이 50개나 되는 그 음식점의 부엌일을 새벽까지 했습니다. 눈코 뜰 새 없이 음식을 만들고 설거지를 한 뒤 지쳐 돌아오면, 남편은 술에 취해 저를 때리려고 했습니다. 그래서 몰래 주인집의 창고에 숨어서 쪽잠을 자는 일도 허다했습니다.

또 부산 어시장에서 생선 선별하는 일도 했습니다. 태어나서 그렇게 많은 물고기들을 본 적이 없었던 저는 일단 물고기 이름을 헤아려 보았습니다. 고등어, 오징어, 갈치, 쥐치, 납세미 등등 살아서 뛰어오르는 싱싱한 물고기들을 8톤 트럭이 시장 바닥에 쏟아붓습니다. 처음엔 어쩔 줄을 몰라 했습니다. 그런 물고기들을 아주머니 오십 명이 뛰어들어 고기를 종류대로 나무 상자에 담는 일이었습니다.

일이 끝나면 작업반장님은 남은 고기들을 작업자들에게 골고루 나눠 주서서 고기들을 제 금쪽같은 아이들에게 맘껏 먹일 수 있었답니다.

일당 7만 원의 그 당시엔 큰돈을 벌었기 때문에 저는 그 힘든 일을 마다 않고 했습니다. 큰아들 혁이가 차비를 아끼느라 5kg이나 되는 책가방을 어깨에 짊어지고 아침저녁으로 고등학교를 걸어 다니던 시절이었습니다. 저는 이를 악물고 일을 했습니다. 그리곤 틈틈이 아이들을 지극한 정성으로 돌보았습니다. 열심히 공부해서 엄마 같은 삶을 살지 않게 하려고 부단히 노력했습니다.

또 돈을 벌어 아이들의 학비를 대기 위해서 부산에서 전라도 부안을 오가며 식당일을 하기도 했습니다. 어떤 때는 아는 분이 하시는 부산의 나이트클럽 부엌에서 설거지를 하기도 했지요. 밤새도록 추운 겨울에 차디찬 수돗물에 맥주 컵을 씻은 대가로 5,000원을 받았던 기억이 납니다.

혁이가 고등학교를 졸업하고 부산 교육대학에 전액 장학생으로 들어간 시기였습니다. 한번은 김장을 500포기를 해주면 5만 원을 준다는 일거리를 맡아서 추운 겨울 맨손으로 밤새도록 김장을 했던 적도 있습니다.

남편의 술버릇은 고쳐지지 않았습니다. 제가 그렇게 힘들게 노동을 하는 걸 알면서도 제가 벌어오는 돈으로 술을 마셔대고 행패를 부렸습니다. 저는 집안의 모든 일을 도맡아 해야 했습니다.

대학에 들어간 혁이도 생활비를 벌기 위해 가정교사 일을 했답니다. 비 오는 날 혁이가 신고 있는 구두가 다 떨어져서 양말이 다 빗물에 젖어서 고생을 했지만 돈을 아끼느라 새 구두를 사지 못했습니다.

따뜻한 봄날, 집 옆에 있는 아파트 공사장에 찾아가 일자리를 청했습니다. 약하고 마른 저를 박세영 반장님께서 받아 주셨습니다. 하루 일당 18,500원을 받으며 일을 했습니다. 나무에서 못 빼기, 도로 쓸기, 도로에 먼지 안 나게 물 뿌리기 등등의 일이었지요. 그곳은 '신성 건설주식회사'라는 곳이었습니다. 저는 남자들이 주로 있는 토목과에서 일을 해서 월급을 받았습니다. 힘들었지만 고등학교에 다니는 성훈이에게 맛있는 밥을 해 줄 수 있어 행복했습니다.

그러다가 일이 떨어지면 저는 아이들의 도시락을 싸기 위해 밭에 남아 있는 배추 잎을 주워 삶았습니다. 자주 시래기 도시락을 먹던 성훈이가 제게 옆자리에 앉은 반 친구가 어묵을 싸 왔는데 정말 맛있었다고 하던 게 생각납니다.

그렇게 배고프고 힘든 시절 남편 당신은 항상 술에 절어 살았습니다. 만호제강에서 육체노동을 하는 것이 아마도 힘들었을 것입니다. 당신도 그 힘든 일을 술로 버텨내고 있었던 것 같습니다. 그러나 일을 그만두고 다른 일자리를 찾으려고 했지만 생각대로 되지 않았던 것 같습니다.

하루는 술이 만취가 되어 머리에 피를 흘리며 들어왔더군요. 누구랑 싸웠는지도 기억 못 하는 당신을 보며 저는 하염없이 울었답니다. 그렇게 반복되는 육체노동을 하던 당신이 어느 날 아침 멀쩡히 출근했다가 저녁엔 관에 든 채 집으로 돌아왔습니다. 저는 정신을 놓고는 관 옆에서 그 '선구자'를 불렀습니다. 그러다가 다시 정신을 차리기도 했지요.

너무나 갑작스럽게 일어난 일이라 저는 넋이 나갔었습니다. 새벽만 되면 고갈산에 올라가서 혁이 아버지를 마음속으로 불러보고 사방 천지를 돌아다니며 당신을 찾아 헤매었습니다. 그렇게 아이들의 아버지가 세상을 떠난 후에 저는 거의 실성을 하다시피 했지만 이내 다시 일을 시작했습니다. 아이들을 혼자 먹여 살려야 했기 때문이었지요.

부산 공동 어시장의 식당에서 일을 할 때였습니다. 캄캄한 골목을 걷다가 미끄러져서 다리가 완전히 부러졌습니다. 꼼짝도 못 하는 저를 혁이가 업고는 해동병원에 입원을 시켰습니다. 한 달 만에 집으로 돌아오니 밥도 잘 할 줄 모르는 아이들이 그동안 뭘 먹고 살았을까 한숨이 나왔습니다. 저는 마음속으로 미안하여 울고 또 울었습니다.

그 당시 큰아들 혁이는 부산교대를 무사히 졸업한 뒤, 부산 남항동에 있는 남창 초등학교에 첫 발령을 받았습니다. 그리고 돈을 모아서 400만 원이라는 큰돈을 집에 보태주기도 했습니다. 그렇게 장성한 아들을 더 이상 보지 못하고 하루아침에 저세상에 간 혁이 아버지, 당신이 미친 듯이 그립습니다. 당신은 49세에 저세상으로 가버렸습니다.

저의 시숙님은 48세에 간암으로 돌아가셨고 시동생은 44세에 간암으로 돌아가셨습니다. 모두가 술을 친구 삼아 지내던 분들입니다. 제 남편의 친누나는 저를 보고 제가 죽어야 하는데 아깝게 아끼는 남편이 죽었다고 땅을 치면서 동네가 떠나가라고 울기까지 했습니다. 누구를 원망할 수 있겠습니까. 사람의 명은 아무도 모르는 것 같습니다.

성인어난사(聖人御難事)
묘법 광선유포를 위해
꾸준히 노력하는 사람이 부처

〈성인어난사〉는 '아쓰하라법난'이 한창인 1279년 10월 1일, 니치렌(日蓮) 대성인이 미노부에서 쓰고 문하 일동에게 보내신 편지입니다. 또 시조 깅고에게 간직하라고 말씀하셨습니다.

대성인이 미노부에 입산한 뒤 스루가 지방(시즈오카현 중앙부) 후지 방면에서는 닛코 상인을 중심으로 절복, 홍교가 진척되어 천태종 등의 승려와 신도가 그때까지 하던 신앙을 버리고 대성인에게 귀의하게 되었습니다.

이러한 기세에 천태종 류센사의 주지 대리인 교치 등이 위기를 느꼈습니다. 천태종 사원이 박해를 시작하더니 대성인에게 귀의한 사람들을 협박하는 사건이 잇달아 일어났습니다.

그해 9월 21일에는 아쓰하라의 농민 신도 스무 명이 사실무근의 죄를 뒤집어쓰고 체포되어 가마쿠라로 연행되었습니다. 농민 신도는 헤이노 사에몬노조 요리쓰나의 집에서 고문과 다름없는 취조를 당하고 법화경(法華經)의 신심을 버리라고 협박받았지만 모두 굴복하지 않았습니다.

그리고 진시로, 야고로, 야로쿠로의 세 형제가 처형당하고 남은 열일곱 명은 살던 지역에서 추방되었지만 어느 누구도 퇴전하지 않고 묘법의 신심을 관철했습니다.

이러한 불석신명의 농민 신도들을 본 대성인은, 민중이 대난을 견디는 강한 신심을 확립했다고 느끼시고 이 어서에서 입종

11
뿌린 만큼 거두는 삶이여!
꾸준한 광포의 힘으로

이후 '이십칠 년'째에 '출세의 본회'를 나타내셨습니다.

또 대성인이 수많은 대난을 받음으로써 부처의 말씀이 진실하다고 증명된 사실을 들어 법화경 행자를 박해하는 사람에게는 반드시 현증으로 벌이 나타난다고 밝히셨습니다.

그리고 대성인이 대난을 이겨내신 것처럼 문하도 '사자왕(師子王)의 마음'을 발휘해 난에 맞서고 월월 일일 강성한 신심을 관철하도록 격려하셨습니다.

마지막으로 퇴전자의 선례를 들어 같은 잘못을 반복하지 않도록 훈계하시고 이 어서를 끝맺으셨습니다.

[본문] 어서 전집 1190쪽 11~12행

설사 대귀신(大鬼神)이 붙은 사람일지라도 니치렌(日蓮)을 범석(梵釋), 일월(日月), 사천(四天) 등 천조태신(天照太神), 팔번(八幡)이 수호하시는 고로 벌하기 어려우리라고 아실지니라. 월월(月月) 일일(日日) 강성해지시라. 조금이라도 해이한 마음이 있다면 마(魔)가 틈탈 것이니라.

[통해]

비록 대귀신이 붙은 사람이라 해도 니치렌을 범천, 제석, 일천, 월천, 사천왕 등 또 천조태신, 팔번대보살이 수호하시기에 벌을 내릴 수는 없다고 확신하시오. 월월 일일 신심을 분기하시오. 조금이라도 해이한 마음이 있으면 마가 틈탈 것이다.

[어구 해설]

대귀신(大鬼神)은 선귀(善鬼)와 악귀(惡鬼)라는 두 가지 뜻이 있
는데 여기에서는 악귀를 가리킵니다. ‘대귀신이 붙은 사람’은
강대한 힘을 써서 정법을 수지한 사람을 박해하거나 민중을 억
압하는 사람입니다.

[범석(梵釋), 일월(日月), 사천(四天) 등]은 법화경을 수호하는 제
천선신을 뜻합니다. 범석은 대범천왕(大梵天王)과 제석천왕(帝釋
天王)입니다. 일월은 일천자(日天子)와 월천자(月天子)입니다. 사천
은 지국천(持國天), 증장천(增長天), 광목천(廣目天), 비사문천(毘沙門
天)을 말하며 제석천왕을 따르는 불법수호의 천왕입니다.

[본문] 어서 1190쪽 9행～12행

고사이묘사전(故最明寺殿)이 니치렌을 사면(赦免)한 것과 이 어
른이 용사(容赦)한 것은 잘못이 없었는데 사람들의 참언이라는
것을 알고서 용사한 것이니라. 지금은 아무리 남이 말할지라
도 듣고 알아보지 않고서는 남의 참언은 믿지 않으시리라. 설
사 대귀신(大鬼神)이 붙은 사람일지라도 니치렌을 범석(梵釋)·일
월(日月)·사천(四天) 등(等)·천조태신(天照太神)·팔번(八幡)이 수호
하시는 고로 벌하기 어려우리라고 아실지니라. 월월(月月)·일

일(日日)·강성해지시라, 조금이라도 해이한 마음이 있다면 마가 틈탈 것이니라.

[현대어 역]

고사이묘사 도키요리전이 니치렌을 (이즈유죄에서) 사면한 것도 지금의 싯켄인 도키무네전이 (사도유죄를) 사면한 것도 니치렌에게 잘못이 없고 사람들의 참언으로 인한 것임을 알기에 사면한 것이다. 그러므로 앞으로는 남이 뭐라고 하든 사정도 잘 알아보지 않고 남의 참언을 믿는 일은 없을 것이다.

설령 대귀신이 붙은 사람일지라도 대성인을 범천, 제석, 일천, 월천, 사천왕 또 천조태신, 팔번대보살이 수호하시므로 벌할 수 없다는 것을 확신하시라.

다달이 나날이 신심을 강성히 하시라 조금이라도 해이한 마음이 있으면 마가 그 틈을 타서 덮쳐올 것이다.

[포인트 강의]

늘 전진하는 사람이 승자

꾸준한 신심 실천이 바로 인생을 승리하는 요체라고 가르치셨습니다.

니치렌 대성인은 이 어서 앞부분에서 권력자들이 대성인의 이즈유배와 사도유배를 사면한 것은 사실무근의 참언으로 처벌한 것을 깨달았기 때문이라고 말씀하셨습니다.

이를 바탕으로 대성인은 강력한 권력을 가진 '대귀신이 붙은 사람'이 탄압하려고 해도 모든 제천선신이 수호하기 때문에 해치는 일은 없다고 단언하셨습니다.

다시 말해 아쓰하라법난이라는 박해로 괴로워하는 제자들에게 불법을 수지하는 사람은 어떠한 모략에도 결코 패하지 않고 정의도 반드시 입증한다고 가르치셨습니다.

그래서 대성인은 "월월 일일 강성해지시라. 조금이라도 해이한 마음이 있다면 마가 틈탈 것이니라." 하시고 제천의 수호도 '강한 신심'에 달렸다고 강조하셨습니다.

광선유포는 부처와 마가 벌이는 장절한 투쟁입니다. 타성과 단념 또 방심이 있으면 마가 틈타서 그 사람의 생명에 파고들어 몸도 마음도 무너지고 맙니다. 이 마를 무찌르는 원천이 바로 월월 일일 '깊이 다지는' 마음입니다.

'지난달보다 이번 달', '어제보다 오늘'이라는 마음으로 더욱더 강성한 신심을 분기해 성장하려는 자세와 일념이 장마를 이기는 데 중요합니다.

이케다(池田) 선생님은 이렇게 말씀하셨습니다.

"계속 투쟁하는 사람, 다시 말해 늘 불계를 여는 사람은 마를 얼씬 못하게 합니다. 늘 전진하는 사람이 반드시 위대한 경애를 구축할 수 있습니다. 그러기 위한 불법입니다."

삼장사마를 타파하고 숙명전환을 이루는 절대승리의 신심을 월월 일일 관철하지 않겠습니까.

[참고자료]

1. 이케다(池田) **SGI 회장의 어서강의**

세계를 비추는 태양의 불법 제7회 성인어난사(聖人御難事)(하) 발췌(법련 2016년 1월)

2. 이케다(池田) **SGI 회장의 스피치**(지도)**에서 발췌**

제천선신의 수호는 '도리'

그리고 대성인은 과거에 최고 권력자인 호조 도키요리(北朝時賴)가 '이즈유죄'를 사면한 일과 지금 싯켄인 호조 도키무네(北朝時宗)가 '사도유죄'를 사면한 일에 관해 언급하십니다. 이 두 번의 유죄는 대성인을 질투하고, 반감에 불타 악의를 품은 무리가 참언을 꾀해 일어난 일이었습니다. 그 진실을 안 최고 위정자가 또다시 어리석은 행동을 할 리가 없다고 말씀하십니다.

여기서는 박해로 괴로워하는 제자들에게 어떠한 모략에도 '사자왕의 마음'으로 꿋꿋이 싸우면 '정의'가 반드시 입증된다는 것을 가르치셨습니다.

막강한 권력을 지닌 '대귀신이 붙은 사람'이 탄압하려 해도 모든 제천선신이 우주대의 불법을 수지한 사람을 수호하는 것은 '도리'라고 말씀하십니다. 자애와 확신에 넘치는 구절입니다. 이 부분에는 제2차 세계대전 중 당국에 압수된 도다 선생님의 어서에도 붉은 선으로 밑줄이 그어져 있습니다.

제천의 수호도 '신심의 강함'에 따릅니다. 타성이나 체념 또 방심이 있으면 마가 그 기회를 노리고 그 사람 생명에 틈타 몸과 마음을 파괴하고 맙니다.

그러므로 대성인은 "월월 일일 강성해지시라. 조금이라도 해이한 마음이 있다면 마가 틈탈 것이니라." 하고 강조하셨습니다.

사이타마에서 한 어서강의의 추억

청년부 시절, 나는 은사 도다 선생님 대신 사이타마 가와고에 지구에서 이 어서를 강의했습니다. 그때 나는 동지와 함께 이 "월월 일일 강성해지시라."는 구절을 통해 광선유포는 마와 벌이는 장절한 투쟁이라는 점을 확인했습니다.

어제까지 아무리 열심히 했어도 만심을 일으키면 마에게 틈탈 기회를 주고 맙니다. 마가 노리는 바는 어떻게든 정진하려는 마음을 잊게 하여 광선유포의 흐름을 정체시키고 파괴하는 데 있습니다. 마를 이기려면 나날이 전진하고 나날이 도전하여 나날이 향상하는 수밖에 없다고, 나는 공전의 벗에게 강하게 외쳤습니다.

해이해지지 않고 신심을 실천하는 일이 바로 인생을 승리하는 요체입니다.

석존은 부처가 된 다음에도 '미증잠폐(未曾暫廢)'였습니다. 대성인은 "한 번도 물러설 마음이 없었노라." 하고 말씀하셨습니다.

그럼 석존과 대성인이 평생에 걸쳐 싸운 마성은 무엇인가. 그것은 인간의 근원적인 무명이었습니다. 마의 본질은 '탈명자(奪命者)', '탈공덕자(奪功德者)'입니다. 이 마를 물리치는 원천은 바로 다달이 나날이 '강성해지는 마음'입니다. 부단히 정진행(精進行)에 부처의 생명이 용현합니다.

투쟁을 멈추지 않는 사람 즉 늘 불계를 여는 사람은 마에게 틈을 주지 않습니다. 늘 전진하는 사람이 반드시 위대한 경애를 쌓아 올릴 수 있습니다. 그러기 위한 불법입니다. "월월 일일 강성해지시라."의 신심이야말로 삼장사마를 물리치고 숙명을 전환하여 반드시 승리하는 근본입니다.

◆ 신심은 타성과 끊임없이 싸우는 투쟁입니다.

대성인은 "월월(月月) 일일(日日) 강성해지시라. 조금이라도 해이한 마음이 있다면 마(魔)가 틈탈 것이니라(어서 1190쪽)." 즉 "다달이 나날이 강성하게 신심하세요. 조금이라도 게으른 마음이 있으면 거기에 마가 틈탈 것입니다." 하고 말씀하셨습니다.

또 "신심을 게을리하지 말고 소원 성취하시라(어서 1227쪽)."
하고 말씀하셨습니다. '전진하지 않음은 퇴전'이라고 합니다.

도다 선생님도 타성에 젖는 신심을 늘 훈계하셨습니다.

"우주의 모든 것은 천체(天體)든 한 마리 곤충이든 시시각각
으로 바뀐다. 순간이라 해도 그 상태로 있을 수는 없다. 여기서
가장 큰 문제는 좋게 바뀌냐 나쁘게 바뀌느냐다. 그것을 알지
못하면 사람은 타성에 흐르고 만다.

다시 말해 자신이 좋게 바뀌고 있는지 나쁘게 바뀌고 있는지
전혀 알지 못해 아무렇지도 않다, 그것이 타성의 무서움이다.
신앙이 타성에 빠졌다면 그것은 그야말로 퇴전이다. 신심을 빠
르게 그리고 좋게 바뀌기 위한 실천하는 활동이다."

'전진하지 않는 것'은 '멈춘 것'이 아닙니다. '물러난 것'과 같
습니다.

신심의 도상에서는 '이 정도면 됐다'는 것은 절대로 없습니
다. 그렇게 생각하는 만심이 타성이 되고 퇴전으로 이어집니
다. - 3.16 기념대표자회의 스피치에서(1992년 3월 15일, 도쿄) / 지
도선집 제2부 인간 혁명의 실천 (제16장 하루하루를 소중히) / 법련
2016년 1월호

◆ 여러분이 잘 아는 성훈에 "월월 일일 강성해지시라, 조금

이라도 해이한 마음이 있다면 마가 틈탈 것이니라(어서 1190쪽)." 라는 구절이 있습니다. 우리는 원래 범부이기에 긴장감을 지속하기란 어렵습니다. 그렇기에 끊임없이 '제목'을 불러야 합니다. 그리고 "묘락대사는 '반드시 마음의 견고함에 따라서 신의 수호 즉 강함이라'고 말씀하셨습니다. 마음이 견고한 사람에게는 신의 가호가 반드시 강하다는 말입니다(어서 1220쪽, 통해)."라고 가르치셨습니다. 이 '마음'은 '신심'입니다. 제천은 신심 강한 사람을 지킵니다. 마음에는 무한한 가능성이 있습니다. 마음만큼 불가사의한 것은 없습니다. 어떤 투쟁이라도 우선 '마음'에서 승리해야 합니다. 마음을 하나로 합쳐 목적을 분명하게 정합니다. 그리고 모두 함께 제목을 불러 광선유포의 화합승을 만들어야 합니다. 창가의 삼대 사제는 그렇게 투쟁했습니다. 그리고 승리했습니다. - 제2회 간사이 최고협의회(2007.11.10)

◆ 빅토르 위고가 이렇게 외쳤다.

"나는 아직도 젊게 자라는 내면의 혼을 느낀다. 그것은 내 가슴 속에 있는 혼이 영원히 존재한다는 훌륭한 증명이다."

어서를 배독하면 '더 한층', '지금 한층', '더욱더'라는 말씀이 여러 곳에 있다. "월월(月月) 일일(日日) 강성해지시라(어서 1190쪽)."이 본인묘(本因妙)의 생명 숨결이 자타 함께 영원한 행복 경애를 높여주는 추진력이다.

"장수(長壽)로 중생을 제도(濟度)하리라(법화경 505쪽)."

법화경 분별공덕품(分別功德品)의 구절이다. 활기차게 오래 살아 그만큼 수많은 싸움에서 갈고닦은 경험과 지혜를 살려 모든 사람을 격려하고 행복하게 한다. - 이 창가다보(創價多寶)의 연대에 참으로 장수를 축하하는 '장수사회'의 모델이 있다.

일류는 인생의 마지막 도착지라고 할 '마지막 보금자리'를 진지하게 갈앙(渴仰)하기 시작했다.

"부처가 되는 일만이 마지막 보금자리(어서 1323쪽)."라고 명쾌하게 제시한 니치렌 불법의 철리를 소리 높여 끝까지 말하고자 한다.

생기 있게 / 그리고 상쾌하게 / 청춘의 / 불로불사로 / 그대도 나도 - 법련 여는 글, 2007년 10월호

◆ 타고르의 맹우 마하트마 간디는 외쳤습니다.

"끊임없는 성장이 인생의 법칙이다."

간디는 이렇게도 말했습니다.

"나는 내 마음이 늘 성장하고, 늘 전진하기를 바란다."

불법(佛法)도 역시 '진전하지 않으면 퇴전'입니다.

은사 도다 제2대 회장은 엄하게 말씀하셨습니다.

"조직을 진부(陳腐)하게 만들어서는 안 된다. 관료주의로 기계적이 되는 듯한, 또 실수 없이 하고 있으면 된다는 듯한 조직

이 돼서는 안 된다.”

“창가학회(創價學會)는 나날이 다달이 발전하고 늘 끊임없이 힘차게 발전하는 살아 움직이는 단체다.”라고.

젊은 시절, 나는 광포를 위해 학회를 위해 스승에게 온 힘을 다해 구도했습니다. 그것이 내 청춘의 나날이었습니다.

실패를 두려워하면 전진은 없습니다. 질타 받는 것을 피하면 성장할 리 없습니다.

도다 선생님에게 가장 많이 질타 받은 사람은 나입니다. 그렇기 때문에 단련됐습니다. 진짜가 됐습니다. 온갖 어려움에도 굽히지 않는 자기 자신의 토대를 구축할 수 있었습니다.

니치렌 불법의 진수는 “월월(月月) 일일(日日) 강성해지시라(어서 1190쪽).”입니다.

그러므로 오늘도 생기발랄하게 대화하고, 즐겁고 명랑하게 배우며 힘차게 전진하기 바랍니다. 자신의 경애를 한없이 열고 향상시키기 위한 불도수행이고 학회 활동입니다. - 제2총 도쿄 최고 협의회(2006.6.4)

◆ 시련과 싸운 것을 잊어버리면 나라든 단체든 개인이든 쇠망의 언덕으로 전락하고 맙니다. ‘싸우는 마음’을 열렬히 불태우는 것만이 끝까지 살아 승리할 수 있습니다. 이것이 준엄한 역사의 철칙입니다.

토인비 박사는 하나의 결론으로써 논하셨습니다.

"안일은 문명에 유해(有害)하다."

"도전, 응전 또 도전이라는 식으로 계속하는 것이 살아가는 본질이다."

하물며 광선유포는 영원히 '부처와 마의 투쟁'입니다.

"월월 일일 강성해지시라, 조금이라도 해이한 마음이 있다면 마(魔)가 틈탈 것이다(어서 1190쪽)."라고 말씀하신 대로입니다. - 창립 75주년 기념 간부 대표자 회의(2005.10.25)

◆ 문호 톨스토이는 "아무것도 하지 않는 자는 좋지 않은 일을 한다."라고 말했습니다.

지금까지 대은을 베푼 학회를 배반하고 반역한 인간의 실상도 모두 그랬습니다.

자신이 위대해졌다고 착각하여 만심을 일으키게 되어 착실한 학회원을 얕보고 나날의 신심 실천을 게을리한 패배자의 모습이었습니다.

우리 광선유포의 인생은 "월월 일일 강성해지시라(어서 1190쪽)."입니다.

"전진하지 않음은 퇴전"입니다.

인생은 멍하니 있으면 눈 깜짝할 사이에 끝나고 맙니다.

누가 무슨 말을 하든, 그 어떤 비난을 하고 책망하든, 그건 문제가 아닙니다.

대성인 직결의 창가학회와 끝까지 함께 전진하는 사람이 최후에는 반드시 승리합니다.

초대 회장이신 마키구치 선생님은 말씀하셨습니다.

"타인의 훼예포폄에 좌우되어서는 위대한 선인(善人)이 될 수 없다."

모두가 사자가 되어 일어서서 끝까지 달려가는 것입니다. 깊은 사명이 있는 이 일생을 드라마처럼 춤을 추듯 서로 다 함께 승리로 장식하고자 합니다. - 전국 최고 협의회(2003.8.3)

◆ 프랑스의 사상가 루소는 "나는 끊임없이 원칙으로 되돌아간다. 그것은 나의 모든 고난에 대한 해답을 제공해 준다."라고 말했습니다.

참으로 옳은 말입니다. 우리에게는 신심이라는 영원한 원점이 있습니다. 본래 신심을 관철하는 인생에 막힘은 없습니다. 묘법에는 막힘이 없기 때문입니다. 신앙이란 무한한 희망이기 때문입니다. 그러나 흔들리는 인간의 마음이 스스로 한계를 만들고 맙니다. "이젠 틀렸다.", "이제 이 정도면 충분하다."라고. 그 마음속에 있는 한계와 투쟁하는 그 자체가 신앙이라고 할 수 있습니다.

대성인은 "월월 일일 강성해지시라. 조금이라도 해이한 마음이 있다면 마가 틈탈 것이니라(어서 1190쪽).”고 말씀하셨습니다.

타성(惰性), 정체(停滯), 포기, 방심. 그러한 ‘해이한 마음’, ‘약한 마음’과 투쟁하며 ‘단단한 마음’, ‘강한 마음’을 분기해 갈 때에 승리하는 인생이 있습니다.

그를 위해서도 간부 여러분은 ‘막히면 원점으로 돌아가라’는 일점을 절대로 잊어서는 안 됩니다. - SGI 대표 협의회 (2002.11.15)

◆ 우리 창가학회도 얼마나 고생을 거듭하며 광선유포의 새로운 길을 개척해 왔던가. 초창기 사제의 노고를 생각하면 결코 한가로이 있어서는 안 된다. “월월 일일 강성해지시다. 조금이라도 해이한 마음이 있다면 마가 틈탈 것이니라(어서 1190쪽).” 이 성훈을 자주 배독하며 나아가길 바란다. 지구상에 어느 곳에서도, 또 어느 순간에도 불이(不二)의 제자가 홀로 선다면 그곳에 창가의 봉화는 피어오른다. ‘언젠가’가 아니다. ‘지금 이때’다. 연조는 엄명하셨다. “더욱더 강성한 신심을 가지시라(어서 1221쪽).”, “더욱더 강성하게 대신력을 내시라(어서 1192쪽).” 드디어 새로운 인간 혁명이 펼쳐질 본무대의 막은 올랐다! 사제불이의 거대한 투혼에 불타며 오로지 성실하게 나아가는 제자를 나는 기다린다. 나는 그 제자의 투쟁과 영광을 믿는다.

스승과 제자는 함께 일어서라

　스승과 제자는 함께 나아가라

　스승과 제자는 함께 승리하라

　- (수필) 인간 세기의 빛 〈125〉

　◆ 유명한 미국 여류시인 에밀리 디킨슨(1830~1886년)의 시(詩) 중 이런 구절이 있다.

　"무기나 가문에 비한다면 정의는 훨씬 숭고하다."

　권력과 가문, 그런 것에 아첨하는 것은 가장 추악한 마음이다. 정의야말로 세계 최고의 영원한 재보다. 가장 숭고하다.

　디킨슨은 이렇게 강조했다.

　"승리를 경험한 사람에게 승리와 패배의 차이는 참으로 클 것이다! 승리를 경험한 적이 있는 사람은 만족하며 죽을 수 있다."

　그러므로 반드시 승리하자!

　무슨 일이라도 좋다. 무슨 일이든 승리해야 한다. 지지 않는 자신을 만들어야 한다. 자기 자신의 생활상에서 승리해야 한다. 그것을 위한 신심이다. 부부와 함께 또 아이들과 가족 그리고 동지와 함께 걸으면서 '건강으로 승리했다!', '무슨 일이든 승리했다!'라고, 승리의 역사를 만드는 사람은 실로 위대한 사람이다. 자기 삶에 만족하는 사람이다. 행복한 사람이다. 신심을 끝까지 관철한 사람, 광선유포를 위해 투쟁한 사람은 최고의 승리자가 된다.

"월월 일일 강성해지시라(어서 1190쪽)."라는 성훈을 가슴에 새기며 인생을 승리하기 위해 앞으로 나아가자!

디킨슨은 갈파했다. "신앙을 없애는 것은 재산을 잃는 것보다 더 크다."

절대로 신앙을 잃어버리면 안 된다. 이것이 19세기의 선구적 역할을 한 여성의 외침이다. - 화광신문 816호, 해돋이

◆ "자신에게는 엄하게 하며 신앙자의 모범을 보이고, 지부장을 비롯한 후배들을 상냥하고 따뜻하게 포용하고, 기대를 담아 성장을 바라고 기원할 수 있는 대선배가 되기 바랍니다.

그런 의미에서도 신심의 발걸음을 절대로 멈추면 안 됩니다. '월월 일일 강성해지시라(어서 1190쪽).'고 대성인이 말씀하셨듯이 어디까지나 광선유포라는 사명을 위해 살아가며, 꿋꿋이 전진하면 진정으로 충실한 인생을 살 수 있습니다. 그곳에서 무량한 자긍심과 무량한 공덕 그리고 무량한 삶의 보람을 느낄 수 있습니다."

인재육성은 선배가 훌륭한 모범을 보여 촉발시키는 데 있다. 사람은 목표로 하는 모범을 발견했을 때 큰 성장을 이룬다.

-『신 인간 혁명』 26권(제2장 법기)

◆ 시조깅고는 다쓰노구치법난에서 목숨을 걸고 대성인을 지켰습니다. 그러나 최후의 순간에 "대성인님, 임종의 때가 왔습니다." 하고 외치며 울었습니다. 스승을 생각하는 마음 때문이었겠지만, 스승을 덮치는 사마, 천자마 때문에 오히려 시조깅고가 공포에 떨었을지도 모릅니다. 그때 대성인은 힘차게 사자후하셨습니다.

"지각(知覺)없는 분이로군, 이처럼 기쁜 일이니 웃으시오(어서 914쪽)."

다가오는 죽음을 맞이하여 부처의 생사의 극치를 한마디로 표현한 '임종정념'의 말씀입니다. 대성인은 권력의 마성과 싸워 사마를 물리치고 천자마에 승리하셨습니다. 그 분투의 마음에 불계가 확립됩니다.

대성인은 대난 중에 문하에게 "월월 일일 강성해지시라. 조금이라도 해이한 마음이 있다면 마가 틈탈 것이니라(어서 1190쪽)." 하고 말씀하셨습니다. 이 '월월 일일 강성해지는 신심'은 '임종이 지금이라는 신심'에 통합니다.

다시 말하면 '임종이 지금'이라는 신심이 마를 막고 타파하는 신심입니다. 이 '임종이 지금'과 반대되는 것이 '해이한 마음', '마를 두려워하는 겁'입니다. '천불수수(千佛授手)'라고 있듯이 임종할 때 정념(正念)을 관철하는 사람에게는 모든 부처와 보살, 제천선신이 순식간에 달려옵니다. 그러나 그 근본은 자신의 신

심으로 악과 싸워 선을 여는 분투임을 잊으면 안 됩니다. 그 분
투하는 마음이 불계의 생명력을 용현합니다.

나와 비슷한 삶을 살다
먼저 가버린 해자 언니에게

참으로 불행하던 시절에 태어난 언니를 그립니다. 언니가 살았던 삶을 똑같이 산 저는 언니의 고통을 가슴속 깊이 이해하고 느낍니다.

아아, 해자 언니야! 언니의 삶의 고통을 제가 똑같이 느끼고 있습니다. 월롱초등학교를 다니며 그 가난 속에 고통받던 언니. 언니는 학교에서 많은 상장도 받고 우수한 성적으로 졸업을 했으나 돈이 없어서 중학교에 가지 못하고 서울에서 홀로 식모 생활을 해야 했습니다.

추운 한겨울에 홀로 서울에서 모진 시련을 겪어야 했던 언니의 삶은 저의 삶이었습니다.

언니! 서울에서 배가 너무 고파서 쓰레기통에 있는 고구마 껍질을 주워 먹었던 불쌍한 우리 언니! 그 흔한 쌀밥 한 번 먹지 못하고 항상 죽이나 시래기를 먹어야 했던 불쌍한 우리 언니!

한겨울에는 내복도 없이 담요를 두르고 다 떨어진 까만 고무신을 신고 다녔던 언니의 모습이 보이는 듯합니다. 뭐가 그리 바빠서 이 그리운 동생을 두고 먼저 저세상으로 가셨나요! 여기 언니를 그리워하는 동생을 두고 말입니다.

언니야! 저세상 어디선가 해숙이를 보고 있겠지! 대전에 살고 있는 언니의 큰딸 선숙이와 가끔 전화를 하며 안부를 묻곤 합니다.

언니야! 이 동생 해숙이는 본존님을 만난 덕택으로 이렇게 여러 번 수술을 받으면서도 건강하게 잘 살고 있습니다. 온몸에 있던 백반증도 없어지고 수면제 없이는 잘 수 없었는데 이젠 잘 자고 있습니다.

언니 덕분에 신앙생활을 하면서 이렇게 건강하게 잘 살고 있습니다. 보고 싶은 언니! 날이 새면 뻐꾹새가 시름없이 날고 꽃이 피고 새가 우는 그리운 내 고향의 흙냄새를 맡으면서 언니와 함께 걷고 싶습니다.

저녁이 되면 고향의 들판으로 지던 붉은 노을을 함께 바라보고 싶습니다. 비 온 뒤에 떠오르는 무지개를 보고 싶습니다. 언니와 손을 잡고 아무 걱정 없이 그렇게 말입니다.

힘겹게 살아온 모든 분들에게
행복한 에너지가 팡팡팡 샘솟으시기를
기원드립니다!

권선복
(도서출판 행복에너지 대표이사, 영상고등학교 운영위원장)

지금의 젊은이들은 상상조차 하기 어렵겠지만, 우리나라도 참으로 가난했던 시절이 있었습니다. 끼니를 거르는 것은 일상이고, 다 떨어진 고무신을 신거나 낡은 옷을 입고 생활하며 가난을 온몸으로 겪었습니다. 시간이 흐른 지금도 여전히 잊을 수가 없기에, 기성세대는 자꾸만 옛날의 가난과 힘들었던 시절을 이야기하는지도 모르겠습니다.

『이 찬란한 기쁨을 만천하에』는 어린 시절 지독한 가난과 결핍을 감내하며 힘들게 살아온 저자의 일생을 담아낸 책입니다. 초등학교를 졸업한 후 중학교에 진학하지 못한 슬픔, 또 식모 생활을 하며 겪었던 수많은 일들, 결혼 후에도 벗어날 수 없었던 가난한 날들이 고스란히 책 안에 녹아 있습니다. 저자는 자신과 비슷한 삶을 살다 먼저 가 버린 언니를 그리워하며 자신의 기억을 갈무리합니다. 또한 힘과 위로가 되어 준 종교인 '창가학회'의 가르침 또한 엿볼 수 있어 독특한 재미를 선사합니다.

창가학회(SGI불교)는 일본에서 창시된 불교계 신흥 종교이며, 불법의 인간주의를 바탕으로 하여 생명존엄 사상을 실천하고 개개인의 행복을 추구합니다. 국내에서는 150만여 명의 회원들이 활발히 활동하고 있습니다. 신앙 활동을 통한 믿음이 저자의 아픈 몸을 낫게 하고, 또 더 행복한 삶으로 나아갈 수 있는 원동력이 되었기에, 새삼 종교의 힘이 대단하게 느껴지기도 합니다.

잘사는 나라가 되었다고는 하지만, 우리나라가 지금까지 발전해 올 수 있었던 것은 그 가난을 겪고도 희망을 잃지 않은 수많은 사람들이 존재했기 때문입니다. 힘겨운 삶의 길을 열심히 걸어온 저자에게 응원의 박수를 보내며, 이 책을 읽은 독자분들의 삶에도 행복과 긍정의 에너지가 팡팡팡 샘솟으시기를 기원드립니다.